20★25

김성원
윤진만
박찬준
김가을
김대식
이현석
지음

2025
K리그
스카우팅리포트

K 리 그 관 전 을 위 한 가 장 쉽 고 도 완 벽 한 준 비

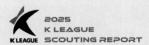

2025
K LEAGUE
SCOUTING REPORT

bs
브레인스토어

CONTENTS

스쿼드 일러두기

스포츠조선 기자들이 각 팀의 주목할 만한 선수 5인과 1군 경기에서 얼굴을 자주 비출 선수 15인을 선정하였다.

김영권

1990년 2월 27일 | 35세 | 대한민국 | 184cm | 74kg

19
DF
C

김영권

WEEKLY BEST 11

경력 7

FC도쿄(10~11)
▶ 오미야아르디자(11~12)
▶ 광저우헝다(12~18)
▶ 감바오사카(19~21)
▶ 울산(22~)

K리그 통산기록 8

K리그1 – 89경기 3득점

대표팀 경력 9

112경기 7득점
2014 · 2018 · 2022 월드컵,
2023 아시안컵

김영권 합류 전의 울산과 후의 울산은 다를 것이라고 스스로 공언했다. 그 약속을 지켰다. 울산에 둥지를 튼 후 3시즌 연속 정상을 선물했다. 우승률 100%다. 다만 첫 시즌 K리그1에서 36경기, 2023년에는 32경기에 출전한 것에 비해 지난해에는 부상으로 21경기 출전에 그쳤다. 그래도 결정적인 순간 제 몫을 했다. 수비라인의 노쇠화에 대한 지적에도 최소 실점으로 대답을 대신했다. 올해 지위는 또 달라졌다. 처음으로 주장 완장을 찼다. 김판곤 감독은 "책임을 주면 더 잘할 수 있는 스타일이다. 영권이를 앞으로 끌어내고자 했다"고 했다. 그는 변화의 중심에 있다. 김기희, 임종은이 떠났고, 풀백도 새 얼굴로 바뀌는 등 체질 개선이 단행됐다. 수비라인의 리더로서 역할은 더 커졌다. 두뇌 회전이 빠른 그는 수비 조율은 물론 공격 대처능력도 뛰어나다. 전술적으로도 감독이 추구하는 '공격적인 수비'에 큰 비중을 차지한다. 그의 강점인 패스 효율성을 극대화할 수 있다. 볼터치가 부드럽고, 정확한 킥을 앞세운 볼 전개가 탁월하다. 수비에서 미드필더, 공격진으로 연결되는 흐름이 매끄럽다. 지난 시즌 패스 성공률도 89%에 달한다. '캡틴'으로서 목표는 42년 구단 역사상 한 시즌 최다승이다.

	2024시즌 기록				
3	**1,964(21)** MINUTES 출전시간(경기수)	**2** GOALS 득점	**0** ASSISTS 도움	**0**	**1** WEEKLY BEST 11 주간베스트11

강점	정확한 패싱력 앞세운 후방 빌드업, 노련한 공수 조율	특징	첫 캡틴 선임, 감독이 인정한 완장의 시너지효과
약점	세월에 따른 피로도, 떨어지는 피지컬 대응 능력	별명	권나바로, 베르통권

■ 스쿼드 일러두기 페이지는 정보와 기록 등 각각의 요소를 설명하기 위한 예시로 구성된 것이며, 도서 본문 내용과 일치하지 않을 수 있습니다. 정확한 정보는 구단별 스쿼드 페이지 내의 선수 데이터를 확인해주세요.

이청용 ❶

1988년 7월 2일 | 37세 | 대한민국 | 180cm | 69kg ❷
경력 | 서울(04~09) ▷ 볼턴(09~15) ▷ 크리스탈팰리스(15~18) ▷ 보훔(18~20)
▷ 울산(20~) ❼
K리그 통산기록 | K리그1 - 189경기 22득점 21도움 ❽
대표팀 경력 | 89경기 9득점, 2010 · 2014 월드컵 ❾

최고참의 시계는 거꾸로 간다. 37세에도 기량은 여전하다. 울산의 정신적인 지주로, 재계약을 통해 다시 한번 가치를 인정받았다. 지난해 초 구단과의 갈등으로 결별설까지 제기되며 출발이 더뎠지만, 끝은 화려했다. 3연패를 확정 지은 도움이 그의 발끝에서 나왔다. 뛰어난 축구 지능은 명불허전이다. '축구 도사'라는 훈장은 그만이 누릴 수 있는 특권이다. 팀이 꼭 필요할 때 제 몫을 한다. 측면과 중앙을 오가는 '프리롤' 역할에서는 완숙미가 느껴진다. 승부욕에는 나이가 없다. 하지만 그도 세월을 느끼고 있다. 올해는 마지막이 될 수 있다는 생각으로 그라운드에 선다.

			2024시즌 기록				강점	약점
3	**0**	**1,091(23)** MINUTES 출전시간(경기수)	**0** GOALS 득점	**4** ASSISTS 도움	**1** WEEKLY BEST 11 주간베스트11		지능적인 경기 운영, 축구도사	세월이 변수, 부상 조심
❿	⓫	⓬	⓭	⓮	⓯			

❶ **이름**

❷ **프로필**

❸ **포지션**

❹ **등번호**

❺ **주장 마크**

❻ **국적**
이중국적의 선수의 경우 K리그에 등록된 국가만 표기했다.

❼ **경력**
과거의 군 · 경 팀은 '상무'와 '경찰'로 표기를 통일했다.

❽ **K리그 통산 기록**
K리그 통산기록은 1부리그, 2부리그 정규리그 기록이다.

❾ **대표팀 경력**
국가대표 A매치 출전 기록 & 참가한 주요 대회를 표기했다. (2025년 2월 21일 기준)

❿ **경고**

⓫ **퇴장**

⓬ **출전시간(경기수)**

⓭ **득점수 / GK 실점수**

⓮ **도움수 / GK 선방수**

⓯ **주간베스트11**

일러두기
- 각종 기록 및 사진 출처는 한국프로축구연맹이다.
- 지난 시즌 K리그 두 팀에서 뛰었던 선수는 합산 기록을 반영했다.
- 1부에서 2부로, 2부에서 1부로 이적하여 활동 리그가 바뀐 경우는 이적 후 새 팀에서의 기록만을 정리했다.
- 이적시장은 2025년 2월 21일까지의 현황을 반영했다.
- 골키퍼의 경우 득점과 도움 대신 실점과 선방을 표기하였다.
- 국가대표 경력의 경우 KFA 홈페이지를 참조하였고, 출전기록은 A대표 경기만 경기를 기준으로 정리하되, 주요 출전 대회는 월드컵, 아시안컵, 올림픽을 표기하였다.
- 외국인 선수의 경력과 기록은 트랜스퍼마크트를 참조하였다.
- 2025시즌 공식 프로필 사진이 미촬영, 미확보된 선수는 직전 시즌 사진을 활용하거나 비워 두었으며, 추후 재쇄 제작 시에 수정할 예정이다.
- 감독의 K리그 통산 전적은 K리그1, K리그2 성적이 포함된 기록이다.

CHAPTER 1

K LEAGUE 1
SCOUTING REPORT

조현우
김영권
엄원상
고승범
강상우
허율
야고
이청용
이진현
이희균
루빅손
서명관
윤종규
이재익
라카바
보야니치
정우영
윤재석
김민혁
박민서
강민우
황석호
문정인
아라비제
박민서

울산 HD FC

'왕조의 문' 활짝 연 울산, 4연패에 다관왕까지 꿈꾼다

울산 HD FC

K리그1은, 아니 한국프로축구는 울산의 시대를 살아가고 있다. 17년 만의 우승에 이은 창단 후 첫 2연패는 서곡이었다. '꿈의 문'도 활짝 열렸다. 1983년 출범한 K리그에서 '왕조'를 의미하는 3연패를 달성한 세 번째 구단으로 등극했다. 이제 '만년 2위'의 설움은 존재하지 않는다. 울산은 내친김에 4연패까지 노리면서 2025년에도 정상을 꿈꾼다. 가장 분주한 한 해가 기다리고 있다. 울산은 4개 대회를 누벼야 한다. K리그1과 아시아챔피언스리그 엘리트(ACLE), FA컵, 그리고 아시아를 대표해 국제축구연맹(FIFA) 클럽월드컵에 출전한다. 변화의 폭도 컸다. 울산은 과감히 세대교체를 단행했다. 주민규, 김기희, 이명재, 임종은 등이 떠났고, 허율, 이희균, 서명관, 이진현 등이 새롭게 가세했다. 풀백은 강상우와 윤종규 등 새 인물로 채우면서 신구조화를 완성했다. 여기에 '리딩 구단'으로서의 입지도 더 공고히 하고 있다. 올해 평균 관중 2만 명을 목표로 한다. 연고지인 울산광역시의 인구가 약 110만 명인 걸 고려하면 비수도권 구단의 한계에서 벗어나 전국구 구단으로 발돋움하겠다는 다짐이기도 하다. 울산은 지난해 홈 평균 1만 8,611명을 기록, 2023년의 구단 최다 관중 기록을 경신했다. 올해는 '다관왕'도 머릿속에 그리고 있다.

구단 소개

정식 명칭	울산 HD FC
구단 창립	1983년 12월 6일
모기업	HD 현대
상징하는 색	블루, 옐로우
경기장(수용인원)	울산 문수축구경기장 (37,897명)
마스코트	미타
레전드	유상철, 김현석, 김병지, 이천수, 이호 등
서포터즈	처용전사
커뮤니티	–

우승

K리그	5회 (1996, 2005, 2022, 2023, 2024)
코리아컵(FA컵)	1회 (2017)
AFC챔피언스리그(ACL)	2회 (2012, 2020)

최근 5시즌 성적

시즌	K리그	코리아컵(FA컵)	ACL
2024시즌	1위	준우승	4강
2023시즌	1위	8강	4강
2022시즌	1위	4강	조별리그
2021시즌	2위	4강	4강
2020시즌	2위	준우승	우승

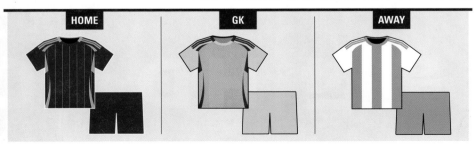

HOME   GK   AWAY

알 수 없는 내일 걱정을 왜 해,

오늘만 열심히 살자. 그러면~~

김판곤 | 1969년 5월 1일 | 56세 | 대한민국

K리그 전적
46전 19승 10무 17패

울산은 김판곤 감독이 현역 시절인 1992년 프로에 데뷔해 1996년까지 5시즌을 몸담은 구단이다. 1996년 우승의 감격을 누렸지만 그는 그저 그런 '이름 없는 선수'였다. 지도자로서 김판곤은 또 달랐다. '홍콩의 히딩크'가 첫 출발이었다. 그리고 지난해 지도자 인생에 승부수를 던졌다. 말레이시아 국가대표 감독직을 내려놓고 K리그1 3연패를 꿈꾸는 '친정팀' 울산의 손을 잡았다. '반쪽 시즌'이었지만 해피엔딩이었다. K리그1에서 11경기를 지휘했고, 패전을 잊었다. 8승 2무 1패를 기록하며 3년 연속 우승 트로피를 선물했다. '풀 시즌'은 2025년이 처음이다. 그는 "트로피가 없으면 집에 가야지"라는 말로 출사표를 대신했다. 상대의 숨을 못 쉬게 만드는 축구가 그의 철학이다.

선수 경력

울산	전북	더블플라워	홍콩레인저스

지도자 경력

더블플라워 감독	홍콩레인저스 감독	부산 코치	사우스차이나 감독	홍콩 U-23 대표팀 감독	경남 코치	홍콩대표팀 감독	말레이시아 대표팀 감독	울산 감독(24~)

주요 경력

홍콩축구협회 기술위원장	동아시안게임 우승	대한축구협회 국가대표 감독선임위원장

선호 포메이션	4-2-3-1	3가지 특징	하이프레싱 통한 경기 지배	공격적인 수비	메시지 축구로 동기부여 구현

STAFF

수석코치	코치	GK코치	주치의	피지컬코치	선수 트레이너	전력분석관	통역	키트 매니저
폰세카	조광수 김석우 박주영	조준호	장영재 박기봉	박지현	이인철 정성덕 박영훈	이창근 김태훈 조성준	김강	조신상 차승균

2 0 2 4　R E V I E W

아디다스 포인트로 보는 울산의 2024시즌 활약도

'왕조의 길'은 결코 쉽지 않았다. 시즌 중반 감독까지 교체되는 우여곡절이 있었다. 한때 4위까지 떨어지기도 했지만, 김판곤 체제가 안정을 찾은 후 9월부터 줄곧 1위 자리를 지켰다. 설영우가 이적하면서 풀백 포지션에 노란불이 켜졌지만 울산의 위기관리 능력은 뛰어났다. 이명재가 윤일록과 함께 버텼다. 새롭게 가세한 야고가 마틴 아담을 대체했고, 주민규도 두 자릿수 득점에 성공했다. 수비 지원의 노쇠화가 지적됐지만 경험과 조직력으로 자물쇠를 채웠다. 조현우의 선방은 클래스가 달랐고, 김영권, 김기희, 임종은 등도 최소 실점으로 버팀목 역할을 했다. 다만 엄원상이 부상으로 일찌감치 전력에서 이탈한 것은 아쉬움으로 남았다.

FW
야고 **44,824** 전체 6위
주민규 **40,978** 전체 8위

MF
강윤구 **9,470** 전체 175위
이청용 **11,698** 전체 133위
김민우 **10,394** 전체 160위
루빅손 **32,939** 전체 15위
엄원상 **19,167** 전체 61위
보야니치 **20,001** 전체 56위
이규성 **10,781** 전체 149위
김민준 **10,596** 전체 153위
고승범 **33,316** 전체 14위
아타루 **25,177** 전체 32위

DF
김영권 **18,602** 전체 66위
이명재 **24,635** 전체 33위
김기희 **16,782** 전체 80위
임종은 **15,989** 전체 90위
윤일록 **16,308** 전체 86위
황석호 **8,272** 전체 192위
최강민 **9,089** 전체 180위

GK
조현우 **38,420** 전체 9위

2024시즌 아디다스 포인트 상위 20명　■ 포인트 점수

포지션 평점
FW 🔥🔥🔥🔥🔥
MF 🔥🔥🔥🔥
DF 🔥🔥🔥🔥
GK 🔥🔥🔥🔥🔥

출전시간 TOP 3
1위	이명재	2,724분
2위	주민규	2,549분
3위	고승범	2,414분

득점 TOP 3
1위	야고	13골
2위	주민규	10골
3위	루빅손	7골

도움 TOP 3
1위	루빅손	5도움
2위	설영우, 주민규	4도움
3위	보야니치, 고승범, 이명재, 아타루	3도움

주목할 기록
3	2연패를 넘어 구단 창단 후 첫 3년 연속 우승
18,611	홈 평균 관중, 2년 연속 구단 최다 관중 신기록 경신

성적 그래프

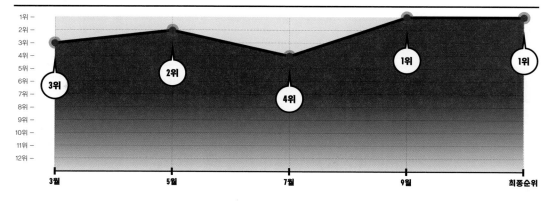

3월 3위 / 5월 2위 / 7월 4위 / 9월 1위 / 최종순위 1위

2025 시즌 스쿼드 운용 & 이적 시장 인앤아웃

IN

백인우_덕영고
최석현_충북청주
윤종규 강상우
_서울
윤재석_전남
문정인 박민서
_서울이랜드
류성민_중앙대
이진현
_푸슈차니에포웨미체
허율 이희균
_광주
서명관_부천
이재익_전북
라카바
_아틀레치쿠고이아니엔시
박상준_경주한수원
이재욱_수원

OUT

아타루
_파지아노오카야마
조영광_경남
이재원_부천
김동욱_부산
조수혁_충북청주
강윤구 김민준
윤일록_강원
홍재석_부산
김주환_서울이랜드
임종은 주민규
_대전
김지현_수원
박재성_대전코레일
김기희
_시애틀사운더스
황재환_광주
이명재_계약만료
마테우스_미라소우

FW

야고 허율

MF

이청용	이규성	보야니치	김민혁
루빅손	고승범	김민우	정우영
아라비제	백인우	윤재석	이진현
이희균	이재욱	엄원상	박상준	라카바

DF

서명관	김영권	장시영	강민우
심상민	황석호	최석현	박민서
정성빈	강상우	윤종규	이재익	최강민

GK

| 조현우 | 문현호 | 류성민 | 문정인 |

ⓒ 주장

ⓒ 주장 ■ U-22 자원

키워드는 '질식 축구'다. 공격적인 수비와 빠른 속도, 그리고 투지로 그라운드를 지배하는 것이 밑그림이다. 그러기 위해서는 지구력과 기술이 기본이다. 울산에게 '노쇠화'는 더 이상 어울리지 않는 단어다. 30대 중반인 주민규, 김기희, 임종은 등이 떠나면서 팀은 젊어졌다. 최전방에는 허율이 가세했다. 야고를 뛰어넘었다는 평가를 받을 정도로 기대가 크다. 중원에서는 킥력이 정교한 이진현, 왕성한 활동량과 뛰어난 테크닉의 이희균이 공격에 활력을 불어넣을 예정이다. 양쪽 풀백은 FC서울 출신의 강상우와 윤종규가 새 바람을 예고하고 있고, 센터백은 20대의 서명관과 이재익이 김영권의 파트너로 경쟁하고 있다. 고등학교를 갓 졸업한 강민우도 울산의 미래다. 조현우가 지키는 골문은 더 이상 설명이 필요 없다. 울산은 지금 K리그에서 가장 견고하다. 윤재석, 백인우 등이 U-22 카드로 활용될 것으로 보인다.

주장의 각오

김영권

"팀에 많은 변화가 생겼다. 하지만 목표는 바뀌지 않는다. K리그와 코리아컵, ACLE 무대의 최정상을 노리고 클럽 월드컵에서는 상위 16개 팀 안에 드는 것이 목표다."

2 0 2 5 예 상 베 스 트 1 1

FW   4-2-3-1

18 허율

17 루빅손 **36 라카바** **11 엄원상**

MF

6 보야니치 **7 고승범**

DF

13 강상우 **19 김영권** **4 서명관** **24 윤종규**

GK

21 조현우

이적시장 평가

어느 해보다 변화의 파고가 높았다. 세대교체를 근간으로 한 리빌딩은 더 이상 미룰 수 없는 숙제였다. 화두는 젊은 피의 가세다. 활력이 넘칠 정도로 팀 분위기가 달라졌다. 울산을 오랫동안 지탱하던 이명재, 김기희, 임종은, 김지현, 김민준, 조수혁과 득점왕 출신 주민규가 팀과 이별했다. 아타루가 떠난 외국인 쿼터 한 자리는 라카바의 수혈로 첫발을 뗐다. 변신은 진행형이다. 울산 유니폼을 입은 서명관, 허율, 이희균, 이진현 등이 새 그림을 그리고 있다. 국가대표 출신 강상우와 윤종규의 합류도 '득'이다.

저자 6인 순위 예측

◆ 김 성 원 ◆	◆ 윤 진 만 ◆	◆ 박 찬 준 ◆	◆ 김 가 을 ◆	◆ 김 대 식 ◆	◆ 이 현 석 ◆
1위_고인 물은 썩기 마련, 적절한 타이밍에 단행한 완벽 신 구조화, 세대교체의 완성. 왕조의 우승 DNA는 극강. 4개 대회 병행, 전략적 접근 필요.	**2위**_주민규 이적, 클럽월드컵 출전과 같은 변수에도 여전히 미드필더와 골키퍼 포지션은 리그 극강. 3연패가 심어준 위닝 멘털리티도 무시 못해.	**1위**_후반기 우승을 이끈 김판곤식 다이나믹 축구가 가능성을 보였고, 이를 더 잘할 수 있는 선수들로 새판을 짰다. 물론 우승 DNA도 여전하다.	**1위**_김판곤 감독의 '왕권 강화설'은 유효. 기존 우승 DNA에 더 젊고 빨라진 스쿼드가 더해졌다. K리그-ACLE-클럽월드컵으로 이어지는 '빡센 1년'은 걱정.	**1위**_K리그 3연패, 왕조는 쉽게 이뤄낼 수도 없지만 쉽사리 무너지지도 않는 업적이다. 많은 게 달라져 변수가 많지만 타 경쟁팀에 비하면 덜 하다.	**1위**_4연패 도전? 어려울 이유가 없다. 중원, 수비 모두 세대교체 착실히 성공. 수문장은 MVP 조현우다. 세 번 다져진 우승의 기억도 강력.

조현우

1991년 9월 25일 | 34세 | 대한민국 | 189cm | 75kg

21
GK

WEEKLY BEST 11

경력

대구(13~19)
▶울산(20~)

K리그 통산기록

K리그1 – 290경기 321실점
K리그2 – 94경기 103실점

대표팀 경력

39경기 40실점
2018 · 2022 월드컵, 2023 아시안컵

"조현우의 선방은 일상이다. 특별한 일이 아니다. 모든 경기에서 어려움이 왔을 때 훌륭한 선방을 해 팀에 큰 힘이 됐다." 김판곤 감독의 평가다. 사실상 이견이 없다. K리그의 지존이다. 지난해는 데뷔 후 늘 꿈꾼 '별 중의 별'인 MVP를 수상하는 최고의 영예를 누렸다. 사실 예약된 정상의 자리였다. 창단 후 첫 K리그1 3연패, 그가 버티고 있었기에 가능했다. 2017시즌부터 8회 연속 K리그1 베스트11 골키퍼 부문을 수상하는 대기록도 썼다. K리그2(2015, 2016시즌)를 포함하면 10회 연속 수상이다. 10년이면 강산도 변하지만 조현우는 한결같은 활약으로 그라운드를 지배했다. 국가대표팀의 넘버1 수문장인 그는 지난 시즌 A매치 중동 원정을 오가는 살인적 일정에서도 유일하게 K리그 전 경기(38경기)에 출전했다. 최소 실점(40실점)도 그의 훈장이다. 클린시트(무실점)도 무려 14경기였다. 이 가운데 8차례가 울산이 1 대 0으로 승리한 경기였다. 동물적 감각은 타고났다. 뛰어난 순발력을 앞세운 선방 능력은 타의 추종을 불허한다. 발밑 기술과 패싱력도 향상됐다. 팀에 대한 충성심도 강하다. 부주장까지 맡았고, 타이트한 일정도 더 반갑단다. 한 골을 막는 것은 한 골을 넣는 것과 똑같다.

2024시즌 기록

3	3,818(38) MINUTES 출전시간(경기수)	40 LOSS 실점	115 SAVE 선방	0	11 WEEKLY BEST 11 주간베스트11

강점	타고나 동물적 감각, 미친 선방력	특징	국내 선수 연봉킹, MVP. 현 시점의 K리그 지존
약점	발밑 기술 향상에도 롱패스는 아직	별명	빛현우

김영권

1990년 2월 27일 | 35세 | 대한민국 | 184cm | 74kg

19
DF

C

김영권

WEEKLY BEST 11

경력

FC도쿄(10~11)
▷오미야아르디자(11~12)
▷광저우헝다(12~18)
▷감바오사카(19~21)
▷울산(22~)

K리그 통산기록

K리그1 – 89경기 3득점

대표팀 경력

112경기 7득점
2014 · 2018 · 2022 월드컵,
2023 아시안컵

김영권 합류 전의 울산과 후의 울산은 다를 것이라고 스스로 공언했다. 그 약속을 지켰다. 울산에 둥지를 튼 후 3시즌 연속 정상을 선물했다. 우승률 100%다. 다만 첫 시즌 K리그1에서 36경기, 2023년에는 32경기에 출전한 것에 비해 지난해에는 부상으로 21경기 출전에 그쳤다. 그래도 결정적인 순간 제 몫을 했다. 수비라인의 노쇠화에 대한 지적에도 최소 실점으로 대답을 대신했다. 올해 지위는 또 달라졌다. 처음으로 주장 완장을 찼다. 김판곤 감독은 "책임을 주면 더 잘할 수 있는 스타일이다. 영권이를 앞으로 끌어내고자 했다"고 했다. 그는 변화의 중심에 있다. 김기희, 임종은이 떠났고, 풀백도 새 얼굴로 바뀌는 등 체질 개선이 단행됐다. 수비라인의 리더로서 역할은 더 커졌다. 두뇌회전이 빠른 그는 수비 조율은 물론 공격 대처능력도 뛰어나다. 전술적으로도 감독이 추구하는 '공격적인 수비'에 큰 비중을 차지한다. 그의 강점인 패스 효율성을 극대화할 수 있다. 볼터치가 부드럽고, 정확한 킥을 앞세운 볼 전개가 탁월하다. 수비에서 미드필더, 공격진으로 연결되는 흐름이 매끄럽다. 지난 시즌 패스 성공률도 89%에 달한다. '캡틴'으로서 목표는 42년 구단 역사상 한 시즌 최다승이다.

2024시즌 기록

3	1,964(21) MINUTES 출전시간(경기수)	2 GOALS 득점	0 ASSISTS 도움	0	1 WEEKLY BEST 11 주간베스트11

강점	정확한 패싱력 앞세운 후방 빌드업, 노련한 공수 조율	특징	첫 캡틴 선임, 감독이 인정한 완장의 시너지효과
약점	세월에 따른 피로도, 떨어지는 피지컬 대응 능력	별명	권나바로, 베르통권

엄원상

1999년 1월 6일 | 26세 | 대한민국 | 171cm | 63kg

11
MF

엄원상

WEEKLY BEST 11

경력

광주(19~21)
▶울산(22~)

K리그 통산기록

K리그1 - 136경기 33득점 15도움
K리그2 - 16경기 2득점

대표팀 경력

8경기
2020 올림픽

금호고 삼총사의 새바람이 불고 있다. '뉴페이스' 허율과 이희균 그리고 '정점'에 엄원상이 있다. '만년 2위'를 정상에 올려놓은 또 다른 '복덩이'다. 울산에서 축구에 새로운 눈을 떴다. 첫 시즌이었던 2022년 33경기에 출전해 팀내 최다인 12골 6도움을 기록, MVP급 활약을 펼쳤다. 2023년에는 4골 4도움으로 줄었다. 순도는 높았다. 공격포인트를 기록한 7경기에서 모두 승리했고, 생애 첫 베스트11에 선정되기도 했다. 하지만 지난해는 부상 공백이 컸다. 고질인 발목 부상에 이어 스포츠 탈장으로 인해 8월 31일 포항전을 끝으로 조기에 시즌을 접었다. 그럼에도 26경기에 출전, 4골 2도움을 기록했다. 그가 없는 공격은 '감칠맛'이 떨어졌다. 번쩍이는 속도도 사라졌다. 개인적으로는 절치부심이다. 지난해의 아쉬움을 모두 쏟아낸다는 각오다. 100m를 11초대에 주파하는 폭발적인 스피드는 여전하다. 질주가 시작되면 환호성이 터진다. 넓은 시야를 바탕으로 한 드리블 능력도 향상돼 거침없이 상대의 뒷공간을 파고든다. 그러나 저돌적인 플레이로 부상에 자주 노출되는 부분은 경계해야 한다. 상대의 거친 수비를 피할 수 있는 지혜도 필요하다. 그 또한 다치지 않고 2개 대회 우승, '더블'을 꿈꾸고 있다.

2024시즌 기록						
3	1,660(26) MINUTES 출전시간(경기수)	4 GOALS 득점	2 ASSISTS 도움	0	1 WEEKLY BEST 11 주간베스트11	
강점	100m 11초대 주파하는 폭발적인 스피드		특징	다시 뭉친 금호고 삼총사 리더, 극 'I'에서 'E'로		
약점	몸 사리지 않는 열정, 잦은 부상은 독		별명	엄살라		

고승범
1994년 4월 24일 | 31세 | 대한민국 | 173cm | 70kg

7
MF

고승범

④
WEEKLY BEST 11

경력
수원(16~17)
▷대구(18)
▷수원(19~21)
▷상무(21~22)
▷수원(23)
▷울산(24~)

K리그 통산기록
K리그1 – 185경기 12득점 15도움
K리그2 – 10경기 3득점 2도움

대표팀 경력
3경기

지난 시즌 최고의 수확이다. 한 시즌 만에 울산에 없어서는 안될 존재로 자리매김했다. 그가 중원에 있고, 없고는 천양지차다. 특유의 왕성한 활동량을 바탕으로 커버하는 영역은 혀를 내두른다. 현역 시절의 박지성을 연상케 할 정도로 '3개의 폐'를 가진 '울산 박지성'이라는 찬사가 쏟아진다. '고드리치'라는 별명도 유효하다. 기술과 센스 등을 두루 갖춘 육각형 미드필더다. 감독이 바뀌어도 그에 대한 신뢰는 변하지 않는다. 첫 외출은 화려했다. 수원 삼성의 '원클럽맨'이었던 그는 지난해 서른 살에 새로운 도전을 선택했다. '화면 조정' 시간은 길지 않았다. 시즌 초반 공격 포인트가 없어 고민도 있었지만 커리어하이로 마침표를 찍었다. 그는 28경기에 출전해 4골 3도움을 올렸다. 환상적인 프리킥골이 전매특허가 됐다. 그러나 워낙 많이 뛰다 보니 패스 정확도가 떨어질 때가 있다. 그 순간만 집중력을 높이면 국가대표 재승선도 문제없다. 울산 2년 차에 부주장을 맡았다. 감독의 기대가 더 높다는 방증이다. 평소 개인 생활에서도 성실해 리더로 손색이 없다. 주장단 가운데 가장 나이가 어려 팀의 허리다. 이번 시즌 선수단의 변화가 큰 만큼 선후배 간의 가교 역할도 해야 한다.

2024시즌 기록

3	2,414(28) MINUTES 출전시간(경기수)	4 GOALS 득점	3 ASSISTS 도움	0	4 WEEKLY BEST 11 주간베스트11

강점	지칠 줄 모르는 체력, 광활한 활동반경	특징	로봇인 줄, 감독들이 사랑할 수밖에 없는 헌신
약점	순간 집중력 저하에 따른 패스 미스	별명	고드리치, 고투소

강상우

1993년 10월 7일 | 32세 | 대한민국 | 176cm | 62kg

13
DF

강상우

WEEKLY ③ BEST 11

경력

포항(14~18)
▶상무(19~20)
▶포항(19~22)
▶베이징(22~23)
▶서울(24)
▶울산(25~)

K리그 통산기록

K리그1 – 226경기 21득점 28도움

대표팀 경력

3경기

천군만마다. 지난해에는 설영우, 올 시즌을 앞두고는 이명재와 윤일록이 떠났다. 측면 수비에 새로운 변화가 필요했는데, 그 구심점이다. 그는 2014년 포항에서 프로 데뷔한 베테랑이다. 상무 시절을 제외하고 줄곧 포항에서 뛰다 2022시즌 개막 직후 베이징 귀안으로 이적, 해외 무대를 경험했다. 지난해 K리그로 복귀했고, 서울에서 한 시즌 활약 후 울산의 품에 안겼다. 그는 2020시즌 26경기에서 8득점 12도움을 기록하며 도움왕과 베스트 11을 수상했고, 37경기에서 4득점 8도움을 올린 2021시즌에는 2년 연속 베스트 11에 선정됐다. 서울에선 35경기에 출전, 1골 3도움을 기록했다. 이번 시즌을 앞두고 해외 진출을 염두에 뒀지만 김판곤 감독의 구애에 새 도전을 선택했다. 공격과 수비가 다 되는 K리그 간판 '유틸리티 플레이어'인 만큼 축구 지능과 볼을 다루는 센스가 뛰어나다. 울산에선 왼쪽 측면 수비를 책임지게 된다. 스리백에서도 요긴하게 활용할 수 있으며, 좌우 측면, 수평적으로도 쓰일 수 있는 자원이다. 경고도 많지 않은 유형이라 안정적인 플레이도 자랑한다. 커리어에서 딱 한 가지 '옥에 티'는 '무관'이다. 최고 성적은 포항에서의 준우승이다. 이제는 우승이 곧 꿈이다.

2024시즌 기록

4	3,192(35) MINUTES 출전시간(경기수)	1 GOALS 득점	3 ASSISTS 도움	0	3 WEEKLY BEST 11 주간베스트11

강점	수비와 공격이 다 되는 올라운드 플레이어	특징	서울 출신이지만 '동해안'에서 살 운명
약점	지나치게 조심스러운 멘탈, 과도한 리액션	별명	오뚝이, 박서준

허율

2001년 4월 12일 | 24세 | 대한민국 | 192cm | 82kg
경력 | 광주(20~24) ▷ 울산(25~)
K리그 통산기록 | K리그1 – 83경기 7득점 4도움 | K리그2 – 33경기 6득점 4도움
대표팀 경력 | –

18 FW

주민규의 대체 자원이다. 11살 어린 나이는 새로운 미래의 기대감이다. 큰 키가 강점이다. 헤더, 공중볼 장악 능력뿐만 아니라 발기술도 준수하다. 꾸준한 웨이트 트레이닝으로 파워까지 갖춰 포스트플레이에 능하다. 큰 체격이지만 스피드도 뛰어난 편이다. 한국 축구 스트라이커 계보를 이어갈 수 있는 잠재력을 갖췄다. 상무 입대를 철회하고 울산의 품에 안긴 K리그 데뷔 5년 차다. 지난해 K리그에서는 2골에 그쳤는데 광주의 사정으로 센터백을 맡았다. 멀티 포지션을 소화할 수 있는 능력을 증명한 셈이다. 자신감도 충만하고 과거 함께 손발을 맞췄던 엄원상도 공격 파트너로 있어 울산 적응에 큰 문제가 없다.

2024시즌 기록					강점	약점
3	0	2,282(32) 출전시간(경기수)	2 GOALS 득점	0 ASSISTS 도움	2 WEEKLY BEST 11 주간베스트11	괴물 피지컬, 공중볼 장악 능력	1% 부족한 골 결정력

야고
Yago Cariello Ribeiro

1999년 7월 27일 | 26세 | 브라질 | 186cm | 82kg
경력 | 투피남바스(20) ▷ 콘데이샤(20~21) ▷ 산타렘(21~22) ▷ 포르티모넨스(22~23) ▷ 강원(23~24) ▷ 울산(24~)
K리그 통산기록 | K리그1 – 41경기 14득점 3도움
대표팀 경력 | –

99 FW

지난해 7월 울산에 둥지를 틀었지만 전반기 강원에서의 활약에 비해 다소 아쉬운 모습이었다. 강원에선 18경기에서 9골 1도움을 기록했지만, 울산에서는 12경기에서 4골 1도움에 그쳤다. 건장한 체격 조건을 앞세운 몸싸움과 주발인 왼발 킥력이 우수하다. 하지만 본인이 진가로 내세운 드리블, 침착성은 상대의 밀집수비에서 한계를 보였다. 강원에서 뛰어났던 마무리 능력도 울산에선 2% 부족했다. 들쭉날쭉 출전시간 탓에 기복도 있었다. 결국 꼬인 매듭은 스스로 풀어야 한다. 명실공히 주포로 인정받기 위해선 더 험난해진 주전 경쟁부터 이겨내야 한다.

2024시즌 기록					강점	약점
4	0	2,358(30) MINUTES 출전시간(경기수)	13 GOALS 득점	2 ASSISTS 도움	7 WEEKLY BEST 11 주간베스트11	미친 왼발, 저돌적인 투지	기복있는 경기력

이청용

1988년 7월 2일 | 37세 | 대한민국 | 180cm | 69kg
경력 | 서울(04~09) ▷ 볼턴(09~15) ▷ 크리스탈팰리스(15~18) ▷ 보훔(18~20) ▷ 울산(20~)
K리그 통산기록 | K리그1 – 189경기 22득점 21도움
대표팀 경력 | 89경기 9득점, 2010 · 2014 월드컵

27 MF

최고참의 시계는 거꾸로 간다. 37세에도 기량은 여전하다. 울산의 정신적인 지주로, 재계약을 통해 다시 한번 가치를 인정받았다. 지난해 초 구단과의 갈등으로 결별설이 제기되며 출발이 더뎠지만, 끝은 화려했다. 3연패를 확정 지은 도움이 그의 발끝에서 나왔다. 뛰어난 축구지능은 명불허전이다. '축구 도사'라는 훈장은 그만이 누릴 수 있는 특권이다. 팀이 꼭 필요할 때 제 몫을 한다. 측면과 중앙을 오가는 '프리롤' 역할에선 완숙미가 느껴진다. 승부욕에는 나이가 없다. 하지만 그도 세월을 느끼고 있다. 올해는 마지막이 될 수 있다는 생각으로 그라운드에 선다.

2024시즌 기록					강점	약점
3	0	1,091(23) MINUTES 출전시간(경기수)	0 GOALS 득점	4 ASSISTS 도움	1 WEEKLY BEST 11 주간베스트11	지능적인 경기 운영, 축구도사	세월이 변수, 부상 조심

14 MF

이진현

1997년 8월 26일 | 28세 | 대한민국 | 173cm | 65kg
경력 | 비엔나(17) ▶ 포항(18~19) ▶ 대구(20) ▶ 대전(21~23) ▶ 푸슈카니에포워미체(24)
▶ 울산(25~)
K리그 통산기록 | K리그1 – 87경기 10득점 8도움 | K리그2 – 49경기 5득점 8도움
대표팀 경력 | 4경기

'될성부른 떡잎'으로 기대가 컸다. 하지만 아직 만개하지는 않았다. 울산이 야심차게 영입한 '도전의 아이콘'이다. 유럽에서 프로에 데뷔한 그는 K리그에서 6시즌을 뛴 후 지난해 유럽의 문을 다시 두드렸다. 폴란드에서 약 1년간 리그 31경기에 나서며 팀의 주전 미드필더로 활약했다. 엄청난 활동량과 축구 센스로 눈길을 끌었다. 뛰어난 킥력을 앞세워 세트피스 전담 키커로도 시선을 사로잡았다. 유럽의 러브콜에도 울산의 비전에 이끌려 국내로 돌아왔다. 기동력과 스피드 등에서도 강점을 보이는 그는 중원 전 지역을 커버하는 전천후 미드필더다.

		2024시즌 기록			3 WEEKLY BEST 11 주간베스트11	강점	약점
3	0	2,116(29) MINUTES 출전시간(경기수)	3 GOALS 득점	5 ASSISTS 도움		정교한 왼발킥, 탈압박	요동치는 경기력

■폴란드 리그 기록

16 MF

이희균

1998년 4월 29일 | 27세 | 대한민국 | 168cm | 63kg
경력 | 광주(19~24) ▶ 울산(25~)
K리그 통산기록 | K리그1 – 91경기 9득점 2도움 | K리그2 – 39경기 2도움
대표팀 경력 | –

새로운 도약을 위해 이정효 감독의 페르소나라는 익숙한 옷을 벗었다. 금호고 동기 엄원상과의 재회가 눈길을 끈다. 세컨드 스트라이커, 공격형 미드필더, 윙어 포지션까지 소화하며 2선 어느 곳에서든 상대 골문을 타격할 수 있는 자원이다. 다원화된 공격 루트와 향상된 파괴력에 한껏 기대감이 쏠린다. 적극적인 드리블 돌파와 이타적인 플레이도 돋보인다. 김판곤 감독도 적극 활용한다는 계획이다. 단점이었던 마무리 능력도 향상됐다. 그는 지난해 5골을 기록하면서 자신의 한 시즌 최다골을 경신했다. K리그 통산 130경기에 출전한 경험치에서 오는 안정감도 있다.

		2024시즌 기록			3 WEEKLY BEST 11 주간베스트11	강점	약점
4	0	1,894(29) MINUTES 출전시간(경기수)	5 GOALS 득점	0 ASSISTS 도움		2선 전 포지션 커버 가능	피지컬 대응 능력

17 MF

루빅손

Gustav Erik Ludwigson

1993년 10월 20일 | 32세 | 스웨덴 | 182cm | 75kg
경력 | 외르니케(11~14) ▶ 세베달렌스(15~17) ▶ 외리뤼테(18~19) ▶ 함마르뷔(20~22)
▶ 울산(23~)
K리그 통산기록 | K리그1 – 49경기 13득점 8도움
대표팀 경력 | –

울산 외인 중에는 여전히 최고의 수확으로 평가받는다. 7부 리그에서 출발해 프로 선수의 꿈을 이룬 입지전적인 인물이다. 울산이 영입을 위해 1년 동안 공들인 노력은 결코 헛되지 않았다. 첫 시즌인 2023년 27경기에서 6골 3도움을 기록한 그는 지난해 부상 악초에도 22경기에서 7골 5도움을 올렸다. 두 자릿수 공격포인트는 진보하고 있다는 것을 의미한다. 화려하진 않지만 공수밸런스가 뛰어나다. 빠른 스피드를 보유한 그는 윙포워드와 윙백을 모두 소화할 수 있다. 성실함의 대명사라 기복이 크게 없고, 제 몫을 한다. 믿고 맡기는 스타일이다.

		2024시즌 기록			3 WEEKLY BEST 11 주간베스트11	강점	약점
0	0	1,813(22) MINUTES 출전시간(경기수)	7 GOALS 득점	5 ASSISTS 도움		뛰어난 순발력, 측면 장악력	멀티형에 비해 떨어지는 개인기

서명관

2002년 11월 23일 | 23세 | 대한민국 | 186cm | 77kg
경력 | 부천(23~24) ▷ 울산(25~)
K리그 통산기록 | K리그2 – 50경기 1도움
대표팀 경력 | –

김영권의 파트너 역할로 첫손에 꼽힌다. 연령대별 대표를 두루 거친 그는 '신분'이 급상승했다. K리그2 부천에서 두 시즌 동안 수비의 핵으로 51경기를 소화한 그는 그저 그런 팀이 아닌 리그 3연패의 울산에서 1부 무대 첫 도전장을 냈다. 울산은 일찌감치 센터백 자리의 첫 영입으로 서명관을 염두에 뒀다. 김판곤 감독도 다각도로 실험을 마쳤다. 김기희와 임종은의 공백을 메우는 것이 그의 임무다. 프로 데뷔 3년 차로 힘과 젊음이 느껴진다. 안정적인 플레이와 위치 선정, 뛰어난 경기 운영 능력이 장점이다. 실력과 가능성을 모두 검증받아 빠르게 적응할 것으로 기대된다.

		2024시즌 기록			3 WEEKLY BEST 11 주간베스트11	강점	약점
4	0	2,108(21) MINUTES 출전시간(경기수)	0 GOALS 득점	1 ASSISTS 도움		안정적인 수비 운용 능력	1부와 첫 만남, 적응이 관건

■K리그2 기록

윤종규

1998년 3월 20일 | 27세 | 대한민국 | 173cm | 64kg
경력 | 서울(17) ▷ 경남(17) ▷ 서울(18~22) ▷ 김천(23~24) ▷ 서울(24) ▷ 울산(25~)
K리그 통산기록 | K리그1 – 136경기 2득점 6도움 | K리그2 – 22경기 2득점 4도움
대표팀 경력 | 4경기, 2022 월드컵

더 이상 베테랑이라는 수식이 낯설지 않다. 햄스트링 부상 등으로 단 1분도 출전하지 못했지만, 카타르 월드컵 멤버였다. 임대로 떠난 한 시즌과 군 복무 시절을 제외하고 서울의 '원클럽맨'이었다. 푸른색 유니폼은 처음이다. 지난 시즌 설영우가 떠난 자리는 윤일록이 대신했지만 전통 풀백 보강의 갈증이 컸다. 윤종규야말로 가장 안정적인 영입이다. 육상 선수 출신으로 스피드가 뛰어나다. 서울 시절, 잦은 감독 교체에도 꾸준히 중용받았다. 어떤 전술에도 적응력이 뛰어나며 기본기도 탄탄한 편이다. 뛰어난 체력을 바탕으로 왕성한 활동량을 자랑한다. 직선적인 플레이에는 분명 강점이 있다.

		2024시즌 기록			– WEEKLY BEST 11 주간베스트11	강점	약점
2	0	1,361(21) MINUTES 출전시간(경기수)	0 GOALS 득점	1 ASSISTS 도움		왕성한 활동량, 전술 이해도 탁월	부상 후 좀처럼 올라오지 않는 폼

이재익

1999년 5월 21일 | 26세 | 대한민국 | 185cm | 76kg
경력 | 강원(18~19) ▷ 알라이얀(19~20) ▷ 앤트워프(20~21) ▷ 서울이랜드(21~23) ▷ 전북(24) ▷ 울산(25~)
K리그 통산기록 | K리그1 – 28경기 1득점 | K리그2 – 65경기 1득점
대표팀 경력 | 1경기

수비 보강의 마침표다. 전북에서 한 시즌을 뛴 후 현대가 라이벌로 이적한 이력도 눈길이 간다. 왼발잡이 센터백인 그는 '김영권 후계자'라고 불릴 만큼 정확한 킥을 앞세운 빌드업 능력부터 탁월한 수비 센스까지 김영권을 꼭 빼닮았다. 연령별 대표를 거친 파울루 벤투 감독 시절 A대표팀에도 승선했다. 그러나 아직 물음표다. 카타르와 벨기에 등 해외에서도 선수 생활을 한 그는 기대만큼의 퍼포먼스를 보여주지는 못했다. 잠재력은 여전히 높은 점수를 받고 있다. 항저우아시안게임 금메달리스트인 그는 기초군사훈련으로 뒤늦게 울산에 합류하여 적응할 시간이 필요해 보인다.

		2024시즌 기록			– WEEKLY BEST 11 주간베스트11	강점	약점
4	0	1,524(17) MINUTES 출전시간(경기수)	1 GOALS 득점	0 ASSISTS 도움		스피드 탑재 빌드업 능력	밀리는 몸싸움

36 MF

라카바

라카바　Matias Rafael Lacava Gonzalez

2002년 10월 24일 | 23세 | 베네수엘라 | 167cm | 62kg
경력 | 푸에르토카베요(19~21)▷산투스(21~22)▷톤델라(22~23)▷비젤라(23~24)
▷아틀레티쿠고이아니엔시스(24)▷울산(25~)
K리그 통산기록 | 2025시즌 K리그 데뷔
대표팀 경력 | 2경기, 2024 코파아메리카

시즌 첫 외인 영입이라 기대감이 높다. K리그에서 보기 드문 '현역 국대'인 배경도 더 화제다. 베네수엘라 국가대표로 지난해 코파아메리카에 출전했다. 바르셀로나 유스 출신인 그는 2020년에는 이강인, 엘링 홀란, 비니시우스 주니오르, 주앙 펠릭스 등과 함께 ESPN 선정 미래 스타 15인에 선정되기도 했다. 키는 크지 않지만, 탄탄한 밸런스와 탁월한 개인기가 장점이다. 특히 기술과 정교한 왼발킥이 돋보인다. 울산은 오랜 시간 지켜봐 왔다. 특유의 적극성, 팀의 전술에 맞춰 변화되는 임무를 충실히 수행하는 성실성, 그리고 성장 가능성에 합격점을 줬다.

		2024시즌 기록				강점	약점
4	0	1,258(23) MINUTES 출전시간(경기수)	1 GOALS 득점	3 ASSISTS 도움	- WEEKLY BEST 11 주간베스트11	기술과 스피드 겸비한 슈퍼크랙	다혈질, 널뛰는 감정 기복

■ 브라질 2부리그 기록

6 MF

보야니치

보야니치　Darijan Bojanic

1994년 12월 28일 | 31세 | 스웨덴 | 183cm | 74kg
경력 | 외스트레스(11~13)▷예테보리(13~14)▷헬싱보리(14~18)▷외르테르순드(17)
▷함마르뷔(19~22)▷울산(23~)
K리그 통산기록 | K리그1 - 35경기 2득점 4도움
대표팀 경력 | 2경기

축구 센스는 분명 있지만 같은 스웨덴 출신 루빅손에 비해 활용도가 떨어졌다. 첫 시즌은 단 9경기 출전에 불과했다. 방출 가능성이 제기됐지만 잔류했고, 두 번째 시즌인 지난해가 변곡점이었다. 아시아챔피언스리그에서의 활약을 바탕으로 K리그에서 26경기에 출전해 2골 3도움을 기록했다. 좌우 방향 전환과 침투 패스 등 볼배급이 수준급이다. 왼발 킥력도 뛰어나다. 그러나 상대의 강력한 압박에는 여전히 한계가 있다. 후방 패스로 템포를 떨어뜨린다. 느슨한 플레이에 기복이 심한 것도 흠이다. 좀 더 적극적으로 임한다면 자신의 강점을 극대화할 수 있다.

		2024시즌 기록				강점	약점
2	0	1,783(26) MINUTES 출전시간(경기수)	2 GOALS 득점	3 ASSISTS 도움	1 WEEKLY BEST 11 주간베스트11	수직, 수평 수준급 볼 배급	느슨한 플레이, 부족한 탈압박

5 MF

정우영

정우영

1989년 12월 14일 | 36세 | 대한민국 | 187cm | 77kg
경력 | 교토(11~12)▷이와타(13)▷고베(14~15)▷충칭(16~17)▷고베(18)▷알사드(18~23)
▷칼리즈(23~24)▷울산(24~)
K리그 통산기록 | K리그1 - 8경기
대표팀 경력 | 76경기 3득점, 2018 · 2022 월드컵, 2019 아시안컵

A매치 76경기에 출전한 백전노장이다. 줄곧 해외에서 선수 생활을 했던 그는 지난해 7월 고향의 품에 안겼다. K리그와는 첫 만남이었다. 하지만 컨디션 이상으로 8경기 출전에 그쳤다. 그래도 그라운드에서 서면 노련미를 앞세워 '1인분' 역할은 했다. 베테랑 수비형 미드필더인 그는 설명이 필요 없는 존재다. 여전히 왕성한 활동량은 기본이고 빌드업 능력과 수비 경합에서도 탁월하다. 중거리 슈팅은 A대표팀에서 함께한 손흥민이 인정하는 클래스다. 중원에서 세대교체의 키를 쥔 올 시즌, 큰 변화의 물줄기에서 중심을 잡아준다면 더할 나위 없다.

		2024시즌 기록				강점	약점
1	0	457(8) MINUTES 출전시간(경기수)	0 GOALS 득점	0 ASSISTS 도움	- WEEKLY BEST 11 주간베스트11	풍부한 경험, 빌드업 탁월	경고음 켜진 컨디션 관리

윤재석

2003년 10월 22일 | 22세 | 대한민국 | 173cm | 65kg
경력 | 천안(24) ▷ 전남(24) ▷ 울산(25~)
K리그 통산기록 | K리그2 – 29경기 6득점 1도움
대표팀 경력 | –

22세 이하 자원으로 쏠쏠한 활약이 기대되는 영입이다. 중앙대 에이스로 활약한 후 지난해 프로 데뷔한 그는 전반기에는 천안, 후반기에는 전남에서 활약했다. 천안에서 16경기에서 3골 1도움, 전남에선 13경기에서 3골을 기록하면서 수상에는 실패했지만, K리그2 영플레이어상 후보에 오르며 가능성을 인정받았다. 저돌적인 돌파와 공간 침투가 돋보이는 측면 공격 자원이다. 승부를 바꾸는 득점으로 신인답지 않은 집중력과 대담함을 뽐내기도 했다. 빠른 스피드를 앞세운 수비 가담이 뛰어나고, 체력도 우수하다. K리그1 영플레이어상이 목표다.

2024시즌 기록					강점	약점
4	0	1,945(31) MINUTES 출전시간(경기수)	7 GOALS 득점	1 ASSISTS 도움	2 WEEKLY BEST 11 주간베스트11	두려움 없는 돌파와 패기	U-22 자원 시간과의 싸움

김민혁

1992년 8월 16일 | 33세 | 대한민국 | 182cm | 70kg
경력 | 서울(15) ▷ 광주(16~17) ▷ 포항(18) ▷ 성남(18~19) ▷ 상주(19~20) ▷ 성남(21~22) ▷ 울산(23~)
K리그 통산기록 | K리그1 – 210경기 16득점 21도움 | K리그2 – 17경기 2득점 1도움
대표팀 경력 | –

터질 듯 터지지 않는 답답함이 있지만 감독의 신임은 두텁다. 2023년 이적 첫 해 연착륙에 성공했지만, 지난해에는 부상으로 활약이 미비했다. 공격형 미드필더로는 훌륭한 자원이다. 볼 센스가 뛰어나고, 지능적인 플레이가 발군이다. 창의적인 플레이로 공격에 힘을 싣는다. 활동량도 많다. 지배하는 축구를 추구하는 울산과 딱 맞아떨어지는 유형이다. K리그 11년 차로 능력이 제대로 실현된다면 공격에 더 큰 활력소가 될 수 있다. 그러나 공격에 비해 수비력은 떨어지는 한계가 있다. 잦은 부상이 고비마다 발목을 잡는 것도 걱정스럽다.

2024시즌 기록					강점	약점
5	0	714(14) MINUTES 출전시간(경기수)	0 GOALS 득점	0 ASSISTS 도움	- WEEKLY BEST 11 주간베스트11	뛰어난 볼센스와 공격 본능	유리몸, 떨어지는 수비력

박민서

2000년 9월 15일 | 25세 | 대한민국 | 175cm | 68kg
경력 | 대구(19~21) ▷ 경남(22~23) ▷ 서울이랜드(24) ▷ 울산(25~)
K리그 통산기록 | K리그1 – 1경기 | K리그2 – 82경기 10득점 13도움
대표팀 경력 | –

빠른 스피드와 날카로운 킥을 주무기로 하는 정통 왼쪽 풀백이다. 대구에서 잠깐 1부를 경험하다 2부에서 3시즌 활약했다. 지난해 잠재력이 폭발하면서 36경기에 출전해 5골 8도움을 기록, 커리어 하이 시즌을 보냈다. 4년 만의 K리그1 재입성이다. 많은 활동량, 헌신적인 플레이는 물론 양발 사용이 자유로운 것도 강점이다. 다양한 플레이 패턴과 기동성 또한 기대치가 높다. 스리백에서도 활용할 수 있는 자원이다. 4개 대회를 병행해야 하는 울산은 더블 스쿼드를 구축해야 한다. 강상우의 백업이지만 언제든 기회의 문은 열려 있다.

2024시즌 기록					강점	약점
4	0	3,384(36) MINUTES 출전시간(경기수)	5 GOALS 득점	8 ASSISTS 도움	4 WEEKLY BEST 11 주간베스트11	정확도 높은 킥 이용 공격 창출	1부 재진입, 수비 적응이 숙제

전지적 작가 시점

김성원이 주목하는 울산의 원픽!

엄원상

엄원상은 3년 차에 아픔이 있었다. 기초군사훈련 입소로 울산이 3년 연속 우승 트로피를 들어 올리는 순간을 함께하지 못했다. 그는 2023년 항저우아시안게임에서 금메달을 목에 걸며 '병역 특례'를 받았으나 훈련은 받아야 했다. 울산은 엄원상 합류 전과 후로 나뉜다. 첫 시즌 33경기에 나서 팀 내 최다인 12골 6도움을 기록, 17년 만인 K리그1 우승의 당당한 주연이었다. 2023년에는 생애 첫 베스트11에 선정되면서 울산의 2연패와 함께 '개인 무관의 한'도 털어냈다. 그는 부상 암초에도 28경기에서 4골 4도움을 올렸다. 그러나 부상은 지난해 더 큰 폭풍으로 몰아쳤다. 8월 31일 포항전을 끝으로 일찌감치 사라졌다. 고질인 발목 부상에 이어 스포츠 탈장으로 끝내 복귀하지 못했다. 그럼에도 엄원상은 26경기에 출전, 4골 2도움을 기록했다. 새로운 시작이다. 그는 올해 더 이상 부상으로 인한 고통은 없을 것이라 예고하고 있다. 울산은 이희균, 허율을 영입하며 엄원상과 함께 금호고 출신 공격 트리오를 구축해 더 큰 기대를 모으고 있다. 그는 전형적인 'I(내향적)'지만 'E(외향적)'로 변신하고 있다. 표정 또한 더없이 편안하고, 밝다. 세대교체의 기수인 엄원상이 '리더'로 역할 하면 울산은 탄탄대로다.

지금 울산에 이 선수가 있다면!

안데르손

상대의 '밀집 수비'는 울산의 숙명이다. 상대하는 많은 팀이 정면충돌을 피해 선수비, 후역습 카드를 꺼내 든다. 개인기를 앞세워 1~2명을 따돌릴 수 있다면 그물망 수비를 무력화시킬 수 있다. 안데르손이라면 더 이상 바랄 것이 없다. 그는 K리그의 으뜸 '슈퍼 크랙'이다. 수원FC 유니폼을 입고 K리그에 처음 도전한 지난해 자타공인 최고의 공격수로 우뚝 섰다. 38경기, 전 경기에 출전해 7골 13도움, 총 20개의 공격포인트를 기록했다. K리그1 전체 선수 가운데 최다 공격포인트와 도움 기록이다. 수원FC는 지난해 여름 이승우와 권경원, 공수의 핵이 이적했지만 상위 스플릿, 역대 최다 승점, 리그 5위의 쾌거를 달성했다. 안데르손이 버티고 있었기에 가능했다. 울산은 2025시즌을 앞두고 일찌감치 안데르손 영입전에 뛰어들었다. 하지만 줄다리기 끝에 성사되지 않았다. 다만 포기는 하지 않았다. 안데르손은 성실한 플레이는 기본이고 왕성한 활동량, 이타적인 플레이를 자랑한다. 뛰어나 테크닉과 빠른 스피드를 앞세워 경기를 읽는 눈도 탁월하다. 그는 "더 강해진 안데르손을 보여주겠다"라고 했다. 안데르손은 이제 '큰물'에서 놀아야 한다. 울산 유니폼을 입는다면 클럽월드컵 등에서 더 큰 꿈을 펼칠 수 있다.

김동현
가브리엘
이기혁
이상헌
홍철
이광연
강윤구
코바체비치
김대우
김이석
김강국
김경민
강투지
김민준
송준석
신민하
윤일록
최병찬
이유현
마리오
최한솔
진준서
조진혁
조현태
이지호

강원FC

정경호 체제로 변신한 강원, 돌풍은 계속된다

강원FC

강원에게 2024년은 잊을 수 없는 한 해였다. 창단 첫 준우승에 성공했다. 구단 역대 최다승점, 최다득점, 최다승은 덤이었다. 윤정환 감독—정경호 수석코치 콤비는 화끈한 공격축구를 중심으로 포지션을 적절히 변경하여 얇은 스쿼드를 메웠고, 고비마다 전술 변화를 통해 위기를 넘겼다. 윤정환 감독은 K리그 감독상을 수상했다. 강원 소속으로는 처음이었다. 무엇보다 '고등윙어' 양민혁을 발굴했다. 준프로 계약을 통해 만 17세에 데뷔한 양민혁은 전 경기에 출전해 12골 6도움이라는 센세이셔널한 활약을 펼쳤다. 양민혁은 프리미어리그 토트넘 이적에 성공했고, A대표팀에도 발탁됐다. 아쉽게 MVP 수상에는 실패했지만, 영플레이어상과 베스트11상을 거머쥐었다. 2021년과 2023년 승강 플레이오프를 통해 가까스로 살아남았던 강원은 김병지 대표 부임 후 새롭게 변모하고 있다. 성적뿐만 아니라 흥행, 수익까지 세 마리 토끼를 모두 잡고 있다. 아직 단 한 차례의 트로피도 들어 올리지 못하며 이렇다 할 색깔이 없던 강원은 육성이라는 기본 테마를 중심으로, 시도민구단의 새로운 바람을 불러일으키고 있다. 정경호 감독이라는 젊은 카드를 꺼낸 강원은 또 한 번의 돌풍을 준비 중이다.

구단 소개

정식 명칭	강원도민 프로축구단
구단 창립	2008년 7월 23일
모기업	도민구단
상징하는 색	주황색, 청록색
경기장(수용인원)	춘천송암스포츠타운 (13,970석) 강릉종합운동장 (13,455석)
마스코트	웅심이, 옹심이
레전드	김오규, 정승용, 한국영, 백종환 등
서포터즈	나르샤
커뮤니티	강원FC서포터즈 나르샤

우승

K리그	–
코리아컵(FA컵)	–
AFC챔피언스리그(ACL)	–

최근 5시즌 성적

시즌	K리그	코리아컵(FA컵)	ACL
2024시즌	2위	16강	–
2023시즌	10위	8강	–
2022시즌	6위	16강	–
2021시즌	11위	4강	–
2020시즌	7위	8강	–

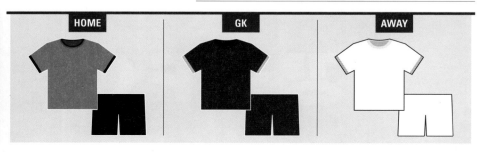

HOME   GK   AWAY

11년 만에 스타트 라인에 선 정경호
'드디어 기회가 왔다'

정경호

1980년 5월 22일 | 45세 | 대한민국

K리그 전적
19전 5승 3무 8패

정경호 감독은 준비된 사령탑이다. K리그에서는 일찌감치 '전략가'로 평가받았다. 2012년 대전에서 현역 은퇴한 정경호 감독은 울산대 코치, 성남 코치, 김천 코치 등을 거쳤다. 2024년 윤정환 감독을 보좌한 정경호 감독은 강원 준우승 돌풍의 숨은 주역이었다. 강원의 변화를 이끈 공격적인 스타일로의 전환과 황문기, 이기혁, 이유현 등의 포지션 변경 모두 정경호 감독의 아이디어였다. 10년 넘는 시간 동안 코치로 생활하며 내공을 다진 정경호 감독은 마침내 강원 지휘봉을 잡으며, 자신의 축구를 펼칠 기회를 얻었다. 풍부한 경험을 쌓은 후 성공적인 감독 생활을 이어가는 김기동 서울 감독, 김도균 이랜드 감독 등의 사례를 비춰 볼 때 정경호 감독 역시 성공할 가능성이 높다는 게 축구계의 평가다. 성남에서 감독 대행으로, 이미 가능성을 보여준 바 있다. 강원도 출신, 강원 선수 출신이어서 이번 도전은 더욱 뜻깊다.

선수 경력

울산	상무	전북	강원	대전

지도자 경력

울산대 코치	성남 코치	상주 코치	성남 수석코치	강원 수석코치	강원 감독(25~)

주요 경력

2004년 아테네올림픽	2006년 독일월드컵

선호 포메이션	4-3-3	3가지 특징	강원 첫 구단 선수 출신 감독	코치계의 숨은 고수	11년간의 코치 생활

STAFF

수석코치	코치	GK코치	피지컬코치	전력분석관	통역	트레이너	키트매니저	물리치료사
박용호	최효진 송창호 오범석 장영훈	전상욱 김민식	장석민 변주원	김주영	김승현	김범수 손용관	유형준	이강훈

아디다스 포인트로 보는 강원의 2024시즌 활약도

양민혁과 이상헌, 톱10에만 두 명이나 포진했다는 것은 그만큼 공격진의 활약이 두드러졌다고 해석할 수 있다. 양민혁과 이상헌은 나란히 12골, 13골을 기록하며, 강원의 공격을 이끌었다. 오른쪽 풀백으로 변신해 국가대표까지 승선한 황문기는 강원 시프트의 주역으로 활약했다. 센터백으로 포지션을 변신해, 중앙 미드필더, 왼쪽 풀백 등을 오간 이기혁도 강원 전력의 핵심답게 36위에 올랐다. 다만 코바체비치가 가장 높은 113위에 있을 정도로 외국인 선수의 활약이 낮은 것은 유일한 아쉬움이었다.

FW
- 양민혁 **46,447** 전체 3위
- 코바체비치 **13,269** 전체 113위
- 정한민 **11,286** 전체 139위
- 이상헌 **38,182** 전체 10위
- 김경민 **6,875** 전체 211위
- 헨리 **5,165** 전체 233위
- 조진혁 **11,221** 전체 141위

MF
- 황문기 **24,628** 전체 34위
- 김강국 **16,603** 전체 82위
- 김대우 **10,596** 전체 153위
- 김동현 **14,341** 전체 103위
- 김이석 **11,290** 전체 138위
- 이기혁 **24,161** 전체 36위

DF
- 유인수 **16,716** 전체 81위
- 강투지 **11,651** 전체 135위
- 이유현 **10,505** 전체 156위
- 윤석영 **10,782** 전체 148위
- 김영빈 **11,245** 전체 140위
- 송준석 **11,140** 전체 143위

GK
- 이광연 **12,410** 전체 124위

2024시즌 아디다스 포인트 상위 20명   ■ 포인트 점수

포지션 평점

FW
🎯🎯🎯🎯🎯

MF
🎯🎯🎯🎯⭐

DF
🎯🎯🎯🎯

GK
🎯🎯🎯🎯

출전시간 TOP 3

1위	황문기	3,523분
2위	양민혁	3,306분
3위	이기혁	3,209분

득점 TOP 3

1위	이상헌	13골
2위	양민혁	12골
3위	야고	9골

도움 TOP 3

1위	황문기	7도움
2위	이상헌, 양민혁	6도움
3위	이기혁	4도움

주목할 기록

5   양민혁, 단일시즌 역대 최다 이달의 영플레이어상 수상

62   기대 득점 1위, 실제 득점도 1위!

성적 그래프

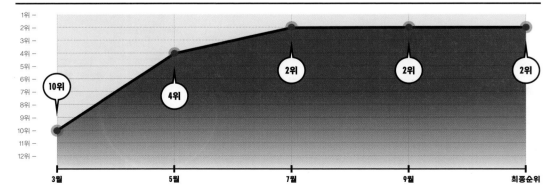

10위 → 4위 → 2위 → 2위 → 2위 (최종순위)
(3월, 5월, 7월, 9월, 최종순위)

2025 시즌 스쿼드 운용 & 이적 시장 인앤아웃

IN

원희도_제주
윤일록_강윤구
김민준_울산
최한솔_안산
강준혁_충남아산
최병찬_부천
홍철_대구
김도현_부산
최성민_강릉
이동진_파주
박호영_포천
마리오_조린스키
호마리우_우한산전

OUT

양민혁_토트넘
김영빈_전북
이지솔_수원FC
류광혁_전남
황문기_평창
유인수_제주
정한민_서울
헨리_브리즈번
윤석영_김우석
하지치_김해승
홍성무_최성민
_계약만료
박경배_서울이랜드

FW

코바체비치	가브리엘	이상헌	진준서
조진혁	김경민	최병찬	김민준	김형진
유병현	김도현	호마리우	마리오	성기완

MF

김동현 Ⓒ	강윤구	김대우
김이석	김강국	이유현
원희도	김태환	황은총

DF

이기혁	강투지	박호영	조현태
홍 철	송준석	신민하	강준혁	박호영
이동진	박수환	정승빈	윤일록	최한솔

GK

| 이광연 | 박청효 | 김유성 | 조민규 |

Ⓒ 주장   ■ U-22 자원

2025시즌의 성패는 결국 정경호 감독에 달렸다. 지난 시즌 강원 전력의 핵심이었던 양민혁과 황문기, 김영빈이 떠나며, 전력이 약해졌다. 냉정히 말해 이들의 공백을 메울만한 영입은 보이지 않는다. 오른쪽 풀백에만 3명의 선수가 더해진 것은 강원의 고민을 보여주는 대목이다. 김영빈의 자리는 이렇다 할 영입도 없다. 지난 시즌 강원 동화의 중심에 있던 정경호 감독이 어떤 마법을 보여주느냐가 중요하다. 톡톡 튀는 아이디어로 무장한 정경호 감독이 새로운 해법을 찾는다면, 올 시즌 강원도 무서운 팀이 될 수 있다. 반면 초보 감독으로 시행착오를 보인다면, 그만큼 어려운 시즌이 될 수밖에 없다. AFC 챔피언스리그 병행도 변수다. 어려운 시즌이 예상되는 가운데, 그래도 지난 시즌 끝까지 우승 경쟁을 했던 경험은 강원이 믿어볼 만한 힘이다. 정경호 감독은 일단 무너지지 않는 팀을 만들겠다는 각오다.

주장의 각오

김동현

"강원이라는 팀에서 다시 한번 주장을 하게 돼서 영광이다. 팀이 좋은 방향으로 갈 수 있게 감독님을 필두로 선수들을 잘 이끌어 나가겠다."

2 0 2 5   예 상   베 스 트   1 1

이적시장 평가

강원은 지난 시즌처럼 또다시 K리그2로 눈길을 돌렸다. K리그2에서 능력을 인정받은 최병찬, 강준혁, 최한솔 등을 영입했다. 여기에 울산에서 포텐을 터뜨리지 못한 강윤구와 김민준도 데려왔다. 홍철과 윤일록은 측면에 경험을 더해줄 수 있는 베테랑 자원. 하지만 양민혁, 황문기, 김영빈의 공백을 메우기에는 부족한 것이 사실. 고심 끝에 데려온 외국인 선수들이 어떤 활약을 펼치느냐가 변수다.

저자 6인 순위 예측

· 김 성 원 ·

9위_(양)민혁이도 없고, (황)문기도 없고, 감독까지 바뀐 준우승팀의 새 시즌. 든 자리는 몰라도 난 자리는 안다. 급강하 기운 '기웃기웃'

· 윤 진 만 ·

7위_'문기도 없고, 민혁이도 없고…' 오른쪽 날개 상태가 영 불안불안. '준비된 초보' 정경호 감독의 톡톡 튀는 아이디어에 기대 걸어야.

· 박 찬 준 ·

6위_양민혁과 황문기가 비운 오른 측면을 어떻게 메우느냐가 변수다. 믿을 것은 준비된 감독 정경호 감독의 지도력. 걱정보다는 기대가 되는게 사실.

· 김 가 을 ·

10위_뭔가 많이 허전하다. 2024년 강원을 이끌었던 주축이 많이 빠졌다. '초보 사령탑' 정경호 감독의 깜짝 전술은 물론, 리더십이 필요한 시기.

· 김 대 식 ·

10위_양민혁, 김영빈, 황문기가 모두 없다. 대체자도 마땅치 않았다. 정경호 감독의 경험도 미지수라 변수가 너무 많다. ACL 엘리트까지 소화가 될까.

· 이 현 석 ·

6위_2014년부터 코치로만 11년. 풍월을 세 번도 더 읊은 정경호 감독의 지략이 빛날 시간. 핵심 선수 이탈을 고려하면 중위권도 선방이다.

김동현

1997년 6월 11일 | 28세 | 대한민국 | 182cm | 75kg

6
MF

C

김동현

WEEKLY   BEST 11

경력

포항(18)
▷광주(18)
▷성남(19~20)
▷강원(21~23)
▷상무(23~24)
▷강원(24~)

K리그 통산기록

K리그1 – 109경기 1득점 4도움
K리그2 – 56경기 5득점 5도움

대표팀 경력

3경기

어릴 때부터 잠재력을 인정받은 미드필더. 포항스틸러스에 입단해 광주와 성남을 거쳐 강원에 둥지를 틀었다. 그는 2024년 7월 전역 후 강원에 합류했다. 그를 향한 러브콜이 쏟아졌지만 강원을 떠나지 않았다. 제대한 지 약 2주 만에 강원과 2026년까지 재계약을 체결했다. 김동현을 향한 믿음이 크다는 의미이기도 하다. 김동현은 12경기를 뛰면서도 중원에서 존재감은 확실히 보여줬다. 김동현은 정경호 감독 체제로 새출발하는 강원의 새 주장까지 맡았다. 2022년 이후 3년 만에 다시 주장 완장을 찬다. 책임감으로 팀을 진두지휘해야 한다. 등번호도 6번을 되찾았다. 2024년 강원의 약점 중 하나가 미드필더 뎁스였다. 김동현은 전진 패스, 탈압박, 경기 조율에 능한 미드필더다. 베테랑 한국영이 전북으로 떠난 뒤 중원에서 부족했던 강원의 구심점을 김동현이 잡아줘야 한다. 나이도 어느덧 팀 내에서 고참급에 속한다. 또 그는 2022년 벤투호에서 A매치 3경기에 나섰는데 이후 대표팀에 발탁되지 못했다. 수비형 미드필더가 취약 포지션 중 하나인 만큼, 올해 맹활약을 펼치면 대표팀에 재승선할 가능성이 충분하다.

2024시즌 기록					
5	**1,745(25)** MINUTES 출전시간(경기수)	**0** GOALS 득점	**1** ASSISTS 도움	0	- WEEKLY BEST 11 주간베스트11
강점	경기 조율, 탁월한 볼 배급 능력		**특징**	현 강원 캡틴	
약점	부족한 피지컬		**별명**	제2의 기성용	

가브리엘
Vitor Gabriel Claudino Rego Ferreira

2000년 1월 20일 | 25세 | 브라질 | 187cm | 80kg

10 FW

경력
CR플라멩구(17~23)
▷노바이구아수FC(17)
▷SC브라가B(20~21)
▷주벤투지(22)
▷세아라SC(23)
▷강원(23~)

K리그 통산기록
K리그1 - 27경기 3득점 1도움

대표팀 경력
-

가브리엘은 브라질, 포르투갈에서 프로 생활을 이어온 공격수다. 브라질 명문 플라멩구, 포르투갈 브라가 B팀에서 뛰었다. 187cm의 신장을 보유한 최전방 공격수로 피지컬을 활용한 저돌적인 돌파와 움직임이 강점이다. 2023년 여름 큰 기대를 받고 강원 유니폼을 입었다. 뒤늦게 합류했지만, K리그 첫해 보여준 모습은 충분히 인상적이었다. 9월과 10월에는 구단이 선정한 이달의 선수로 선정됐다. 그리고 가브리엘은 K리그2 김포FC와 승강 플레이오프(PO) 2차전에서 멀티골을 기록하며 강원의 잔류를 이끈 주인공이기도 했다. 하지만 지난해에는 기대에 전혀 미치지 못했다. 야고(울산)에게 밀려 사실상 출전 기회가 적었다. 부상까지 겹쳐 공백기가 길었다. 부상 복귀 이후에도 가브리엘답지 않은 모습을 보였다. 가브리엘은 13경기에 출전했는데 득점과 도움이 하나도 없었다. 강원의 준우승에 기여를 하지 못했다. 가브리엘은 코바체비치, 이상헌 등과 최전방 자리를 두고 선의의 경쟁을 펼쳐야 한다. 확실한 최전방 공격수가 필요한 정경호호에서 가브리엘이 제 몫을 해준다면, 지난해와 마찬가지로 센세이션을 일으킬 수 있다.

2024시즌 기록

0	585(13) MINUTES 출전시간(경기수)	0 GOALS 득점	0 ASSISTS 도움	0	- WEEKLY BEST 11 주간베스트11

강점	제공권, 포스트 플레이	특징	외모와 안 어울리는 노안
약점	문전 마무리 능력	별명	탱크

이기혁

2000년 7월 7일 | 25세 | 대한민국 | 184cm | 76kg

13
DF

이기혁

WEEKLY BEST 11

경력

수원FC(21~22)
▶제주(23)
▶강원(24~)

K리그 통산기록

K리그1 – 89경기 6도움

대표팀 경력

1경기

이기혁은 활용 가치가 높은 '멀티플레이어'다. 지난해 강원에 없어서는 안 될 존재 중 한 명이었다. 한때 A대표팀에 발탁될 만큼 유망한 중앙 미드필더였다. 왼발잡이에 좌우 전환과 정확한 롱킥을 자랑한다. 피지컬이 약점으로 꼽혔으나 이를 상쇄하는 장점을 가졌다. 프로 무대에서는 중앙 미드필더뿐 아니라 왼쪽 측면 수비수를 소화해왔다. 그리고 지난해 강원에서는 중앙 수비수로 한 자리를 차지했다. 상황에 따라 포지션을 바꿔가며 뛰었다. 35경기를 뛰며 4도움을 올렸다. 특히 스리백에서는 왼쪽 스토퍼로 나서 정확한 왼발 킥으로 강원 빌드업의 시발점 구실까지 해냈다. 현대 축구에서 귀한 왼발잡이 중앙 수비수가 탄생한 순간. 포지션 변경의 성공적인 '사례'로 꼽힌다. 높이의 열세와 전문 수비수가 아니어서 세트피스에 다소 약점을 보이지만. 그마저도 탁월한 위치 선정과 적극적인 몸싸움으로 극복해냈다. 2024년 11월 홍명보 감독의 부름을 받아 약 2년여 만에 대표팀에 승선했다. 어떤 포지션을 맡아도 어색하지 않을 정도가 된 이기혁은 2025년 부주장에 이름을 올렸다. 그런 만큼 정경호 감독은 체제에서도 핵심 수비수임은 분명하다.

2024시즌 기록

6	3,209(36) MINUTES 출전시간(경기수)	0 GOALS 득점	4 ASSISTS 도움	0	7 WEEKLY BEST 11 주간베스트11

강점	빌드업, 정확한 롱킥	특징	포지션 변경의 성공 사례
약점	부족한 수비 경험	별명	만능 멀티플레이어

이상헌

1998년 2월 26일 | 27세 | 대한민국 | 178cm | 67kg

22
MF

이상헌

WEEKLY BEST 11

경력

울산(17~20)
▶전남(18)
▶부산(21~23)
▶강원(24~)

K리그 통산기록

K리그1 – 73경기 20득점 8도움
K리그2 – 69경기 10득점 7도움

대표팀 경력

–

이상헌은 유스 시절부터 촉망받는 기대주였다. 하지만 프로 무대에서는 좀처럼 자리잡지 못했다. 2021년에는 K리그 2 부산아이파크로 이적했다. 2022년에 7골 3도움으로 부활 조짐을 알렸으나 2023년에는 5경기 출전에 그쳤다. 이상헌은 2024년 윤정환 감독의 부름을 받고 강원 유니폼을 입자 확연히 달라진 모습을 보였다. 울산 현대고 시절 인연을 맺은 윤정환 감독의 지도 아래 이상헌의 재능은 그야말로 '만개'했다. 윤정환 감독은 이상헌의 공격 본능을 일깨웠다. 섀도 스트라이커로 입지를 다졌다. 37경기에 출전해 13골 6도움을 올렸다. 2017년 우선 지명으로 울산에 입단한 이후 커리어 하이 기록이다. 강원의 준우승에 이상헌을 빼놓고 얘기할 수 없을 정도로 공이 컸다. K리그1 득점 4위, 공격 포인트 6위에 이름을 올렸다. 그뿐만 아니라 시상식에서도 처음으로 베스트11 공격수로 선정되는 겹경사를 누렸다. 강원은 지난해 맹활약한 2006년생 공격수 양민혁(토트넘)이 이탈했다. 윤정환 감독이 떠나며 사령탑도 바뀌었다. 변화와 변수가 많다는 의미다. 그런 만큼 지난해 주축 공격수이자 팀 내 최다 득점자인 이상헌의 역할은 더욱더 중요하다.

2024시즌 기록

1	2,813(37) 출전시간(경기수)	13 GOALS 득점	6 ASSISTS 도움	0	6 WEEKLY BEST 11 주간베스트11

강점	공간 창출, 날카로운 슛	특징	이승우 절친
약점	부족한 제공권, 기복 있는 결정력	별명	신데렐라

홍철

1990년 9월 17일 | 35세 | 대한민국 | 176cm | 70kg

33
DF

홍 철

WEEKLY   BEST 11

경력

성남(10~12)
▷수원(13~20)
▷상주(17~18)
▷울산(20~21)
▷대구(22~24)
▷강원(25~)

K리그 통산기록

K리그1 – 384경기 14득점 51도움

대표팀 경력

47경기 1골
2018 · 2022 월드컵

홍철은 1990년생으로 30대 후반에 접어들지만 여전히 국가대표급 측면 수비수다. 성남, 수원, 울산, 대구를 거칠 만큼 K리그 경험이 풍부하다. K리그1 통산 384경기에 출전했다. 국가대표 측면 수비수로도 A매치 47경기에 나섰다. 2018 러시아, 2022 카타르 월드컵에도 출전할 만큼 국제 무대 경험도 많다. 구단 창단 후 처음으로 아시아 무대를 밟는 강원에게 홍철의 풍부한 경험은 큰 도움이 될 것으로 보인다. 홍철은 2024년에도 31경기를 뛰었다. 경기에서의 존재감은 다소 옅어졌다. 다만 주로 스리백을 사용하며 선수비 후역습 형태를 취했던 대구보다 공격적인 축구를 펼치는 강원에서 홍철의 장점이 더 발휘될 수 있다. 수비 뒷공간 허용에 약점을 드러내기도 하지만, 강원에는 이기혁과 같은 커버 능력이 뛰어난 자원이 있다. 보다 편하게 공수를 오갈 수 있다는 의미다. 강원의 왼쪽 측면 수비수로는 이기혁, 송준석, 강준혁 등이 있다. 이기혁은 중앙 수비수로 포지션을 변경했고, 송준석과 강준혁은 아직 경험이 부족하다. 홍철은 아직도 왼발 킥력에 탁월하며 오버래핑에 능하다. 강원의 새로운 왼발 옵션이 되기에 충분한 클래스를 유지하고 있다.

2024시즌 기록

7	2,567(31) MINUTES 출전시간(경기수)	1 GOALS 득점	2 ASSISTS 도움	0	- WEEKLY BEST 11 주간베스트11

강점	왼발 택배 크로스, 적극적인 오버래핑	특징	프로 악플러 (SNS 댓글)
약점	수비 뒷공간 노출	별명	가레스 홍철

1
GK

이광연
1999년 9월 11일 | 26세 | 대한민국 | 184cm | 82kg
경력 | 강원(19~)
K리그 통산기록 | K리그1 – 71경기 98실점
대표팀 경력 | –

2019년에 강원에서 데뷔해 7년 차를 맞이한 강원 '원클럽맨'. 골키퍼로는 작은 신장(184cm)이 약점으로 꼽혔으나, 뛰어난 순발력과 민첩성으로 이를 보완해냈다. 별명 '빛광연'처럼 눈부신 선방으로 팀의 위기를 막아내는 데 혁혁한 공을 세웠다. 빌드업에서는 완벽하지는 않지만, 발전한 모습을 보여줬다. 활동 반경도 넓은 편이다. 2024년에는 프로 무대에서 최다 출전인 28경기를 뛰었다. 클린 시트는 6차례를 기록했다. 박청효와 경쟁에서 이기며 주전 골키퍼로서 입지를 다졌다. 2022년 십자인대 부상을 당한 걸 떠올리면, 놀라운 행보다.

2024시즌 기록					강점	약점
2 0	2,821(28) MINUTES 출전시간(경기수)	64 SAVE 선방	37 LOSS 실점	2 WEEKLY BEST 11 주간베스트11	뛰어난 선방 능력	다소 불안한 발밑

8
MF

강윤구
2002년 4월 8일 | 23세 | 대한민국 | 177cm | 73kg
경력 | 울산(21~24) ▷ 부산(22) ▷ 강원(25~)
K리그 통산기록 | K리그1 – 46경기 3득점 2도움 | K리그2 – 13경기 1득점 1도움
대표팀 경력 | –

올해 K리그 5년 차를 맞는 강윤구가 강원에서 새로운 도전에 나선다. 2020년 울산에서 데뷔한 그는 2022년에는 K리그2 부산아이파크에서 임대 생활을 했다. 주어진 기회만큼 돋보이는 활약을 보이지는 못해 이적이라는 변화를 감행하게 됐다. 왼발잡이로 공격형 미드필더와 측면 공격수를 소화한다. 왼발 킥 능력과 축구 센스를 장착했다. 강원에서 젊은 자원들이 눈에 띄는 성장세를 보여왔는데 강윤구도 혜택을 입을 수 있을지 지켜봐야 한다. 다만 2002년생으로 2025시즌부터 22세 이하(U-22) 룰에 포함되지 않는 만큼, 스스로 주전 경쟁을 이겨내야 한다.

2024시즌 기록					강점	약점
3 0	964(20) MINUTES 출전시간(경기수)	2 GOALS 득점	1 ASSISTS 도움	- WEEKLY BEST 11 주간베스트11	뛰어난 왼발 패스	아쉬운 수비력

9
FW

코바체비치
Franko Kovacevic
1999년 8월 8일 | 26세 | 크로아티아 | 186cm | 80kg
경력 | 하이두크스플리드(17~19) ▷ 루데시(19) ▷ 1899 호펜하임III(19~22) ▷ FC신시내티(20~21) ▷ 파포스(21~22) ▷ NK돔잘레(22~23) ▷ 베헨비스바덴(23~24) ▷ 강원(24~)
K리그 통산기록 | K리그1 – 15경기 4득점
대표팀 경력 | –

코바체비치는 2024년 여름 강원으로 임대 이적했다. 186cm의 장신에 스피드도 준수하고 양발을 자유자재로 쓸 수 있다. 강원에서의 첫해 코바체비치는 15경기에서 4골을 넣었다. 이적하자마자 나쁘지 않은 활약을 펼쳤으나, 시즌 막바지에는 활약도가 적었다. 특히 문전에서 쉬운 득점 찬스를 놓치며 아쉬움을 더했다. 코바체비치는 15경기에서 총 28개의 슛, 12개의 유효슛을 기록했다. 경기당 슛 시도가 2개가 되지 않는다. 보다 적극적인 자세가 필요해 보인다. 그나마 긍정적인 부분은 제공권을 활용한 헤딩 능력은 충분히 경쟁력이 있었다는 점이다.

2024시즌 기록					강점	약점
0 0	1,111(15) MINUTES 출전시간(경기수)	4 GOALS 득점	0 ASSISTS 도움	1 WEEKLY BEST 11 주간베스트11	제공권 활용한 헤딩 능력	아쉬운 결정력

김대우

2000년 12월 2일 | 25세 | 대한민국 | 180cm | 79kg
경력 | 강원(21~)
K리그 통산기록 | K리그1 - 62경기 4득점 3도움
대표팀 경력 | -

2021년 강원에 입단한 김대우는 5번째 시즌을 맞는다. 매년 발전하는 성장형 미드필더. 별명은 '태백산 반달곰'. 다만 김대우에게 2024년은 말 그대로 뼈아픈 한 해였다. 주축 미드필더로 맹활약하다 6월 FC서울과 경기에서 상대 태클에 쓰러져 복숭아뼈 골절 부상을 입었다. 그는 약 5개월여의 재활 기간을 거쳐 리그 최종전에서 공백을 깨고 복귀했지만 김대우 개인에게는 아쉬움이 남을 수밖에 없는 시즌이다. 그럼에도 14경기에 출전해 1골 2도움을 기록했다. 시즌이 끝난 뒤에는 강원과 재계약을 체결했다. 공격 지역으로 찔러주는 패스가 강점이다.

2024시즌 기록					- WEEKLY BEST 11 주간베스트11	강점	약점
2	0	952(14) MINUTES 출전시간(경기수)	1 GOALS 득점	2 ASSISTS 도움		번뜩이는 패스	부상 후 떨어졌을 경기 감각 회복

김이석

1998년 6월 19일 | 27세 | 대한민국 | 180cm | 70kg
경력 | FK투르노브(19) ▷ FC슬로반리베레츠B(19~20) ▷ 안산(20~21) ▷ 김포(22~23) ▷ 강원(24~)
K리그 통산기록 | K리그1 - 18경기 2득점 2도움 | K리그2 - 71경기 6득점
대표팀 경력 | -

김이석은 2024년 강원에서 K리그1 무대를 처음 밟았다. 그는 K리그2 안산그리너스와 김포FC에서 활약했다. 처음 입성한 K리그1에서도 김이석의 진가는 발휘됐다. 무릎 부상으로 약 4개월 동안 공백기를 거쳤고, 복귀 후에도 부상이 재발해 이탈했다. 그럼에도 강원의 중원에 알토란 같은 구실을 해낸 건 틀림없다. 미드필더로서 활동량은 물론 공수 조율과 경기 운영 능력이 뛰어나다. 다만 김이석은 4월 입대 예정이다. 개막이 조금 당겨졌으나 강원에서 보낼 시간은 턱없이 부족하다. 입대 후에는 강원을 적으로 상대해야 한다.

2024시즌 기록					2 WEEKLY BEST 11 주간베스트11	강점	약점
4	0	1,277(18) MINUTES 출전시간(경기수)	2 GOALS 득점	2 ASSISTS 도움		탁월한 공수 조율	잦은 부상

김강국

1997년 1월 7일 | 28세 | 대한민국 | 181cm | 72kg
경력 | 인천(19~21) ▷ 충남아산(20~23) ▷ 강원(24~)
K리그 통산기록 | K리그1 - 35경기 1도움 | K리그2 - 113경기 10득점 9도움
대표팀 경력 | -

2020년부터 2023년까지 K리그2 충남아산에서 뛴 김강국은 지난해 처음으로 강원 유니폼을 입었다. 강원으로 이적하기 전까지 K리그1 출전이 3경기에 불과했던 그를 향한 우려와 걱정이 컸다. 하지만 기우였다. 김강국은 안정감 있는 모습을 선보이며 지난해 32경기에 출전했다. 연이은 부상자 발생에도 김강국은 자신의 자리를 묵묵히 지켰다. 2~3선을 활발하게 오가는 박스 투 박스 미드필더 유형이다. 활동 범위도 넓다. 킥력도 굉장히 뛰어나 키커로도 활약할 수 있다. 경쟁자들이 많은 만큼 살아남아 뛰는 것이 김강국의 과제다.

2024시즌 기록					- WEEKLY BEST 11 주간베스트11	강점	약점
1	0	2,120(32) MINUTES 출전시간(경기수)	0 GOALS 득점	1 ASSISTS 도움		강철체력	아쉬운 공격적인 패스

김경민

19 FW

1997년 1월 22일 | 28세 | 대한민국 | 186cm | 81kg
경력 | 전남(18~22) ▷ 안양(20) ▷ 상무(21~22) ▷ 서울(23~24) ▷ 강원(24~)
K리그 통산기록 | K리그1 – 66경기 12득점 2도움 | K리그2 – 52경기 6득점 1도움
대표팀 경력 | –

김경민은 빠른 스피드를 활용한 돌파 능력에 강점이 있는 공격수다. 측면은 물론 중앙에서도 뛸 수 있는 멀티 자원이다. 여러 팀이 탐내는 공격수이기도 하다. 김경민은 지난해 강원으로 이적해 11경기 출전에 그쳤다. 지난해 7월 25라운드 전북 현대전에서 멀티골을 넣었지만, 그게 전부였다. 전북전은 김경민이 지난해에 득점한 유일한 경기였다. 확실히 공격수로서 번뜩이는 모습은 있지만 붙박이 주전으로 뛰기엔 아직 아쉬운 면이 있다. 무엇보다 김경민이 새 시즌에도 주전 경쟁에서 우위를 점하기 위해선 꾸준한 활약이 필수요소다.

		2024시즌 기록				강점	약점
3	0	472(13) MINUTES 출전시간(경기수)	2 GOALS 득점	0 ASSISTS 도움	1 WEEKLY BEST 11 주간베스트11	뛰어난 개인 돌파	기복 있는 경기력

강투지
Marko Tuci

23 DF

1998년 12월 4일 | 27세 | 몬테네그로 | 190cm | 83kg
경력 | 부두치노스트(15~18) ▷ 예제로(18) ▷ 포드고리차(18~20) ▷ 데치치(19~23)
▷ 강원(23~)
K리그 통산기록 | K리그1 – 48경기 2득점 2도움
대표팀 경력 | 6경기

강투지는 2023년 여름 강원 유니폼을 입고 빠르게 팀과 K리그에 적응했다. 본명 마르코 투치 대신 한국식 이름 '강투지'로 등록명을 바꿨다. 첫해 16경기에 나섰던 그는 2024년에는 32경기를 뛰며 강원의 핵심 수비수로 거듭났다. 베스트11 수비수 후보에 올랐지만, 수상에는 실패했다. 190cm의 신장을 활용한 제공권은 물론 예측 수비에 능하다. 발밑 능력도 뛰어나 간간히 시도하는 전진 드리블과 돌파도 준수하다. 더욱이 강투지와 함께 강원 수비를 책임졌던 김영빈이 전북 현대로 떠났다. 김영빈의 빈자리까지 매워 수비진의 중심을 잡아줘야 하는 과제도 떠안았다.

		2024시즌 기록				강점	약점
4	0	2,965(32) MINUTES 출전시간(경기수)	1 GOALS 득점	2 ASSISTS 도움	6 WEEKLY BEST 11 주간베스트11	압도하는 제공권, 예측 수비	아쉬운 대인방어 능력

김민준

26 MF

2000년 2월 12일 | 25세 | 대한민국 | 183cm | 78kg
경력 | 울산(20~24) ▷ 김천(23~24) ▷ 강원(25~)
K리그 통산기록 | K리그1 – 65경기 8득점 2도움 | K리그2 – 28경기 6득점 4도움
대표팀 경력 | –

김민준은 어려서부터 촉망받는 공격수였다. 2020년 프로 무대에 데뷔한 그는 군 복무를 위한 김천상무 시절을 제외하면 울산에서만 뛰었다. 2020년과 2021년에는 주축 공격수로 활약했다. 하지만 지난해 7월 제대 후 울산에 합류한 뒤에는 6경기 출전에 그쳤다. 울산의 변화 속에 김민준은 첫 이적을 선택하게 됐다. 김민준은 나이답지 않은 과감함과 자신감이 가득한 자원이다. 특히 문전에서 강력한 왼발 슛은 상당히 위력적이다. 김민준의 저돌적인 돌파와 왼발은 강원의 새로운 무기가 될 수 있다. 관건은 새로운 환경에서 어떻게 적응하느냐다.

		2024시즌 기록				강점	약점
2	0	715(18) MINUTES 출전시간(경기수)	2 GOALS 득점	1 ASSISTS 도움	- WEEKLY BEST 11 주간베스트11	강력한 왼발, 뛰어난 드리블 돌파	새로운 환경 적응

송준석

2001년 2월 6일 | 24세 | 대한민국 | 174cm | 68kg
경력 | 강원(21~22) ▷ 김포(23) ▷ 강원(24~)
K리그 통산기록 | K리그1 – 33경기 1득점 | K리그2 – 16경기
대표팀 경력 | –

2021년 강원에서 데뷔한 송준석은 2023년 K리그2 김포FC로 임대를 떠난 뒤 지난해 다시 복귀했다. 왼발을 쓰는 왼쪽 측면 수비수다. 스피드를 활용한 위협적인 돌파가 강점이다. 상대의 몸 싸움과 신경전도 마다하지 않고 투지 넘치는 플레이도 보여준다. 다만 송준석의 터프함이 가끔 위험한 플레이로 이어지는 경우가 있다. 지난해 8장의 경고를 받았다. 새 시즌에는 경쟁자도 늘었다. 멀티플레이어 이기혁은 물론 베테랑 수비수 홍철도 팀에 합류했다. 조금 더 안정적인 모습을 보여줘야 정경호 감독에게 눈도장을 찍을 수 있을 것으로 보인다.

2024시즌 기록					2 WEEKLY BEST 11	강점	약점
8	0	1,351(22) MINUTES 출전시간(경기수)	1 GOALS 득점	0 ASSISTS 도움	주간베스트11	투지, 저돌성	가끔씩 나오는 위험한 플레이

신민하

2005년 9월 15일 | 20세 | 대한민국 | 187cm | 76kg
경력 | 강원(25~)
K리그 통산기록 | K리그1 – 20경기
대표팀 경력 | –

강원이 기대하는 2005년생 중앙 수비수. 신민하는 2024년 20경기에 나섰는데 출전 시간은 359분이었다. 경기당 출전 시간은 17.95분이다. 아직 경험이 부족하기 때문에 강원은 출전 시간을 보장하기보다 22세 이하(U-22) 자원인 신민하를 교체 자원으로 주로 활용했다. 탄탄한 피지컬과 속도에 강점을 보인다. 무엇보다 신민하는 지난해 양민혁(토트넘)이 달았던 등 번호 47번을 배정받았다. 그만큼 강원이 신민하에게 거는 기대가 크다는 의미다. 또 중앙 수비수 자원의 이탈이 있는 만큼 2025년은 신민하에게 기회의 시즌이 될 수 있다.

2024시즌 기록					1 WEEKLY BEST 11	강점	약점
1	0	359(20) MINUTES 출전시간(경기수)	0 GOALS 득점	0 ASSISTS 도움	주간베스트11	스피드를 활용한 뒷공간 커버	경험 부족

윤일록

1992년 3월 7일 | 33세 | 대한민국 | 178cm | 65kg
경력 | 경남(11~12) ▷ 서울(13~17) ▷ 요코하마(18~19) ▷ 제주(19) ▷ 몽펠리에(20~21) ▷ 울산(21~24) ▷ 강원(23) ▷ 강원(25~)
K리그 통산기록 | K리그1 – 292경기 43득점 39도움
대표팀 경력 | 10경기 1골

공격수로 프로 생활 대부분을 소화한 윤일록은 2024년 울산에서 구단 사정으로 측면 수비수로 포지션을 바꿨다. 돋보이지는 않았지만 지난해 26경기를 뛰며 울산의 3연패에 이바지했다. 윤일록은 경험이 풍부한 베테랑이다. K리그는 물론 요코하마(일본)와 몽펠리에(프랑스)에서 뛴 적도 있다. 측면 공격수와 측면 수비수를 모두 볼 수 있다는 장점도 정착했다. 황문기가 군 문제로 떠난 공백을 메워야 하는 과제를 안았다. 무엇보다 윤일록은 2023년에 강원에서 임대 생활을 지냈던 만큼 적응 시간은 필요치 않다.

2024시즌 기록					2 WEEKLY BEST 11	강점	약점
5	0	2,226(26) MINUTES 출전시간(경기수)	0 GOALS 득점	1 ASSISTS 도움	주간베스트11	측면 멀티 능력	수비수 경험 부족

최병찬

1996년 4월 4일 | 29세 | 대한민국 | 178cm | 74kg
경력 | 성남(18~20) ▶ 부천(20~24) ▶ 상무(22~23) ▶ 강원(25~)
K리그 통산기록 | K리그1 – 36경기 1득점 2도움 | K리그2 – 96경기 13득점 7도움
대표팀 경력 | –

최병찬은 홍익대학교 재학 중이던 2018년 K리그2 성남FC 공개테스트에 참가해 무려 255 대 1의 경쟁률을 뚫고 프로 선수의 꿈을 이룬 주인공이다. 다만 K리그1(36경기)보다 K리그2(96경기)에서 주로 뛰었다. 김천상무에서 군 복무를 마쳤다. 제대 후 부천에 합류해 2024년에는 31경기에 출전했다. 데뷔 후 가장 많은 경기를 소화했다. 측면 공격수와 측면 수비수를 모두 볼 수 있는 멀티 플레이어다. 대학 시절 공격수를 소화한 만큼 공격력도 준수하다. 활동량을 바탕으로 한 돌파에도 능하다.

2024시즌 기록					1 WEEKLY BEST 11 주간베스트11	강점	약점
3	1	2,492(31) MINUTES 출전시간(경기수)	3 GOALS 득점	4 ASSISTS 도움		왕성한 활동량	K리그1 경험 부족

이유현

1997년 2월 8일 | 28세 | 대한민국 | 179cm | 74kg
경력 | 전남(17~20) ▶ 전북(21~24) ▶ 상무(23~24) ▶ 강원(24~)
K리그 통산기록 | K리그1 – 81경기 5도움 | K리그2 – 61경기 4득점 4도움
대표팀 경력 | –

이유현은 2024년 강원이 발견한 또 다른 포지션 변경 성공 사례다. 그의 주 포지션은 측면 수비수. 이전 소속팀인 전남과 전북에서 모두 오른쪽 측면 수비수로 뛰었다. 하지만 강원에서 중앙 미드필더로 포지션을 바꾼 뒤 기량이 만개했다. 25경기에 출전해 1골을 넣었다. 강점인 왕성한 활동량과 투지 넘치는 플레이는 물론 기대 이상의 탈압박과 패스 능력을 선보였다. 강원 중원의 믿을맨 구실도 톡톡히 해냈다. 더욱이 올해에는 임대 생활을 마치고 강원으로 완전 이적했다. 부주장까지 맡았다. 동기부여는 이미 넘친다.

2024시즌 기록					1 WEEKLY BEST 11 주간베스트11	강점	약점
4	0	1,967(25) MINUTES 출전시간(경기수)	0 GOALS 득점	1 ASSISTS 도움		미친 활동량, 기대 이상의 탈압박	가끔 시도하는 무리한 드리블

마리오

Mario Ćuže

1999년 4월 24일 | 26세 | 크로아티아 | 188cm | 87kg
경력 | 디나모자그레브(17~23) ▶ 이스트라(19) ▶ 로코모티바(20) ▶ 드니프로1(21~22) ▶ 즈린스키모스타르(22~24) ▶ 강원(25~)
K리그 통산기록 | 2025시즌 K리그1 데뷔
대표팀 경력 | –

양민혁 대체자를 찾던 강원이 고심 끝에 선택한 윙어. 크로아티아 21세, 23세 연령별 대표를 두루 거친 마리오는 188cm의 피지컬을 바탕으로 측면에서 밀고 들어가는 돌파력이 장점인 선수다. 문전에서 침착하게 득점 상황을 만들고 강력한 슈팅으로 마무리 지을 수 있는 능력을 지녔다. 보스니아 헤르체고비나의 즈린스키모스타르에서 뛰며 UEFA 챔피언스리그를 경험했다. 참고로 즈린스키의 에이스는 과거 강원에서 활약했던 빌바야다. 마리오는 2023~2024시즌 무려 16골 9도움을 올리며 리그를 지배했다. 강원이 기대하는 건 이러한 마리오의 '생산성'이다.

2024시즌 기록					- WEEKLY BEST 11 주간베스트11	강점	약점
0	0	1,211(17) MINUTES 출전시간(경기수)	2 GOALS 득점	1 ASSISTS 도움		강력한 피지컬 바탕으로 한 돌파력	아시아 무대 경험 無

■ 보스니아 리그 기록

전지적 작가 시점

박찬준이 주목하는 강원의 원픽!
이기혁

올 시즌 강원은 불안 요소가 많다. 윤정환 감독이 떠나고 정경호 감독이 새롭게 지휘봉을 잡았다. 의심의 여지없이 재능 있는 지도자이지만, 초짜 감독이라는 부담감은 어쩔 수 없다. 게다가 올해는 양민혁, 황문기, 김영빈 등 핵심 자원이 빠져나간 데다, 아시아 무대와 리그를 병행해야 한다는 점에서도 고민이 많다. 해결책으로 새로운 자원들을 더했지만, 양과 질에서 부족한 것이 사실이다. 그래서 강원에게는 이기혁이 중요하다. 그는 파울루 벤투 시절 대표팀에 깜짝 발탁되기도 했지만, 재능을 100% 펼치지는 못해 팬들의 아쉬움을 샀다. 미완의 대기로 불리던 이기혁은 지난 시즌 제주를 떠나 강원 유니폼을 입었다. 그의 축구 인생은 의외의 곳에서 실마리를 찾았다. 센터백으로 변신한 이기혁은 기대 이상의 모습을 보였고, 이후 중앙 미드필더, 왼쪽 풀백을 오가며 멀티 플레이어다운 능력을 과시했다. 이기혁은 강원 전술의 핵심 자원으로 활약하며 국가대표 재승선에 성공했다. 이기혁이 지난 시즌 그랬던 것처럼, 필요한 포지션에서 기대 이상의 역할을 해준다면, 정경호 감독의 스쿼드 운용은 한결 편해질 수 있다.

지금 강원에 이 선수가 있다면!
안데르손

강원의 고민의 역시 양민혁의 부재다. 지난 시즌 혜성같이 등장한 양민혁은 단숨에 팀의 에이스로 급부상했다. 고등학생답지 않게 폭발적인 기량을 과시한 양민혁은 데뷔 시즌에 전 경기 출전, 12골 6도움이라는 어마어마한 기록을 남기며, 강원의 창단 첫 준우승을 이끌었다. 그런 양민혁이 이제는 토트넘으로 떠났다. 무려 18개의 공격포인트를 올린 공격수를 대체한다는 것은 쉽지 않은 일이다. 강원이 외국인 선수 영입에 공을 들인 이유이기도 하다. 결국 강원의 올 시즌 성패는 양민혁의 공백을 얼마나 빈틈없이 메우느냐에 달려 있다. 그런 의미에서 강원이 가장 데려오고 싶은 선수는 수원FC의 안데르손이 아닐까. 안데르손은 지난 시즌 K리그 최고의 크랙이었다. 빠른 스피드와 더불어 화려한 발재간을 자랑한 안데르손은 수원FC의 공격을 거의 혼자 이끌다시피 했고, 결국 7골 13도움으로 리그에서 가장 많은 공격포인트를 기록했다. 그뿐만 아니라 전 경기에 출전할 정도로 강한 내구성까지 갖춘 괴물 같은 자원이다. 여러모로 양민혁과 유사한 안데르손은 강원이 양민혁을 대체할 수 있는 유일무이한 K리그 선수다.

이동경
김대원
김봉수
서민우
박승욱
김민덕
모재현
유강현
이동준
이승원
박상혁
박수일
김동헌
조현택
박찬용
김승섭
맹성웅
박대원
김강산
최기윤
오인표
김찬
김준호
원기종
추상훈

김천상무

김천상무

1부리그는 '미지의 세계'였다. 군 팀 특성상 다람쥐 쳇바퀴 돌 듯 1부와 2부를 오갔다. 지난해 잔류, 그 이상을 꿈꿨고 현실이 됐다. 김천상무는 승격 첫 시즌 최고의 환희를 누렸다. K리그1에서 3위를 기록하며 군 팀 역사상 최고의 성적을 냈다. 시즌 내내 입대와 제대가 반복되지만 시행착오가 현저히 줄어들었다. 구단과 군 수뇌부의 동기부여와 더불어 선수들의 눈빛도 달라졌다. 상무는 더 이상 '시간 때우는' 안식처가 아니다. 재도약을 바라는 기회의 무대가 됐다. 지난 시즌 중 제대한 원두재는 해외로 진출했고, 김현욱은 1부에서 새 둥지를 찾았다. 김진규, 정치인 등도 소속팀으로 돌아가 곧바로 제 몫을 했다. 지난해 입대한 이동경, 박승욱, 김대원, 서민우 등은 이들의 공백을 최소화하며 활약을 이어갔다. 선순환 구도가 자리 잡은 것이 이유 있는 김천의 돌풍이다. '축구로 하나 되는 행복한 김천'도 실현됐다. 성적을 바탕으로 팬들의 마음마저 사로잡았다. 마케팅 측면에서 긍정적인 성과를 냈다. 김천은 2023년 평균 관중 1,184명이었지만, 지난해 3,445명으로 두 배 이상 증가했다. 김천은 상무와 연고 협약에 따라 2025년까지 운영될 예정이었지만 다행히 외적 변수가 고려되어 연고 협약기간이 1년 더 연장됐다.

구단 소개

정식 명칭	김천상무 프로축구단
구단 창립	2020년 10월 22일
모기업	시민구단
상징하는 색	붉은색, 군청색, 금색
경기장(수용인원)	김천종합운동장 (25,000명)
마스코트	군슈웅
레전드	서정원, 최용수, 이동국, 김정우 등
서포터즈	수사불패
커뮤니티	–

우승

K리그	2회 (2021, 2023 – K리그2)
코리아컵(FA컵)	–
AFC챔피언스리그(ACL)	–

최근 5시즌 성적

시즌	K리그	코리아컵(FA컵)	ACL
2024시즌	3위	16강	–
2023시즌	1위 (2부)	3라운드	–
2022시즌	11위	3라운드	–
2021시즌	1위 (2부)	8강	–
2020시즌	4위	16강	–

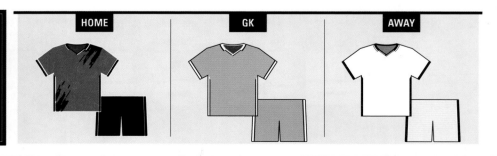

HOME · GK · AWAY

물음표를 느낌표로 만든 1부 도전,
군인 이끌고 2년 연속 '돌풍' 간다

정정용 | 1969년 4월 1일 | 56세 | 대한민국

K리그 전적
164전 63승 45무 56패

열매는 달콤했다. 연령별 대표팀 코치 및 감독을 역임하며 밑바닥부터 지도자 경험을 쌓은 정정용 감독은 지난해 호흡이 긴 프로 감독으로도 마침내 인정받았다. 그는 2019년 폴란드에서 열린 국제축구연맹(FIFA) U-20 월드컵에서 준우승 쾌거를 이뤘다. 한국 축구의 새 역사였다. 이듬해 서울이랜드의 지휘봉을 잡고 프로 도전에 나섰다. 하지만 벽은 높았다. 3년 동안 팀을 이끌었지만, 목표로 했던 승격을 이루지 못했다. 재충전한 그는 2023년 6월 김천의 지휘봉을 잡았다. '소방수'로 투입돼 김천의 '다이렉트 승격'을 이끌었고, 지난해 1부에서도 군 팀 사상 최고 성적인 3위를 선물했다. 적재적소의 전술과 맞춤형 동기부여가 선수들을 움직였다. 이적시장에서 러브콜이 쏟아졌지만, 그는 김천을 1년 더 이끌기로 했다.

선수 경력

이랜드 푸마

지도자 경력

U-17 대표팀 감독	U-23 대표팀 감독대행	U-20 대표팀 감독	이랜드 감독	김천 감독(23~)

주요 경력

2019년 U-20 월드컵 준우승	한국프로축구연맹 TSG

선호 포메이션	4-3-3	3가지 특징	맞춤형 전술	동기부여 리더십	공부하는 지도자

STAFF

수석코치	코치	GK코치	피지컬코치	물리치료사	전력분석관	부사관	팀매니저	의무 트레이너
성한수	이문선	서동명	심정현	김영효	김민혁	유로몬	한재희	남기원

2 0 2 4 R E V I E W

아디다스 포인트로 보는 김천의 2024시즌 활약도

절박함이 묻어났다. 정정용 감독은 "여기에서 살아남지 못한다면 어디에서든 성공하지 못한다"는 메시지를 꾸준히 주입한다. 군 팀 특성상 외국인 선수를 보유하지 못한다. 국내 자원들의 퀄리티는 높다. 어느 팀에서든 주전으로 뛸 수 있다. 이동경은 울산에서 7골 5도움을 기록한 후 4월 입대했다. 김천에서 18경기에 출전하며 5골 1도움으로 활약을 이어갔다. 김대원은 5골 8도움으로 공격의 윤활유였고, 유강현과 모재현도 제 몫을 했다. 중원에는 김봉수와 서민우가 공수 가교 역할을 했다. 특히 김봉수는 전 경기에 출전, 국가대표에 발탁되며 팀 공헌도를 인정받았다. 수비에선 박승욱과 김민덕이 리더 역할을 충실히 수행했다.

FW
추상훈 3,131 전체 265위
이동준 5,152 전체 234위
모재현 20,259 전체 54위
유강현 19,001 전체 63위
박상혁 12,991 전체 115위
최기윤 11,688 전체 134위
김승섭 8,597 전체 189위

MF
맹성웅 9,028 전체 181위
이승원 4,535 전체 243위
이동경 44,424 전체 7위
김대원 30,064 전체 16위
김봉수 28,177 전체 20위
서민우 22,036 전체 48위

DF
김민덕 8,682 전체 184위
박승욱 18,588 전체 67위
박찬용 15,837 전체 92위
박수일 14,295 전체 104위
김강산 9,372 전체 176위
박대원 6,231 전체 216위

GK
김동현 13,637 전체 111위

2024시즌 아디다스 포인트 상위 20명   ■ 포인트 점수

포지션 평점

포지션	평점
FW	(3)
MF	(4)
DF	(5)
GK	(4)

출전시간 TOP 3

순위	선수	기록
1위	박승욱	3,032분
2위	박수일	2,052분
3위	서민우	2,007분

득점 TOP 3

순위	선수	기록
1위	이동경	12골
2위	유강현	6골
3위	김대원	5골

도움 TOP 3

순위	선수	기록
1위	김대원	8도움
2위	이동경	6도움
3위	모재현	3도움

주목할 기록

3	군 팀 역사상 1부 리그 최고 순위인 3위 등극
10.5	'압박의 김천' 평균 전방압박 (PPDA) 전체 2위

성적 그래프

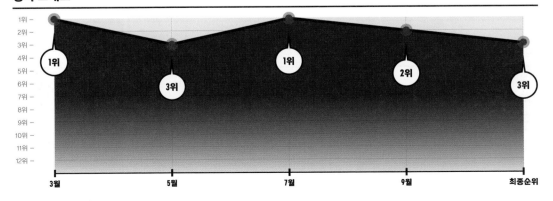

3월: 1위, 5월: 3위, 7월: 1위, 9월: 2위, 최종순위: 3위

2025 시즌 스쿼드 운용 & 이적 시장 인앤아웃

IN

백종범 _서울
문현호 _울산
이정택 _대전
이찬욱 _경남
김태환 _제주
박철우 _수원FC
김이석 _강원
박세진 고재현
_대구
박태준 이건희
_광주
이수빈 전병관
_전북
김주찬 _수원

OUT

조현택 _울산
김대원 서민우
_강원
김봉수 김주공
_제주
최기윤 홍욱현
_부산
김동헌 _인천
이상민 정명제
_성남
박승욱 _포항
박수일 _서울
조진우 이진용
_대구
모재현 _경남
김민덕 유강현
_대전

FW: 김경준 · 김승섭 · 유강현 · 모재현 · 이동준 · 김찬 · 원기종 · 박상혁 · 추상훈 · 최기윤

MF: 이현식 · 서민우 · 이승원 · 이동경 · 김준호 · 김대원 · 맹성웅 · 김봉수 · 이진용

DF: 김민덕 ⓒ · 김강산 · 오인표 · 박찬용 · 최예훈 · 홍욱현 · 박승욱 · 조현택 · 박대원 · 이상민 · 박수일 · 조진우 · 유선

GK: 김동헌 · 김태훈 · 이주현 · 정명제

ⓒ 주장 ■ U-22 자원

물음표는 존재하지 않는다. 김천을 더 이상 우습게 볼 팀은 없다. 상대에 따른 맞춤형 전술이 절묘하다. 안정을 추구하면서도 칼끝은 날카롭다. 입대와 제대를 반복하는 군 팀 특성상 변수가 춤을 출 수밖에 없다. 부족한 부분을 채워주는 외국인 선수도 없다. 시즌 중 전력이 바뀌는 것은 아킬레스건이지만 숙명이다. 6월에 박승욱, 김대원, 박수일, 김봉수, 유강현, 모재현 등이 군복을 벗으면서 전력이 크게 출렁일 것으로 보인다. 이동경, 박찬용, 이동준 등이 건재한 것은 다행이지만 빠른 수습이 절실하다. 이들의 빈자리는 4월 입대하는 전병관, 이수빈, 김주찬, 이건희, 박태준 등이 채워야 한다. 입대 선수들은 대부분 소속팀에서 주전급 자원이다. 수사불패의 군인 정신으로 파고를 넘어야 한다. 분위기가 중요하다. 첫 단추를 어떻게 꿰느냐에 따라 결속력은 달라질 수 있다. 집중력이 떨어질 수 있는 점은 늘 경계해야 한다.

주장의 각오

김민덕

"시즌 중간에 선수들의 전역과 입영으로 변화가 예정된 상황이다. 작년처럼 올해도 상위권 순위에 머무를 수 있도록 최선을 다하겠다."

2 0 2 5 예 상 베 스 트 1 1

이적시장 평가

현실이다. 김천에게는 이적시장이 없다. 입대와 제대만 있을 뿐이다. 수혈이 먼저다. 4월 입대하는 선수는 14명이다. 다만 기초군사훈련으로 팀 합류가 이보다는 늦다. 6월에는 3차례에 걸쳐 제대 행렬이 이어진다. 김봉수, 모재현 등 7명이 1일, 김대원, 서민우, 박승욱 등 5명은 17일, 유강현 등 4명은 30일 제대한다. 보강도 있다. 현재 모집 중이며 합격자는 4월 공개된다. 이들은 6월 입대 예정이다. 10월에는 이동경, 박찬용, 이동준 등 20명이 제대 예정이라 시즌 내내 큰 폭의 변화가 예고돼 있다.

저자 6인 순위 예측

• 김 성 원 •	• 윤 진 만 •	• 박 찬 준 •	• 김 가 을 •	• 김 대 식 •	• 이 현 석 •
5위_제대와 입대, 변수는 여전. 시간 때우는 상무가 아냐, 군이 곧 선수 인생의 동기부여. 모험하지 않는 감독의 안정적인 전술도 눈에 띄네.	6위_전년 대비 스쿼드가 업그레이드되진 않았지만, 정정용식 전방 압박과 유기적인 패스 플레이는 여전하다. 4월과 6월, 신병 합류도 플러스 요인.	10위_전역생이 발생하는 6월까지 얼마나 많은 승점을 벌지가 포인트. 신병들이 가세하지만, 6월 이후 스쿼드는 무게감이 떨어진다.	9위_언제나, 늘 '도전자'다. 경기를 바꿀 확실한 해결사가 없다. 입대와 제대가 엇갈리는 '과도기'를 어떻게 보내느냐가 중요. 올 시즌도 초반 레이스가 포인트.	6위_전력에 변화가 있어도 김천의 주축은 정정용 감독이다. 그 기반이 흔들리지 않을 것이기에 6위에는 안착할 수 있지 않을까.	8위_6월이면 중심인 박승욱, 유강현, 김대원이 이탈한다. 신병 합류 후 활약 여부도 미지수. 정정용의 준비된 전술이 추락을 막아주길 기대한다.

이동경

1997년 9월 20일 | 28세 | 대한민국 | 175cm | 68kg

14
MF

이동경

9
WEEKLY BEST 11

경력

울산(18)
▷ 안양(18)
▷ 울산(19~21)
▷ 샬케04(22)
▷ 한자로스토크(22~23)
▷ 울산(23~24)
▷ 김천(24~)

K리그 통산기록

K리그1 – 107경기 25득점 13도움
K리그2 – 10경기

대표팀 경력

9경기 1득점
2020 올림픽

땀은 거짓말을 하지 않았다. 5kg을 감량, 몸놀림부터 가벼워졌다. '통통 튄다'는 평가가 절로 나왔다. 사랑스런 딸이 태어나면서 동기부여는 활활 타올랐다. '미친 왼발'이 드디어 터졌다. 8경기에서 7골 5도움, 울산에서 역대급 활약을 펼친 뒤 입대했다. 5주간의 기초군사훈련 '공백기'에도 끄떡없었다. 자대배치 뒤 팀에 합류, 활약을 이어갔다. 김천 유니폼을 입고 18경기에서 5골 1도움을 기록했다. '커리어 하이'를 달성했고, 개인 통산 첫 K리그 베스트11에 뽑혔다. 울산 유스 시스템에서 성장한 대표적인 '성골'이다. 카타르 월드컵 최종엔트리 승선이 유력할 정도로 인정받았다. 그러나 유럽 무대 진출이 독이었다. 샬케04 임대 후 발등뼈 골절에 발목이 잡혔다. 1경기 출전에 그치며 완전이적에 실패했다. 한자로스토크에서도 부활에 실패했다. 그는 2023년 여름 울산으로 돌아왔고, 지난해 만개했다. 왼발로는 슈팅이든, 패스든, 드리블이든 으뜸이다. 볼 스피드와 정확성은 타의추종을 불허한다. 제대로 걸리면 상대는 알고도 막지 못한다. 간간이 터지는 오른발 슈팅은 양념이다. 상대의 허를 찌르기에 충분하다. 경기를 읽는 눈도 발전했고, 축구에 대한 이해도도 한층 깊어졌다.

2024시즌 기록

5	2,002(26) MINUTES 출전시간(경기수)	12 GOALS 득점	6 ASSISTS 도움	0	9 WEEKLY BEST 11 주간베스트11

강점	미친 왼발은 지존, 제대로 걸리면 끝	특징	미모로 더 유명한 아내, 가족이 곧 에너지
약점	몸무게 관리가 최대 걸림돌	별명	도쿄리

김대원

1997년 2월 10일 | 28세 | 대한민국 | 171cm | 65kg

17
FW

김대원

WEEKLY BEST 11
3

경력

대구(16~20)
▷ 강원(21~23)
▷ 김천(24~)

K리그 통산기록

K리그1 – 229경기 40득점 41도움
K리그2 – 6경기 1득점

대표팀 경력

–

입대가 '약'이었다. 김천에서 부활했다. 2022년 12골 13도움을 기록, 유일하게 '10(골)-10(도움)' 클럽에 가입했다. 그러나 2023년 긴 어둠의 터널을 걸었다. 6월에야 마수걸이 골을 신고했다. 35경기에서 4골 4도움에 그쳤다. 머리를 짧게 깎은 후 심기일전했다. 28경기에서 5골 8도움을 기록하며 반등에 성공했다. 둥지를 옮기면 폭발하는 근성이 다시 한번 빛을 발했다. 2021년 대구에서 강원으로 이적한 첫 해 9골 4도움을 기록한 바 있다. 최고 강점은 역시 스피드다. 공간이 열린 역습 상황에선 빠른 발을 앞세워 순식간에 상대 진영을 파괴한다. 드리블 능력과 방향 전환도 일품이다. 골 결정력은 기복이 있지만 특유의 몰아치기 능력이 있다. 중거리 슈팅 능력도 보유하고 있어 전천후 공격 자원으로 활용이 가능하다. 다만 2년 차 징크스는 경계해야 한다. 집중 견제에서 탈출구를 마련하는 자신만의 노하우도 필요하다. 시즌이 한창인 6월, 또 변화를 맞는다. 전역과 함께 강원으로 돌아간다. 김천에서의 시간이 얼마 남지 않았지만 유종의 미를 그리고 있다. 축구 선수로서 전성기의 나이다. 바람을 타면 무서울 것이 없다. 최대한 기복을 줄여야 한다.

2024시즌 기록

1	1,779(28) MINUTES 출전시간(경기수)	5 GOALS 득점	8 ASSISTS 도움	0	3 WEEKLY BEST 11 주간베스트11

강점	공간이 열리면 내 세상, 폭발적 드리블 압권	특징	6월 제대에도 걱정인 2년차 징크스
약점	스피드에 비해 떨어지는 개인기, 밀집에는 한계	별명	김대원스타

김봉수

1999년 12월 16일 | 26세 | 대한민국 | 181cm | 74kg

30
MF

WEEKLY BEST 11

김봉수

경력

제주(21~23)
▶김천(24~)

K리그 통산기록

K리그1 - 134경기 5득점 3도움

대표팀 경력

－

미드필더로 전 경기 출전은 쉽지 않은 기록이다. 부상도 비켜가야 하고, 기복도 없어야 한다. 그는 입대 후 첫 시즌인 지난해 38경기에 출격했다. 음지를 추구하며 궂은 플레이를 도맡아 한다는 소문은 홍명보 A대표팀 감독에게도 흘러 들어갔고, 11월에는 처음으로 태극마크를 다는 영예도 누렸다. 제주에서 꽃망울을 터트리기 시작한 자원이다. 2022년 33경기에 이어 2023년에는 35경기에 출전했다. 주 포지션인 중앙 미드필더는 물론 센터백도 가능하다. 어떤 임무가 주어져도 역할을 해내는 승부근성이 있다. 전술 이해도가 높고, 기본적으로 활동량이 많다. 1대1 대인마크 능력도 뛰어났다. 항저우아시안게임 최종엔트리 승선 실패로 아쉬움은 남았지만 2보 전진을 위한 채찍질로 받아들였다. 김천에서 만개하며 전화위복이 됐다. 수비력에 비해 공격 전개 능력이 떨어진다는 평가도 있지만 '멀티형'이라 활용 가치는 높다. 수비 옵션이 많은 팀에 최적화돼 있다. 그의 '국방부 시계'는 6월 1일로 끝이 난다. 원소속팀인 제주도 그의 복귀를 오매불망 기다리고 있다. 명작은 명품 조연의 활약이 있어야 가능하다. 화려함과는 거리가 있지만 어느 팀에서든 없어서는 안 될 존재다.

2024시즌 기록

4	3,768(38) MINUTES 출전시간(경기수)	0 GOALS 득점	1 ASSISTS 도움	0	7 WEEKLY BEST 11 주간베스트11

강점	성실함의 대명사, 승부근성도 으뜸	특징	데뷔는 못했지만 A대표팀 최초 발탁 영예
약점	만능 수비에 비해 떨어지는 공격 본능	별명	K-마스체라노

서민우

1998년 3월 12일 | 27세 | 대한민국 | 183cm | 75kg

경력

강원(20~23)
▶김천(24~)

K리그 통산기록

K리그1 – 126경기 6득점 3도움

대표팀 경력

–

2020년 강원에 입단할 때만 해도 미약한 존재였다. 김병수 전 감독의 영남대 애제자라는 것 외에 특별하게 내세울 게 없었다. 최용수 감독 시절 '황태자'였다. 2022년에는 전 경기에 출전할 정도로 신임이 두터웠다. 윤정환 체제에 선 잠시 외면받기도 했지만 이내 재중용됐다. 입대 후에도 활약을 이어가고 있다. 그는 지난해 25경기에 출전해 한 시즌 최다인 3골을 터트리며 김천 돌풍에 일조했다. 기본적으로 멀티 능력을 갖추고 있다. 수비력이 뛰어나고 투지도 넘친다. 상대의 전술에 따른 위치 선정은 물론 수비 시에는 지능적인 플레이로 상대의 맥을 끊는다. 빌드업 능력도 보유하고 있고 공수에 윤활유 역할을 톡톡히 했다. 활동 반경이 지나치게 넓어 후반 막판 집중력이 흐트러질 때가 있지만 세월이 해결해 줄 수 있는 과제다. 기술, 전술적인 이해도 등 흡입력도 빠르다. 적응력이 뛰어나 어느 팀에 가더라도 주전급 미드필더다. K리그 통산 129경기 출전을 자랑하고 있다. 역사와 철학에 심취해 늘 책을 가까이 하는 것으로 유명하다. 단순한 출전 기회에서 만족하지 않고 거시적인 성장에 초점을 맞추고 있다. 6월 전역 후에는 김대원과 함께 강원으로 복귀한다.

2024시즌 기록

4	2,007(25) MINUTES 출전시간(경기수)	3 GOALS 득점	0 ASSISTS 도움	0	1 WEEKLY BEST 11 주간베스트11

강점	투지 넘치는 헌신적인 플레이, 멀티도 가능	특징	역사와 철학에 심취한 공부하는 선수
약점	순간 집중력 저하, 패스 질도 좀 더 개선해야	별명	서교수

박승욱

1997년 5월 7일 | 28세 | 대한민국 | 184cm | 78kg

25
DF

박승욱

WEEKLY BEST 11

경력
부산교통공사(19~21)
▶포항(21~23)
▶김천(24~)

K리그 통산기록
K리그1 – 112경기 2득점 5도움

대표팀 경력
2경기

인생 역전의 신화. 불과 몇 년 전만 해도 상무 입대는 꿈꾸지도 못했다. 2021년 여름까지 그는 K3리그 부산교통공사 소속이었다. 포항과의 연습경기에서 운명이 바뀌었다. 팔리시오스를 꽁꽁 묶은 그는 단번에 당시 포항을 이끌던 김기동 감독의 눈에 들었다. 하루아침에 3부에서 1부로 직행했다. 적응에도 문제가 없었다. 2021년 19경기, 2022년 29경기, 2023년 32경기에 출전하며 우상향 곡선을 그렸다. 측면 수비뿐만 아니라 센터백과 수비형 미드필더로도 활용이 가능한 '멀티 자원'으로 자리매김했다. 그는 어느 포지션이든 맞출 수 있는 '만능 키'였다. 김천 입대 후에도 적응의 화신이었다. 동기들 가운데 가장 먼저 뿌리를 내렸다. 32경기 출전으로 활약을 이어갔고, A대표팀에도 발탁되는 영예를 누렸다. A매치 데뷔전에선 도움까지 신고했다. 김천은 지난해 최소 실점 부문에서 울산에 이어 2위를 차지했다. 단 한 골 차였다. 그는 센터백으로 그 중심에 있었다. 부주장으로 팀의 리더 역할도 충실히 수행했다. 단점을 '땀'으로 커버하는 성실함의 대명사다. 일정 정도의 능력치는 두루 보유하고 있으며 성장 또한 멈추지 않고 있다. 6월 제대까지도 헌신이다.

2024시즌 기록

1	3,032(32) MINUTES 출전시간(경기수)	0 GOALS 득점	2 ASSISTS 도움	0	1 WEEKLY BEST 11 주간베스트11

강점	수비는 '만능 키', 무인도서도 살아남을 적응력	특징	'3부' 인생 역전의 신화, 계속되는 상승 기류
약점	느린 스피드, 투지에 비해 1% 부족한 개인기	별명	신데렐라

3
DF

C

김민덕

김민덕

1996년 7월 8일 | 29세 | 대한민국 | 183cm | 78kg
경력 | 울산(19~20) ▷ 대전(21~23) ▷ 김천(24~)
K리그 통산기록 | K리그1 – 47경기 2득점 | K리그2 – 63경기 1득점
대표팀 경력 | –

'캡틴'의 역할이 크다. 대전에서 부주장을 지냈을 정도로 리더십을 갖추고 있다. 울산의 유스 출신이다. 센터백으로는 체격 조건이 왜소한 편이지만 공격수 출신답게 스피드가 빠르다. 점 프력과 대인방어 능력도 빼어나 수비수로도 손색이 없다. 축구 지능도 뛰어나다. 울산에서 프로로 데뷔했지만, 선수층이 두터워 경쟁이 쉽지 않았다. 아시아챔피언스리그 우승 당시 맹활약한 후 대전으로 둥지를 옮겼다. 대전의 승격에 기여한 그는 2023년 1부에서 26경기, 지난해 김천에서 20경기에 출전하며 제 몫을 했다. 스리백으로 활용 가능한 전천후 수비자원이다.

2024시즌 기록						1 WEEKLY BEST 11 주간베스트11	강점	약점
3	0	1,177(20) MINUTES 출전시간(경기수)	0 GOALS 득점	0 ASSISTS 도움			공격수 출신 다운 빠른 스피드	아쉬운 경기 조율 능력

10
FW

모재현

모재현

1996년 9월 24일 | 29세 | 대한민국 | 184cm | 74kg
경력 | 수원FC(17~19) ▷ 안양(19) ▷ 수원FC(20) ▷ 안양(19) ▷ 경남(22~23) ▷ 김천(24~)
K리그 통산기록 | K리그1 – 25경기 4득점 3도움 | K리그2 – 158경기 25득점 18도움
대표팀 경력 | –

2017년 수원FC에서 데뷔한 이후 줄곧 K리그2 무대를 누비다 지난해 처음으로 1부와 만났다. 수원FC는 당시 2부였다. K리그2에서 처음으로 시즌 베스트11에 선정되는 영광을 안고 입대했다. 커리어 하이인 6골 6도움이 기폭제였다. 1부 적응 여부가 관건이었지만 25경기에 출전해 4골 3도움을 올리며 가능성을 인정받았다. 빠른 스피드와 드리블 능력을 갖춘 공격자원이다. 윙포워드와 스트라이커를 모두 소화할 수 있다. 6월 제대 후 2부인 경남으로 돌아가야 하지만 1부의 러브콜을 받을 수도 있다. 잠재력이 높다는 평가는 유효하다.

2024시즌 기록						2 WEEKLY BEST 11 주간베스트11	강점	약점
2	0	1,515(25) MINUTES 출전시간(경기수)	4 GOALS 득점	3 ASSISTS 도움			측면과 모두 소화 가능한 멀티 자원	상대적으로 느껴지는 투박함

9
FW

유강현

유강현

1996년 4월 27일 | 29세 | 대한민국 | 186cm | 78kg
경력 | 포항(15~16) ▷ 대구(16) ▷ 슬라바츠코(17~18) ▷ 춘천시민(18~19) ▷ 슬로반리베레츠(19) ▷ 바니크소콜로프(20) ▷ 흐루담(20~21) ▷ 경남(21) ▷ 충남아산(22) ▷ 대전(23) ▷ 김천(24~)
K리그 통산기록 | K리그1 – 53경기 7득점 3도움 | K리그2 – 45경기 19득점 2도움
대표팀 경력 | –

재수 끝에 상무에 입대했고, 지난해 6골을 터트리며 기대에 부응했다. 포항과 대구에서 자리를 잡지 못한 후 체코 무대를 누볐다가 국내로 유턴했다. 2022년 K리그2에서 19골을 터트리며 득점왕을 거머쥐었다. 2023년 대전에서 1부 무대에 재도전했지만 내부경쟁부터 쉽지 않았고, 외국인 공격수들의 빛에 가려 단 1골에 그쳤다. 그 한을 김천에서 일부 해소했다. 오프더볼 움직임이 좋다. 공격 연계도 나쁘지 않고, 골 결정력도 갖추고 있다. 체격에 비해 몸싸움 능력이 떨어진다는 점도 김천에서 보완해냈다. 기술적으로 발전했다는 평가다.

2024시즌 기록						1 WEEKLY BEST 11 주간베스트11	강점	약점
0	0	1,328(27) MINUTES 출전시간(경기수)	6 GOALS 득점	1 ASSISTS 도움			오프더볼 움직임, 공격 연계	수싸움에는 한계

이동준

1997년 2월 1일 | 28세 | 대한민국 | 173cm | 65kg
경력 | 부산(17~20) ▷ 울산(21) ▷ 헤르타BSC(22) ▷ 전북(23~24) ▷ 김천(24~)
K리그 통산기록 | K리그1 - 95경기 18득점 10도움 | K리그2 - 66경기 17득점 8도움
대표팀 경력 | 4경기, 2020 올림픽

화려한 이력을 자랑한다. 부산 유스 출신으로 K리그2 MVP까지 거머쥐었던 그는 울산에서 한 단계 더 도약했다. 2021년 이적 첫 해 팀내 최다인 11골을 터트리며 기대를 한 몸에 받았다. A매치까지 데뷔하며 수직곡선을 그렸지만, 유럽 무대에서 실패한 후 좀처럼 폼을 되찾지 못하고 있다. 햄스트링 등 잦은 부상이 발목을 잡고 있다. 2023년 전북으로 이적했지만 1골 2도움에 그쳤고, 임대 후 김천에서의 기록은 8경기 출전, 1골에 불과했다. 전성기 때의 모습을 되찾는다면 무서운 공격 자원이다. 스피드와 드리블 질주 본능은 K리그에서 톱클래스다.

		2024시즌 기록			- WEEKLY BEST 11 주간베스트11	강점	약점
1	0	659(14) MINUTES 출전시간(경기수)	2 GOALS 득점	0 ASSISTS 도움		폭발적인 스피드	잦은 부상

이승원

2003년 3월 6일 | 22세 | 대한민국 | 174cm | 73kg
경력 | 강원(23~24) ▷ 김천(24~)
K리그 통산기록 | K리그1 - 21경기 1득점
대표팀 경력 | -

2023년 FIFA U-20 월드컵에서 브론즈볼을 수상한 '원더 보이'다. 4위로 대회를 마감하며 7경기에서 3골 4도움을 기록했고, 도움왕을 차지했다. 주장으로 또 다른 신화를 연출했다. 유명세를 앞세워 강원에서 K리그 데뷔전을 치렀다. 지난해 4월 입대한 그는 8경기에 출전했고, 1골을 기록했다. 그 골이 바로 프로 데뷔골이다. 2003년생 '막내'인 그는 김천의 U-22 자원으로 활용도가 높다. 킥력이 뛰어나다. 스피드는 물론 정확도도 갖추고 있다. 오른발 상황에선 전담 키커로 나설 수 있다는 점도 눈여겨볼 만 한다. 볼 센스와 기회 포착 능력도 탁월하다.

		2024시즌 기록			- WEEKLY BEST 11 주간베스트11	강점	약점
2	0	480(8) MINUTES 출전시간(경기수)	1 GOALS 득점	0 ASSISTS 도움		정확한 킥력	개성없는 플레이

박상혁

2002년 6월 13일 | 23세 | 대한민국 | 187cm | 76kg
경력 | 강원(21~24) ▷ 김천(24~)
K리그 통산기록 | K리그1 - 61경기 8득점
대표팀 경력 | -

이른 나이에 입대한 것이 큰 강점이다. 고교 졸업과 함께 강원에 입단한 그는 첫 시즌 출전 기회를 꽤 많이 받았다. 시간은 길지 않았지만 16경기에 출전했다. 2022년에는 부상으로 빛을 보지 못했고, 2023년 24경기에서 4골을 터트리며 가능성을 인정받았다. 김천에서는 첫 시즌 22세 이하 자원으로 투입된 후 4경기에서 3골을 터트리며 눈길을 사로잡았다. 4골로 마감한 시즌은 미래를 기약하기에 충분했다. 큰 키를 앞세운 제공권과 포스트 플레이는 물론 왕성한 활동량까지 자랑한다. 기복이 있는 것은 흠이지만 파워가 실리면 더 큰 성장도 가능하다.

		2024시즌 기록			- WEEKLY BEST 11 주간베스트11	강점	약점
2	0	1,090(17) MINUTES 출전시간(경기수)	4 GOALS 득점	0 ASSISTS 도움		높이를 앞세운 제공권 장악	세밀한 플레이

박수일

66 DF

1996년 2월 22일 | 29세 | 대한민국 | 178cm | 68kg
경력 | 김해시청(17) ▷ 대전(18~19) ▷ 성남(20~22) ▷ 서울(23) ▷ 김천(24~)
K리그 통산기록 | K리그1 – 131경기 9득점 9도움 | K리그2 – 62경기 1득점 11도움
대표팀 경력 | –

양발을 자유자재로 사용해 좌우측 풀백이 모두 가능하다. 스피드도 뛰어나다. 최대 강점은 킥력이다. 예측불허의 중거리포로 종종 원더골이 터지기도 한다. 크로스 또한 정확도가 높다. 하지만 자칫 사정권에서 공간을 내줄 경우 낭패를 당할 수 있다. 서울에서 잠재력이 폭발한 후꽉 찬 나이에 입대했다. 김천에선 그 활약을 이어가진 못했다. 지난해 26경기에서 1도움에 그쳤다. 세밀한 플레이가 아쉬울 때가 있지만 이름값의 무게감이 있다. 6월 제대 후 서울로 돌아간다. 김천에서 시동을 걸어야만 선수층이 두터워진 서울에서 살아남을 수 있다.

2024시즌 기록						강점	약점
4	0	2,052(26) MINUTES 출전시간(경기수)	0 GOALS 득점	1 ASSISTS 도움	1 WEEKLY BEST 11 주간베스트11	정확한 크로스	불편한 상대 압박

김동헌

1 GK

1997년 3월 3일 | 28세 | 대한민국 | 186cm | 86kg
경력 | 인천(19~23) ▷ 김천(24~)
K리그 통산기록 | K리그1 – 82경기 81실점
대표팀 경력 | –

강현무와 김준홍이 모두 제대한 후에 비로소 기회를 얻었다. 인천의 성골 유스 출신인 그는 입대 전까지 매 시즌 뚜렷한 성장세를 보였다. 인천의 넘버1 수문장이었다. 믿고 본다는 이야기가 나올 정도로 안정감이 더해졌고, 동물적인 반사 신경을 앞세운 뛰어난 선방 능력으로 눈길을 사로잡았다. 볼에 대한 집중력이 뛰어나 슈퍼세이브도 종종 연출한다. 지난해에는 17경기에 나서 6차례 클린시트를 기록했다. 파워를 탑재한 골킥도 정상급이다. 높이는 다소 낮은 편이지만 경험으로 극복하고 있다. 그러나 그는 전역 후 2부 무대를 누벼야 한다.

2024시즌 기록						강점	약점
0	0	1,694(17) MINUTES 출전시간(경기수)	57 SAVE 선방	19 LOSS 실점	1 WEEKLY BEST 11 주간베스트11	슈퍼세이브	공중볼 장악

조현택

26 DF

2001년 8월 2일 | 24세 | 대한민국 | 182cm | 76kg
경력 | 울산(20) ▷ 부천(21~22) ▷ 울산(23) ▷ 김천(24~)
K리그 통산기록 | K리그1 – 42경기 | K리그2 – 63경기 7득점 7도움
대표팀 경력 | –

울산의 선택을 받았지만 주전 경쟁에서 밀렸고, 부천으로 임대된 후에야 이름 석 자를 알렸다. 2022년에는 6골 4도움을 기록하며 K리그2 베스트11에 선정되기도 했다. 2023년 울산에 돌아왔지만 1부의 벽은 높았다. 30경기에 출전했지만 주로 교체자원이었다. 출전 시간은 520분에불과했다. 김천에서는 12경기에 출전했다. 강력한 왼발을 가졌고, 파워와 정확성을 두루 갖췄다. 하지만 왼쪽 풀백만으로는 수비력에 한계가 있다. 스리백의 윙백에 비해 활용 가치가 떨어지는 것이 현실이다. 경험으로 탈출구를 찾아야 한다. 세밀한 경기 운영도 요구된다.

2024시즌 기록						강점	약점
1	1	597(12) MINUTES 출전시간(경기수)	0 GOALS 득점	0 ASSISTS 도움	- WEEKLY BEST 11 주간베스트11	파워 넘치는 강력한 왼발	떨어지는 수비력

박찬용

1996년 1월 27일 | 29세 | 대한민국 | 188cm | 80kg

경력 | 에히메(15~16) ▷ 야마구치(17) ▷ 사누키(18) ▷ 경주한수원(19) ▷ 전남(20~21) ▷ 포항(21~24) ▷ 김천(24~)

K리그 통산기록 | K리그1 – 78경기 1득점 1도움 | K리그2 – 56경기 2득점 2도움

대표팀 경력 | –

포항의 동료인 박승욱과 주장 김민덕이 제대하면 수비라인을 이끌어야 하는 센터백이다. J리 그에서 프로에 데뷔한 그는 국내로 돌아와 전남에서 이름 석 자를 알렸다. FA컵(현 코리아컵) 우승을 견인한 후 포항의 선택을 받았다. 1부 적응도 시간이 필요치 않았다. 첫 시즌 33경기를 소화했다. 신체 조건이 뛰어나 공중볼 처리 능력이 탁월하다. 안정된 경기 조율도 강점이며, 투지도 넘친다. 발기술도 수준급이라는 평가를 받고 있다. 그는 지난해 김천에서 13경기에 출 전했다. 1부에서 통산 1골은 아쉬운 수치다. 세트피스에서 제공권을 극대화할 필요가 있다.

2024시즌 기록						1 WEEKLY BEST 11 주간베스트11	강점	약점
3	0	1,765(19) MINUTES 출전시간(경기수)	1 GOALS 득점	1 ASSISTS 도움			안정된 경기 조율	세트피스 공격 가담

김승섭

1996년 11월 1일 | 29세 | 대한민국 | 177cm | 65kg

경력 | 대전(18~22) ▷ 제주(23~24) ▷ 김천(24~)

K리그 통산기록 | K리그1 – 49경기 4득점 2도움 | K리그2 – 116경기 13득점 15도움

대표팀 경력 | –

스피드의 화신이다. 측면에서 폭발력이 대단하다. 빈 공간이 열리면 빠르게 침투해 크로스를 하거나, 중앙까지 진출해 마무리까지 책임지는 유형이다. 대전의 2부 시절 프로에 데뷔, 5시 즌을 뛰었다. 대전 시절 팀내 체력테스트에서 1위를 빼놓지 않을 정도로 지구력이 뛰어나다. 2022년 승강 플레이오프까지 6골 3도움을 기록했고, 팀을 1부로 승격시킨 후 제주로 이적했 다. 지난해 김천에서 12경기에 출전, 2골 1도움을 기록하며 새 시즌의 기대감을 키웠다. 김대원 이 제대하면 그 자리를 메워야 한다. 공격포인트를 좀 더 생산하면 최적의 무기가 될 수 있다.

2024시즌 기록						1 WEEKLY BEST 11 주간베스트11	강점	약점
1	0	973(20) MINUTES 출전시간(경기수)	2 GOALS 득점	1 ASSISTS 도움			폭발적인 스피드	플레이 디테일

맹성웅

1998년 2월 4일 | 27세 | 대한민국 | 183cm | 70kg

경력 | 안양(19~21) ▷ 전북(22~24) ▷ 김천(24~)

K리그 통산기록 | K리그1 – 52경기 1득점 3도움 | K리그2 – 81경기 1득점 3도움

대표팀 경력 | –

2부 안양에서 가능성을 인정받아 전북에 둥지를 튼 수비형 미드필더. 측면 수비수까지 가능 한 멀티 플레이어다. 투지 넘치는 플레이는 강점이지만 종종 부상에 노출되는 점이 아쉽다. 수 비력만큼은 누구에게도 뒤지지 않는다. 전형적인 살림꾼이다. 전북에서 넓은 시야를 바탕으로 한 볼배급 능력도 향상됐다는 평가다. 지난해 전북에서 7경기에 뛴 후 입대한 그는 김천에서 11경기에 출전, 1골을 기록했다. 여전히 성장하고 있는 중원 자원이다. 변화의 파고가 높은 전 북에서 한발 비켜선 것은 전화위복이다. 김천이 또 다른 기회의 무대가 될 수 있다.

2024시즌 기록						1 WEEKLY BEST 11 주간베스트11	강점	약점
0	0	1,014(18) MINUTES 출전시간(경기수)	1 GOALS 득점	0 ASSISTS 도움			중원의 살림꾼	부상은 동전의 양면

박대원

1998년 2월 25일 | 27세 | 대한민국 | 178cm | 76kg
경력 | 수원(19~24) ▷ 김천(24~)
K리그 통산기록 | K리그1 - 91경기 1도움 | K리그2 - 7경기
대표팀 경력 | -

메탄 출신으로 수원삼성의 원클럽맨이다. 2023년 31경기에 출전했지만 시린 강등의 아픔을 겪었다. 왼쪽 풀백이지만 양발을 자유자재로 사용하여 오른쪽에도 설 수 있다. 기본기가 탄탄해 킥력이 뛰어나다. 빌드업은 물론 롱패스와 크로스 능력도 준수하다. 수비력도 안정적이다. 하지만 지나친 투지가 화가 돼 불필요한 카드를 받는 것이 흠이다. 순간 집중력이 흐트러지며 핸드볼 파울 등 페널티킥을 헌납하는 경향이 있다. 지난해 4월 입대하여 김천에서는 14경기에 출전, 1도움을 올렸다. 이 도움이 프로 통산 첫 공격포인트다. 김천이 특별한 탈출구가 될 수 있다.

		2024시즌 기록				강점	약점
4	0	1,481(21) MINUTES 출전시간(경기수)	0 GOALS 득점	1 ASSISTS 도움	1 WEEKLY BEST 11 주간베스트11	탄탄한 기본기	불필요한 파울

김강산

1998년 9월 15일 | 27세 | 대한민국 | 184cm | 77kg
경력 | 부천(20~22) ▷ 대구(23~24) ▷ 김천(24~)
K리그 통산기록 | K리그1 - 45경기 1득점 | K리그2 - 75경기 1득점 2도움
대표팀 경력 | -

2부 부천에서 능력을 인정받아 2023년 대구를 통해 1부 무대에 올랐다. 2022년에는 38경기를 소화하기도 했다. 센터백, 수비형 미드필더는 물론 빠른 스피드를 갖고 있어 풀백까지 소화할 수 있는 전천후 수비자원이다. 체격이 다부지고, 체력이 뛰어나 왕성한 활동량을 자랑한다. 건실한 수비 능력을 앞세워 대인 마크에 능하고, 파이팅도 넘친다. 대구에선 만능 열쇠로 누수가 있는 수비 포지션의 빈자리를 메웠다. 우상향 곡선을 그리는 성장형 자원이다. 지난해 이미 11경기에 출전해 김천에서도 활용도가 높다. 김천에서 재도약을 위한 발판을 마련할 수 있다.

		2024시즌 기록				강점	약점
2	0	1,747(20) MINUTES 출전시간(경기수)	0 GOALS 득점	0 ASSISTS 도움	- WEEKLY BEST 11 주간베스트11	전천후 수비자원	미흡한 공격기여도

최기윤

2002년 4월 9일 | 23세 | 대한민국 | 175cm | 64kg
경력 | 울산(22) ▷ 부산(23) ▷ 김천(24~)
K리그 통산기록 | K리그1 - 41경기 5득점 1도움 | K리그2 - 16경기 1득점 1도움
대표팀 경력 | -

특급 조커다. 지난해 김천에서 22경기에 4골을 터트렸다. 순간적인 스피드가 뛰어나며, 드리블과 볼을 다루는 센스, 저돌적인 침투도 수준급이다. 부산 유스 출신이지만 2022년 울산에서 프로에 데뷔, U-22 자원으로 19경기에 1골 1도움을 기록했다. 이듬해 2부 부산으로 복귀했지만 16경기 출전, 1골 1도움이라는 아쉬운 기록을 남겼다. 공격 창출 빈도에 비해 마무리 능력이 떨어진 것이 아킬레스건이었다. 김천에선 그나마 반등의 모멘텀을 마련했다. 체격이 왜소해 파워와 체력을 키워야 한다. 기본적인 축구 지능이 있어 성장 가능성은 있다.

		2024시즌 기록				강점	약점
2	0	602(22) MINUTES 출전시간(경기수)	4 GOALS 득점	0 ASSISTS 도움	2 WEEKLY BEST 11 주간베스트11	스피드, 드리블 수준급	파워와 체력 여전히 부족

전지적 작가 시점

김성원이 주목하는 김천의 원픽!

이동경

이동경은 지난해 축구에 새로운 눈을 떴다. 시즌 초반에는 울산의 구세주였다. 8경기에서 7골 5도움을 기록, 3년 연속 K리그1 우승의 주춧돌을 놓았다. 군 입대 후 기초군사훈련으로 쉼표는 있었지만, 김천에 합류한 이후 연착륙에 성공했다. 18경기에서 5골 1도움을 기록하며 사상 최고 성적인 3위에 오르는 데 일조했다. 12골 6도움으로 커리어하이 시즌을 보낸 그는 개인 통산 첫 시즌 베스트11에 선정되는 영광도 누렸다. 김천을 향한 시선이 과거와 비교해 많이 달라졌다. 김천에서 뛰는 것은 더 이상 커리어의 공백기가 아니다. 개인 기량을 업그레이드할 수 있는 시간으로 여기고 있다. 이동경도 1분, 1초가 소중하다. 김천에선 축구에 더 열중할 수 있고, 체력도 좋아졌다. 더 발전해서 사회로 나간다는 초심이 머릿속을 떠나지 않고 있다. 김천이 지난 시즌의 환희를 재현하려면 이동경의 '미친 왼발'이 절실하다. 제대로 걸리면 어느 팀도 막아내기 쉽지 않다. 공격의 선봉이 그의 첫 번째 임무다. 이동경은 10월 제대 예정이라 시즌 대부분의 시간을 김천에서 보낸다. 팀의 리더 역할도 요구받고 있다. 이동경이 비상하면 김천도 훨훨 날 수 있다.

지금 김천에 이 선수가 있다면!

이호재

왼발잡이 장신 스트라이커 허율의 입대 철회는 김천의 2025시즌에 최대 아쉬움으로 남았다. 그는 4월 상무 합격자 명단에 포함됐지만 고민 끝에 새로운 도전을 위해 군 입대를 연기했다. 허율은 광주에서 울산으로 이적, 새 시즌을 준비하고 있다. 김천은 중량감 있는 중앙 공격자원이 절실하다. 포항의 이호재라면 더할 나위 없다. 그는 지난해 8월 발목 인대 부상으로 수술대에 오르며 조기에 시즌을 마감했다. 27경기에서 9골 5도움을 기록, 일찌감치 커리어하이 시즌을 달성한 터라 아쉬움이 더 컸다. 부상이 아니었다면 득점, 도움왕도 노릴 수 있었다. 이호재는 190cm를 넘는 큰 키에 우월한 피지컬까지 갖췄다. 제공권 장악 능력이 탁월하고, 발밑 재능도 뛰어난 타깃형 스트라이커다. 포스트플레이에 능하고, 활동 반경도 넓어 대형 공격수로 성장할 잠재력을 갖추고 있다. 김천은 최전방 자원의 무게감이 떨어진다. 이호재는 그 우려를 한방에 털어낼 수 있는 자원이다. 그가 최전방에 버티고 있으면 측면은 물론 2선 자원의 공격력도 배가될 수 있다. 이호재에게도 기회다. 군의 제한된 공간에서 집중 조련을 받고 경험을 쌓는다면 한국 축구의 신무기가 될 수 있다.

린가드
김진수
정승원
야잔
문선민
기성용
최준
김주성
루카스
조영욱
강현무
이한도
바또
이승모
김신진
황도윤
이시영
강성진
강주혁
손승범
김현덕
김진야
허동민
류재문
배현서

FC서울

마침내 찾아온 서울의 봄, 우승을 위한 9년의 기다림

FC서울

기나긴 겨울을 이겨낸 서울에 마침내 싱그런 봄이 찾아왔다. 2024시즌 홈 개막전에는 2013년 승강제 시행 이후 K리그1 단일경기 최다인 51,670명의 관중이 서울월드컵경기장을 가득 메웠고, 시즌 막바지인 11월 울산전에서는 프로축구 역사상 처음으로 누적 50만 관중을 돌파했다. 한 해 동안 경기장 입장 수입으로만 76억원 이상을 벌었다. K리그 연봉킹 린가드의 연봉(18억 2,000만원)을 감당하고도 남을 만큼 대박을 쳤다. 그것이 바로 '서울다움'이었다. 서울은 프로축구팀 창단 이후 40년이 넘는 기간 동안 K리그 문화를 선도하는 '리딩 구단'의 길을 묵묵히 걸어왔다. 2005년 박주영으로 한국 축구에 신드롬을 일으켰고, 최고의 유망주를 발굴해 국가대표팀 성장에 힘을 보탰다. 2024년에는 K리그 역대 최고 네임밸류인 '맨유 출신' 제시 린가드를 영입해 K리그 위상을 드높였다. 또, 서울은 최초로 프로축구에 소셜커머스와 스마트폰 마케팅을 도입하고, 구단 IP 상품을 출시하는 등 축구를 대중화하기 위해 끊임없이 노력하고 있다. K리그 최고 명장 김기동 감독의 선임과 린가드의 영입과 함께 지난 시즌 4위를 차지하며 5년 만에 파이널 A그룹 진출에 성공한 서울은 올 시즌 우승까지 바라본다.

구단 소개

정식 명칭	FC서울 프로축구단
구단 창립	1983년 12월 22일
모기업	GS그룹
상징하는 색	빨간색, 검은색, 금색
경기장(수용인원)	서울월드컵경기장 (66,700명)
마스코트	씨드, 서울이
레전드	윤상철, 이영진, 최용수, 정조국, 박주영, 고요한 등
서포터즈	수호신
커뮤니티	서울라이트

우승

K리그	6회 (1985, 1990, 2000, 2010, 2012, 2016)
코리아컵(FA컵)	2회 (1998, 2015)
AFC챔피언스리그(ACL)	-

최근 5시즌 성적

시즌	K리그	코리아컵(FA컵)	ACL
2024시즌	4위	8강	-
2023시즌	7위	3라운드	-
2022시즌	9위	준우승	-
2021시즌	7위	3라운드	-
2020시즌	9위	8강	조별리그

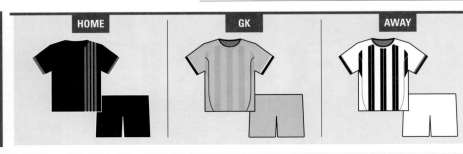

K리그의 안첼로티,
본격 우승 노리는 기동매직

김기동 | 1971년 5월 26일 | 54세 | 대한민국

K리그 전적
209전 89승 60무 60패

"김기동이 하면 다르다." 2024년 서울 지휘봉을 잡은 김기동 감독의 취임 일성이었다. 결과적으로 이 말은 허언이 아니었다. 2019년 이후 줄곧 파이널 B그룹에 머물며 K리그 리딩클럽의 체면을 구긴 서울은 '기동 매직'이 발휘된 첫 번째 시즌에 4위를 차지하며 '윗동네'를 구경했다. 축구인 김기동의 커리어는 이런 식으로 만들어졌다. 체력이 좋지 않았던 현역 초창기 피나는 노력으로 K리그를 대표하는 '철강왕'으로 거듭났고, 2019년 친정 포항의 지휘봉을 잡아 지도자로 데뷔한 이후로도 특유의 성실함으로 밤샘 분석을 하며 승리 확률을 높였다. '기동 매직'의 실체는 '감', '느낌'이 아니라 '끊임없는 연구'와 선수의 마음을 움직이는 맨매니지먼트다. K리그에서 카를로 안첼로티 레알마드리드 감독과 가장 닮은 지도자를 꼽으라면 김기동이다.

선수 경력

포항	부천SK	포항

지도자 경력

U-23 대표팀 코치	포항 수석코치	포항 감독	서울 감독(23~)

주요 경력

2020시즌 K리그1 감독상	2023년 FA컵 우승	2023년 대한축구협회 올해의 지도자상

선호 포메이션	4-2-3-1	3가지 특징	린가드를 사로잡은 맨매니지먼트 달인	플랜B 상시대기 J형 지도자	진담 반, 농담 반 밀당의 고수

STAFF

수석코치	코치	GK코치	피지컬코치	전력분석관	트레이너	통역	장비담당	물리치료사
김대건	이광재 오승범	박호진	주닝요	이창주	박성률	기지용 김윤환 이석진	이천길	서성태 문지원 김하진

2 0 2 4 R E V I E W

**아디다스
포인트로 보는
서울의
2024시즌
활약도**

출발은 더뎠다. 전임 감독의 축구에 익숙해진 선수들에게 '김기동 색'을 입히는 작업은 생각보다 오랜 시간을 요구했다. 감독이 A를 요구하면 선수들은 B를 토해냈다. 설상가상 에이스 역할을 해줘야 할 린가드마저 오랜 기간 앓아온 무릎 시술을 받느라 두 달간 결장했다. 어지럽게 널브러진 퍼즐은 린가드가 돌아온 5월부터 제대로 맞춰지기 시작했다. 6월에 3연승, 7~8월에 5연승을 진출하며 톱6를 비집고 들어갔다. 끝까지 집중력을 유지한 서울은 2019년 이후 최고 성적인 4위로 시즌을 마감했다. 서울 팬들에게 우승에 대한 희망을 품게 했다는 점은 무엇보다 큰 성과였다.

FW
월리안 **15,380** 전체 97위
루카스 **10,716** 전체 151위
임상협 **16,209** 전체 88위
일류첸코 **47,488** 전체 2위
린가드 **25,962** 전체 27위
조영욱 **19,718** 전체 57위
강주혁 **5,882** 전체 220위
강성진 **12,537** 전체 121위

MF
기성용 **19,515** 전체 58위
류재문 **12,561** 전체 120위
이승모 **23,438** 전체 38위

DF
권완규 **17,910** 전체 69위
윤종규 **9,509** 전체 174위
김주성 **21,352** 전체 51위
최준 **26,284** 전체 25위
야잔 **12,093** 전체 129위
박성훈 **9,365** 전체 178위
강상우 **21,860** 전체 49위

GK
백종범 **9,785** 전체 168위
강현무 **12,625** 전체 119위

2024시즌 아디다스 포인트 상위 20명 ■ 포인트 점수

포지션 평점

FW	
MF	
DF	
GK	

출전시간 TOP 3

1위	최준	3,495분
2위	강상우	3,192분
3위	일류첸코	2,753분

득점 TOP 3

1위	일류첸코	14골
2위	린가드	6골
3위	월리안	5골

도움 TOP 3

1위	기성용, 일류첸코	5도움
2위	임상협, 조영욱, 최준	4도움
3위	린가드, 강상우, 팔로세비치	1도움

주목할 기록

14	10년 만에 구단 최다 무실점 경기
15	2023시즌 이후 리그 최다 헤더골

성적 그래프

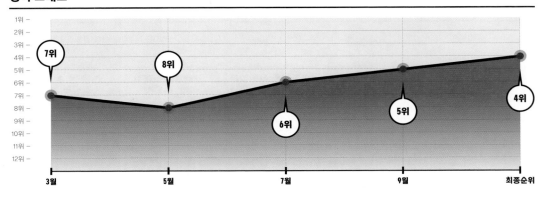

2025 시즌 스쿼드 운용 & 이적 시장 인앤아웃

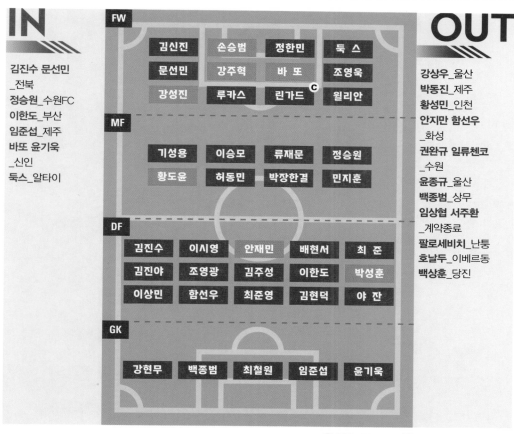

© 주장 ■ U-22 자원

IN

김진수 문선민
_전북
정승원_수원FC
이한도_부산
임준섭_제주
바또 윤기욱
_신인
둑스_알타이

OUT

강상우_울산
박동진_제주
황성민_인천
안지만 함선우
_화성
권완규 일류첸코
_수원
윤종규_울산
백종범_상무
임상협 서주환
_계약종료
팔로세비치_난통
호날두_이베르동
백상훈_당진

"2024년을 설렘으로 시작했다면, 올해는 기대감으로 표현하고 싶다. 작년보다 좋아질 거란 기대감." 김기동 감독의 2025 시즌 출사표다. 기대감 앞에 '우승에 대한'을 새겨 넣어야 할 것 같다. 서울이 오랜 기다림 끝에 마침내 대권에 도전하는 위치에 올라섰다. 2016년 마지막 K리그 우승 후 8년 연속 우승과 연을 맺지 못한 서울은 2024시즌에 5년만에 파이널 A그룹에 진출했다. 전년도 순위인 4위보다 높은 순위는 1위, 2위, 3위뿐이다. 린가드, 기성용, 조영욱, 김주성, 야잔, 강현무, 최준 등 주력 자원들이 동계훈련을 거치며 조직력을 더 키웠고, 부족한 2%를 채워줄 국가대표급 김진수, 문선민, 정승원을 영입해 스쿼드를 업그레이드했다. 투자하는 팀이 반드시 우승하는 건 아니지만, 투자하지 않는 팀은 우승하지 못한다.

주장의 각오

린가드

"K리그를 대표하는 구단의 주장을 맡게 돼 큰 영광이다. 목표를 높게 잡아야 하는 만큼 쉽지 않은 여정이 되겠지만 최선을 다해 준비했다. 첫 경기에서 문선민과 준비한 세리머니를 볼 수 있을 것이다."

2 0 2 5   예 상   베 스 트   1 1

이적시장 평가

서울의 스토브리그 컨셉은 '우승 스쿼드 구축'이다. 확실한 측면 카드의 필요성과 위닝 멘털리티 이식을 위해 전북에서 숱한 우승을 경험한 김진수, 문선민을 영입했고, 3선에 대한 아쉬움은 '꽃미남 하드워커' 정승원 영입으로 해결했다. 도합 600경기 가까이 뛴 세 선수의 경험도 이식했다. 2025시즌 스쿼드의 옥에티는 득점랭킹 2위 일류첸코가 떠난 공백이다.

저자 6인 순위 예측

● 김 성 원 ●	● 윤 진 만 ●	● 박 찬 준 ●	● 김 가 을 ●	● 김 대 식 ●	● 이 현 석 ●
2위_벌써 9년 흐른 '우승의 맛', 올라갈 일만 남은 '빅2'. '폭풍영입' 2년차, '기동 매직' 또 실험대. '10년 주기' 정상, 왜 떠오를까.	**1위**_고기도 먹어본 사람이 잘 먹는다. 우승 DNA가 이식된 선수들의 합류는 크나큰 힘. 김기동 감독은 과거 포항 2년차에 올해의 감독상을 수상했다.	**2위**_김기동 감독은 커리어에서 가장 강력한 스쿼드를 손에 넣었다. 첫 해 분위기를 바꾼 만큼, 올해는 결과다. 김 감독은 결과를 잡는데 능하다.	**2위**_'기동 매직'에 스타를 더했다. 비시즌 내내 '쇼킹'한 소식을 줄줄이 전한 팀. 기대감도 높지만, '올 스타' 최강 팀의 플레잉 조정은 쉽지 않은 일.	**2위**_주전은 확실히 강력하다. 대권에 도전할 수 있는 팀이다. 하지만 우승은 주전 11명으로 해낼 수 없다. 백업이 울산에 비해 탄탄한지 의문.	**2위**_김기동의 색을 완전히 입혔다. 주장 린가드가 중심을 잡는다. 대표팀 출신 베테랑들까지 수혈했다. 최전방 책임졌던 일류첸코의 공백이 변수.

린가드 　Jesse Ellis Lingard

1992년 12월 15일 | 33세 | 잉글랜드 | 177cm | 69kg

10
FW

C

린가드

WEEKLY BEST 11
②

경력

맨유(11~22)
▷ 레스터(12~13)
▷ 버밍엄(13~14)
▷ 브라이턴(14)
▷ 더비카운티(15)
▷ 웨스트햄(21)
▷ 노팅엄(22~23)
▷ 서울(24~)

K리그 통산기록

K리그1 - 26경기 6득점 3도움

대표팀 경력

32경기 6득점
2018 월드컵

K리그가 40년 넘게 가져보지 못한 우주대스타다. 맨유 유스 출신으로 맨유 유니폼을 입고 전성기를 누린 잉글랜드 국가대표 출신 미드필더다. 기세가 등등하던 시절엔 잉글랜드 프리미어리그 최고의 공격형 미드필더 겸 윙어로 평가받았다. 그런 린가드가 2024년 K리그에 입성한다는 소식이 전해지자, 대중은 '맨유에서 뛰던 린가드가 왜 K리그에 왔을까?'라는 질문을 던졌다. 개인사업 번창을 위해 한국 무대로 날아왔다는 세간의 삐딱한 시선을 나무라듯, 시즌 내내 축구에 대한 열정 하나로 축구팬들에게 진한 감동을 선물했다. 시즌 초 오랜기간 앓아온 무릎 부상을 치료한 뒤 5월에 돌아온 린가드는 타고난 클래스로 서울의 경기력을 한 차원 끌어올렸다. 상대팀 입장에서 린가드의 다음 플레이를 예측하기란 불가능에 가까웠다. 6월 강원전에서 K리그 데뷔골을 넣은 린가드는 남은 시즌 동안 5골을 더 몰아쳤다. 한 예능 프로그램에서 약속한 '둘리 춤 세리머니'는 전파를 타고 전 세계로 뻗어나갔다. 기성용이 부상을 당한 시기엔 주장 완장을 차고 팀을 이끌었고, 2025년엔 정식 주장으로 선임됐다. '린가드 시즌2'에 대한 기대감은 '오징어 게임2'에 비견할 만하다.

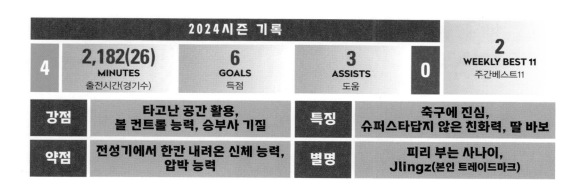

2024시즌 기록

| 4 | 2,182(26)\nMINUTES\n출전시간(경기수) | 6\nGOALS\n득점 | 3\nASSISTS\n도움 | 0 | 2\nWEEKLY BEST 11\n주간베스트11 |

강점	타고난 공간 활용,\n볼 컨트롤 능력, 승부사 기질	특징	축구에 진심,\n슈퍼스타답지 않은 친화력, 딸 바보
약점	전성기에서 한칸 내려온 신체 능력,\n압박 능력	별명	피리 부는 사나이,\nJlingz(본인 트레이드마크)

김진수

1992년 6월 13일 | 33세 | 대한민국 | 177cm | 68kg

22
DF

WEEKLY BEST 11

경력

알비렉스니가타(12~14)
▷호펜하임(14~16)
▷전북(17~20)
▷알나스르(20)
▷전북(21~24)
▷서울(25~)

K리그 통산기록

K리그1 - 160경기 9득점 18도움

대표팀 경력

74경기 2득점
2022 월드컵

지난 2010년, 한때 인기리에 방영된 학생 퀴즈 프로그램 '도전 골든벨'에 한 고등학교 축구부 학생이 출연했다. 앳된 얼굴로 보드를 높이 들어 올리던 이 선수는 훗날 별명 '포스트 이영표'에 어울리는 한국 최고의 레프트백으로 우뚝 선다. 바로 김진수다. 김진수는 월드컵을 앞두고 번번이 불의의 부상을 당하는 불운을 딛고 2022년 카타르 월드컵에 출전해 한국의 16강 진출을 뒷받침했다. 또한 국내로 복귀해 유럽에서 성공하지 못한 아쉬움을 털고 전북을 K리그 정상에 올려놓았다. 김진수는 전성기 시절 쉴새없이 왼쪽 측면을 오르내리며 칼날 크로스로 상대 수비진의 허를 찌르는가 하면, 일대일 경합 상황과 기싸움에서 웬만해선 밀리는 법이 없었다. 누구보다 든든한 레프트백이었고, 상대팀 측면 공격수에겐 공포의 대상이었다. 2023시즌과 2024시즌 부상 등의 이슈로 주춤한 김진수는 커리어에 과감한 변화를 꾀했다. '국가대표에 다시 뽑혀 북중미월드컵 뛰어야지?'라는 김기동 감독의 자극에 전북을 떠나 서울로 향했다. K리그 입성 후 늘 서울의 발목을 잡은 김진수에겐 새로운 '도전'이다. 김진수가 우승이라는 골든벨을 울릴 수 있을까.

2024시즌 기록			
2	**1,813(20)** MINUTES 출전시간(경기수)	**0** GOALS 득점	**3** ASSISTS 도움
	2		**1** WEEKLY BEST 11 주간베스트11

강점	풍부한 경험 장착한 베테랑, 칼날 크로스	특징	정상 찍어본 자의 위닝 멘털리티, 국대 재발탁 동기부여
약점	미친 활동량은 옛말, 다혈질 성미	별명	이영표 후계자, 불운의 아이콘

정승원

1997년 2월 27일 | 28세 | 대한민국 | 173cm | 68kg

7
MF

정승원

WEEKLY　BEST 11

경력

대구(17~21)
▶수원(22~23)
▶수원FC(24)
▶서울(25~)

K리그 통산기록

K리그1 – 205경기 19득점 21도움

대표팀 경력

2020 올림픽

2024년 수원FC에서 '커리어 하이'를 찍었다. 공격적인 재능을 마구 뽐내며 11골 6도움, 웬만한 공격수 못지않은 스탯을 쌓으며 팀의 6강 돌풍을 진두지휘했다. 부상없이 풀 시즌을 소화한 것도 프로 데뷔 후 처음. 당연히 주가가 폭등했다. 2024년 여름부터 유수의 구단이 러브콜을 날렸다. 시즌 후 FA 신분을 얻은 정승원은 오랜기간 관심을 보인 서울에 둥지를 틀었다. 공격형 미드필더부터 수비형 미드필더, 그리고 윙어부터 풀백까지 다양한 포지션을 커버할 수 있는 정승원은 김기동호에선 주로 '수미'로 나서 수비 보호에 힘쓸 예정이다. 정승원의 롤모델이 전 첼시 미드필더 은골로 캉테라는 사실을 안다면, 3선은 정승원에게 꼭 맞는 포지션이라는 것도 알 수 있다. 정승원은 꽃미남 외모와는 어울리지 않는 왕성한 활동량과 폭넓은 활동 반경, 터프한 플레이를 장착했다. 베테랑 파트너 기성용의 옆에서서 90분 내내 중원에 신선한 에너지를 주입할 것으로 기대된다. 대구에서 프로 데뷔해 수원 삼성, 수원FC를 거친 정승원은 처음으로 우승권에 있는 팀에 왔다. 국가대표를 꿈꾸는 정승원에게 2025년은 그 어느 해보다 중요하다고 할 수 있다.

2024시즌 기록

3	3,161(38) MINUTES 출전시간(경기수)	11 GOALS 득점	6 ASSISTS 도움	0	7 WEEKLY BEST 11 주간베스트11

강점	측면 중앙 가리지 않는 멀티 플레이어, 엄청난 활동량	특징	훈련 강도로 유명한 안동고 출신, K리그 대표 꽃미남
약점	특정 포지션의 스페셜리티, 수비 지능	별명	축구돌, 여심폭격기

야잔
Yazan
Mousa Mahmoud Abu Al-Arab

1996년 1월 31일 | 29세 | 요르단 | 187cm | 86kg

5
DF

야잔

WEEKLY BEST 11

경력
알자지라(15~19)
▶ 알웨흐다트(19~21)
▶ 셀랑고르(22~23)
▶ 알쇼르타(23~24)
▶ 무아이다르(24)
▶ 서울(24~)

K리그 통산기록
K리그1 – 12경기

대표팀 경력
65경기 2득점
2023 아시안컵

2025년 1월 맨체스터시티는 잉글랜드 프리미어리그 역사상 처음으로 우즈베키스탄 출신 수비수 압두코디르 쿠사노프를 영입했다. 2024년 7월, K리그에서도 비슷한 '오피셜'이 떠 화제를 모았다. K리그 사상 최초로 요르단 출신 센터백인 야잔 알 아랍을 데려온 것이다. 같은 해 2월 이라크 출신 센터백 라빈 술라카를 영입했다가 철저한 실패를 맛본 서울은 2023 카타르아시안컵에서 인상적인 활약을 펼친 야잔에게 과감히 '베팅'했다. 영입은 대성공적이었다. 야잔은 8월 포항과의 데뷔전부터 차원이 다른 안정감과 터프한 대인마크, 깔끔한 공중볼 처리, 김기동 감독이 수비진에 요구하는 전진패스를 완벽에 가깝게 소화했다. 파트너 김주성과 같은 왼발잡이지만, 오른쪽 센터백 자리에서도 군더더기가 없었다. 야잔 합류 후 서울 수비는 고민거리가 아니라 자랑거리로 순식간에 바뀌었다. 야잔의 데뷔전 7위에 그쳤던 서울은 막판 스퍼트 끝에 4위로 시즌을 끝마쳤다. 야잔은 여름 이적시장에서 합류한 선수 중 유일하게 K리그 베스트일레븐 후보에 뽑히는 기염을 토했다. K-문화에 완벽히 적응해 더 무서워진 야잔은 2025년에도 어김없이 서울의 뒷문을 책임진다.

2024시즌 기록

2	1,208(12) MINUTES 출전시간(경기수)	0 GOALS 득점	0 ASSISTS 도움	0	5 WEEKLY BEST 11 주간베스트11

강점	제공권·대인마크·수비리딩·빌드업 장착한 '육각형 센터백'	특징	K리그에서 희귀한 중동 출신에 왼발잡이 수비수
약점	A매치 기간 중 장거리 이동에 따른 컨디션 관리	별명	요르단 김민재, 야스마르(야잔 + 서울 레전드 오스마르)

문선민

1992년 6월 9일 | 33세 | 대한민국 | 172cm | 68kg

27
FW

WEEKLY BEST 11

경력

외스테르순드(12~15)
▷ 유르고덴스(15~16)
▷ 인천(17~18)
▷ 전북(19~20)
▷ 상무(20~21)
▷ 전북(21~24)
▷ 서울(25~)

K리그 통산기록

K리그1 − 224경기 49득점 30도움
K리그2 − 1경기

대표팀 경력

18경기 2득점
2018 월드컵

독특하고 개성적인 외모만큼이나 특별한 경력의 소유자. 2012년 한 스포츠 브랜드 오디션에 합격해 프로 경력을 스웨덴에서 시작했다. 당시 외스테르순드 감독이 그레이엄 포터(웨스트햄)였다. 유르고덴스를 거쳐 2017년 인천에 입단하며 뒤늦게 K리그에 입성한 문선민은 특유의 빠른 스피드와 번뜩이는 돌파로 빠르게 두각을 드러냈다. 2년 차인 2018년에는 전북을 상대로 두 번이나 멀티골을 쏘는 센세이셔널한 활약을 펼쳤다. 2019년엔 전북으로 이적해 첫 시즌 10골 10도움을 터뜨리며 베스트일레븐에 뽑혔고 2019년과 2021년 K리그, 2022년 FA컵 우승을 뒷받침했다. 2024시즌 이랜드와 승강 플레이오프 2차전선 전북을 구하는 극적인 골을 넣었다. K리그 정상급 윙어이자 특급 조커로 꾸준히 활약한 문선민은 국가대표팀 일원으로 2018년 러시아 월드컵도 경험했고, 2024년 10월 이라크와의 월드컵 예선에서 교체투입되어 경기 흐름을 바꾸며 팀의 3−2 승리에 일조했다. 2024시즌을 끝으로 FA 신분이 된 문선민. '전주성의 밝은 달'로 불리던 그는 이제 상암벌에서 '점프, 점프' 관제탑 춤을 춘다.

2024시즌 기록

1	**1,505(29)** MINUTES 출전시간(경기수)	**6** GOALS 득점	**3** ASSISTS 도움	0	**1** WEEKLY BEST 11 주간베스트11

강점	번뜩이는 순간 스피드, 뒷공간 침투 능력	특징	핫한 관제탑 세리머니, 큰 무대에 강한 사나이
약점	팀 플레이, 수비 기여, 기복	별명	밝은 달, 접기의 달인

6
MF

기성용

1989년 1월 24일 | 36세 | 대한민국 | 186cm | 75kg
경력 | 서울(06~09) ▷ 셀틱(10~12) ▷ 스완지시티(12~13) ▷ 선덜랜드(13~14)
▷ 스완지시티(14~18) ▷ 뉴캐슬(18~20) ▷ 마요르카(20) ▷ 서울(20~)
K리그 통산기록 | K리그1 - 190경기 14득점 19도움
대표팀 경력 | 110경기 10득점, 2008 · 2012 올림픽, 2010 · 2014 · 2018 월드컵

시대를 풍미한 '대한민국 명품 미드필더' 기성용의 프로 커리어 20번째 시즌이다. 2006년, 17세 나이에 서울에 입단한 기성용은 타고난 축구 센스와 사비 알론소와 비견되는 패스 능력을 앞세워 2010년 셀틱을 통해 유럽 무대에 나섰고, 이후 스완지시티, 선덜랜드, 뉴캐슬, 마요르카 소속으로 꼬박 10년간 유럽 무대를 누볐다. 손흥민 이전에 가장 경쟁력있는 유럽파 중 한 명이 바로 기성용이었다. 2020년 '친정' 서울로 돌아온 기성용은 팀이 어려운 시기에 든든히 팀을 지키며 반등의 발판을 놨다. 2024년 부상으로 시즌 절반을 날린 기성용은 2025년 제3의 전성기를 꿈꾼다.

2024시즌 기록				3 WEEKLY BEST 11 주간베스트11	강점	약점
3	0	1,838(20) MINUTES 출전시간(경기수)	2 GOALS 득점	5 ASSISTS 도움	대지를 가르는 장거리 패스, 경기 조율 능력	예전같지 않은 기동성, 느린 스피드

16
DF

최준

1999년 4월 17일 | 26세 | 대한민국 | 177cm | 72kg
경력 | 울산(20) ▷ 경남(20) ▷ 부산(21~23) ▷ 서울(24~)
K리그 통산기록 | K리그1 - 36경기 1득점 4도움 | K리그2 - 110경기 5득점 18도움
대표팀 경력 | -

울산 유스 현대중에서 성장한 최고의 유망주. 2019 U-20 월드컵과 2023 항저우아시안게임 같은 연령별 국제대회를 누볐다. 2020년 울산에서 프로 데뷔한 최준은 2021년 트레이드를 통해 2부리그 부산으로 이적했고, 2023년까지 부산의 주전 라이트백으로 경쟁력을 키웠다. 2024시즌을 앞두고 서울로 이적한 최준은 경력 첫 1부리그 도전이었지만, 빠르게 김기동 감독의 눈도장을 찍었다. 시즌 초중반 팀 사정에 따라 익숙지 않은 수비형 미드필더로 헌신했고, 막판엔 라이트백으로 돌아갔다. 2024시즌, 린가드를 제치고 서울 팬들이 선정한 구단 올해의 선수로 뽑혔다.

2024시즌 기록				2 WEEKLY BEST 11 주간베스트11	강점	약점
6	0	3,495(36) MINUTES 출전시간(경기수)	1 GOALS 득점	4 ASSISTS 도움	왕성한 활동량, 센터백 커버링	불안한 빌드업, 아쉬운 크로스

30
DF

김주성

2000년 12월 12일 | 25세 | 대한민국 | 186cm | 76kg
경력 | 서울(19~20) ▷ 김천(21~22) ▷ 서울(22~)
K리그 통산기록 | K리그1 - 98경기 2득점 1도움 | K리그2 - 8경기
대표팀 경력 | 2경기

2024년은 만년 유망주의 이미지가 강한 김주성이 마침내 서울의 붙박이 주전으로 자리매김한 시즌이었다. 시즌 초 예기치 않은 부상으로 4월부터 6월까지 두 달 반가량 결장한 김주성은 복귀 후 서울의 뒷문을 든든히 지켰다. 8월 야잔이 합류한 이후 김주성과 야잔은 K리그 최고의 센터백 듀오로 평가받았다. 김주성도 프로 데뷔 6번째 시즌 만에 가장 실수가 적고 재능을 뽐낸 시즌으로 기록됐다. 레전드 대선배인 '전설의 삼손'과 동명이인인 김주성은 서울 유스인 오산중, 오산고 출신으로 2019년 서울에서 프로 데뷔했다. 서울 팬들이 가장 아끼는 '오산이' 중 한 명이다.

2024시즌 기록				3 WEEKLY BEST 11 주간베스트11	강점	약점
2	0	2,359(25) MINUTES 출전시간(경기수)	0 GOALS 득점	0 ASSISTS 도움	안정적 볼배급, 영리한 전진수비	대인방어, 가끔 발생하는 뇌절수비

77
FW

루카스

루카스
Lucas Rodrigues Da Silva

1999년 8월 27일 | 26세 | 브라질 | 182cm | 74kg
경력 | 미라솔(17~18)▶모레이렌스(18~21)▶마프라(19~20)▶카사피아(21~23)
▶마리티무(23~24)▶서울(24~)
K리그 통산기록 | K리그1 – 12경기 2득점
대표팀 경력 | –

2023~2024시즌 포르투갈 2부리그에서 12골을 폭발했던 '특급 재능'. 2024년 여름 서울에 입단해 짧다면 짧은 3개월 동안 몇 차례 영웅적인 면모를 과시했다. 8월 제주와의 데뷔전에서 데뷔골을 넣으며 1–0 승리를 이끌었고, 10월 수원FC전에서도 1–0 승리를 만드는 선제결승골을 터뜨렸다. 상대진영에서 특유의 도전적인 드리블 돌파와 과감한 중거리 슛으로 공격에 생기를 불어넣었다. 김기동 감독이 측면 공격수에게 요구하는 수비 임무에 적응하는 시간을 거친 루카스는 분명 2년 차인 2025년에는 더 날카롭고 무서워질 것 같다.

2024시즌 기록					강점	약점
2	0	**983(12)** MINUTES 출전시간(경기수)	**2** GOALS 득점	**0** ASSISTS 도움	– WEEKLY BEST 11 주간베스트11	과감한 드리블, 중거리 슈팅	'하이 리스크 하이 리턴' 잦은 볼 미스

9
FW

조영욱

조영욱

1999년 2월 5일 | 26세 | 대한민국 | 181cm | 73kg
경력 | 서울(18~22)▶상무(23)▶서울(24~)
K리그 통산기록 | K리그1 – 170경기 26경기 16도움 | K리그2 – 28경기 13득점 5도움
대표팀 경력 | 4경기 1득점

쾌활한 성격, 축구에 대한 진심, 축구 실력까지 두루 갖춘 서울의 팔방미인. 서울에 대한 애정도 강해 기성용의 뒤를 이을 명실상부한 서울의 차기 '전설' 후보로 거론된다. '성산의 조자룡'은 조영욱을 향한 서울 팬의 사랑이 듬뿍 담긴 별명이다. 진짜 전설이 되기 위해선 더 늦기 전에 전성기의 문을 열어야 한다. 2024년엔 측면 미드필더에 가까운 롤을 맡았다고 하지만, 우리가 조영욱에게 기대하는 모습과는 거리가 있었다. 린가드, 루카스, 문선민 등의 합류로 점점 치열해지는 주전 경쟁에서 살아남으려면 과감한 슈팅력부터 다시 끌어올릴 필요가 있다.

2024시즌 기록					강점	약점
2	0	**1,943(29)** MINUTES 출전시간(경기수)	**4** GOALS 득점	**4** ASSISTS 도움	2 WEEKLY BEST 11 주간베스트11	파워풀한 슈팅, 공격진 전 포지션 소화	윙어와 스트라이커 그 사이 어딘가

31
GK

강현무

강현무

1995년 3월 13일 | 30세 | 대한민국 | 185cm | 78kg
경력 | 포항(14~22)▶김천(23~24)▶서울(24~)
K리그 통산기록 | K리그1 – 178경기 217실점 | K리그2 – 9경기 8실점
대표팀 경력 | –

2024년 초반 부진했던 서울의 물길을 바꾼 영입생 중 한 명. 김천상무에서 전역해 '친정' 포항으로 돌아간 강현무는 곧바로 골키퍼 문제로 골머리를 앓아온 서울로 향했다. 포항 시절 코치와 선수, 감독과 선수로 깊은 사제의 연을 맺은 김기동 감독의 존재는 강현무의 서울행에 결정적 요인이었다. 임팩트는 대단했다. 골문 앞에서 특유의 하회탈 미소와 함께 몸을 날려 공을 쳐내기 일쑤였다. 인생은 몇 가지 선택에 의해 좌우된다고들 한다. 서울은 강현무를 영입했기에, 강현무는 서울 유니폼을 입었기에, 원하는 걸 얻을 수 있었다.

2024시즌 기록					강점	약점
3	0	**1,665(17)** MINUTES 출전시간(경기수)	– SAVE 선방	**19** LOSS 실점	1 WEEKLY BEST 11 주간베스트11	동물적인 반사 신경, 강철 멘털	아쉬운 키, 가끔 예상치 못한 기행

이한도

20 DF

1994년 3월 16일 | 31세 | 대한민국 | 185cm | 80kg
경력 | 전북(16) ▶ 광주(17~21) ▶ 수원(22) ▶ 부산(22~24) ▶ 서울(25~)
K리그 통산기록 | K리그1 - 81경기 2득점 | K리그2 - 134경기 7득점 1도움
대표팀 경력 | -

K리그를 대표하는 센터백 중 한 명. 청소년 대표 출신으로 일찌감치 재능을 인정받아 2016년 최강희 감독이 이끄는 전북에 입단하며 호기롭게 프로의 길로 들어섰다. 하지만 당시 신인이 리그 최강 스쿼드를 구축한 전북에서 자리를 꿰차는 건 하늘의 별 따기였다. 2017년 광주 이적은 '신의 한 수'였다. 2부로 강등된 광주에 남아 탄탄한 수비와 믿음직한 리더십으로 2019년 승격을 이끌었다. 공은 놓쳐도 사람은 놓치지 않았다. 2022년 수원으로 이적한 이한도는 반년 만에 트레이드로 부산으로 이적해 '헌신의 아이콘'으로 팬들의 사랑을 독차지했다. 서울 입단 으로 3년 만에 K리그1로 돌아왔다.

2024시즌 기록					8 WEEKLY BEST 11 주간베스트11	강점	약점
6	0	3,525(35) MINUTES 출전시간(경기수)	2 GOALS 득점	0 ASSISTS 도움		헌신의 아이콘, 대인마크, 리더십	투박한 빌드업, 지능 수비

바또

28 FW

Gbato Seloh Samuel

2006년 8월 1일 | 19세 | 코트디부아르 | 174cm | 77kg
경력 | 서울(25~)
K리그 통산기록 | 2025시즌 K리그1 데뷔
대표팀 경력 | -

역사적인 K리그 홈그로운 1호. 코트디부아르 부모를 둔 바또는 용산에서 태어나 서울 유스인 오산중, 오산고에서 성장했다. 탄력 넘치는 무브먼트와 과감한 돌파를 앞세워 고등학교 레벨 의 최강자, '사기캐'로 우뚝 섰다. 서울은 올해 신설된 홈그로운 규정 덕에 외인 쿼터를 사용하 지 않고 바또를 '국내 신인'으로 뽑을 수 있었다. 바또는 측면 공격수로, 발바닥 기술을 잘 활 용한다는 점에서 아스널의 부카요 사카와 닮았다는 평이지만, 선수 본인은 맨시티의 제레미 도쿠를 롤모델로 삼았다. 홈그로운 제도의 정착을 위해 올 시즌 서울에서 센세이션을 일으키 겠다는 각오다.

2024시즌 기록					- WEEKLY BEST 11 주간베스트11	강점	약점
-	-	- MINUTES 출전시간(경기수)	- GOALS 득점	- ASSISTS 도움		저돌적인 돌파, 발바닥 스킬	아직 물음표인 전술 이해도, 팀 플레이

이승모

8 MF

1998년 3월 30일 | 27세 | 대한민국 | 185cm | 70kg
경력 | 포항(17~23) ▶ 광주(18) ▶ 서울(23~)
K리그 통산기록 | K리그1 - 132경기 9득점 8도움 | K리그2 - 9경기 1득점 1도움
대표팀 경력 | -

'유망주 화수분'이라 불리는 포항 유스 출신. 19살에 프로 데뷔해 김기동-황지수-손준호로 이 어지는 포항의 중앙 미드필더 계보를 이을 것으로 기대를 모았다. 2018년 자카르타-팔렘방 아시안게임 금메달 멤버인 이승모는 경험을 쌓기 위해 2018년 광주로 임대를 떠났다. 시즌 말 공중에서 착지하는 과정에 순간 의식을 잃는 불의 부상을 당하며 주춤했지만, 2020년 화려 하게 부활했다. 최전방 공격수의 부재를 해결하기 위해 '가짜 9번' 위치에서 존재감을 드러냈 다. 2023년 한찬희와 트레이드를 통해 서울로 이적한 그는 2024년 '은사' 김기동 감독과 재회 해 3골을 넣으며 커리어 하이를 기록했다. 올 시즌에도 서울 중원에서 중책을 맡을 예정이다.

2024시즌 기록					3 WEEKLY BEST 11 주간베스트11	강점	약점
2	0	1,984(26) MINUTES 출전시간(경기수)	3 GOALS 득점	1 ASSISTS 도움		멀티자원, 유연한 움직임	잦은 부상, 피지컬 경합

김신진

2001년 7월 13일 | 24세 | 대한민국 | 186cm | 80kg
경력 | 서울(22~24) ▷ 아일랜드(24) ▷ 서울(25~)
K리그 통산기록 | K리그1 – 56경기 9득점 1도움 | K리그2 – 11경기 1득점
대표팀 경력 | –

K리그에 드문 멀티형 공격수. 탄탄한 체구를 지닌 김신진은 전방에서 포스트플레이, 2선에서 연계플레이를 능숙하게 해낸다. 측면까지 소화할 수 있어 감독은 입맛대로 김신진을 활용할 수 있다. 파워와 투쟁심이 장착되어 있어 상대 수비수들을 끈질기게 괴롭힐 줄 안다. 세밀함과 침착성은 아쉽다는 평가. 2022년 서울에 입단한 김신진은 '은사' 안익수 전 감독의 전폭적인 신뢰를 받으며 두 시즌 연속 주력 자원으로 뛰었다. 2024년 입지가 좁아진 김신진은 하반기에 2부 아일랜드로 임대를 다녀왔다. 임대가 좌절된 후 서울에서 다시 주전 경쟁에 돌입한다.

2024시즌 기록					- WEEKLY BEST 11 주간베스트11	강점	약점
0	0	254(9) MINUTES 출전시간(경기수)	1 GOALS 득점	0 ASSISTS 도움		파워와 투쟁심 장착한 멀티 공격수	2% 부족한 세밀함과 정확도

황도윤

2003년 4월 9일 | 22세 | 대한민국 | 176cm | 73kg
경력 | 서울(23~)
K리그 통산기록 | K리그1 – 10경기
대표팀 경력 | –

2024년 껍질을 깬 서울의 기대주. 서울 유스 출신으로 고려대에서 뛰다 2023년 서울과 신인 계약을 체결했다. 프로 첫 시즌 1경기 출전에 그친 황도윤은 2024년 김기동 감독의 눈도장을 찍고 총 9경기에 출전하며 '프로의 맛'을 느꼈다. 특히 시즌 막판엔 기성용 등 선배들의 부상 공백을 훌륭히 메웠다. 많은 활동량과 나이답지 않은 침착함으로 '선수 김기동'과 닮았다는 평가를 받아온 황도윤은 내일이 기대되는 선수다. 서울은 황도윤이 장차 2024년 은퇴한 전설 고요한의 뒤를 이어주길 내심 기대하고 있다.

2024시즌 기록					- WEEKLY BEST 11 주간베스트11	강점	약점
1	0	779(9) MINUTES 출전시간(경기수)	0 GOALS 득점	0 ASSISTS 도움		김기동 빼닮은 에너지와 부드러움	단조로운 롤, 극복해야 할 체격적 한계

이시영

1997년 4월 21일 | 28세 | 대한민국 | 172cm | 70kg
경력 | 성남(18~22) ▷ 광주(19) ▷ 아일랜드(20) ▷ 서울(23) ▷ 수원(24) ▷ 서울(25~)
K리그 통산기록 | K리그1 – 68경기 6도움 | K리그2 – 59경기 1득점 1도움
대표팀 경력 | –

손흥민, 이승모, 김진야 등과 함께 2018년 자카르타–팔렘방 아시안게임 금메달을 합작한 '에너지형' 풀백이다. 성남 유스 출신으로 2018년 성남에서 프로데뷔해 4년간 몸담았다. 2019년 임대로 떠난 광주에서 1부 승격을 뒷받침했다. 당시 광주 감독이던 국가대표 풀백 출신 박진섭의 족집게 과외를 통해 선수로서 장족의 발전을 이뤘다. 한 차례 더 임대를 다녀온 이시영은 2023년 서울로 완전이적했다. 2024년 수원으로 임대를 떠나 주전 풀백으로 역량을 과시했다. 홀수 해에 좋은 모습을 보인 이시영에게 희소식이 있다면, 2025년이 홀수 해라는 것이다.

2024시즌 기록					1 WEEKLY BEST 11 주간베스트11	강점	약점
3	0	3,120(31) MINUTES 출전시간(경기수)	1 GOALS 득점	1 ASSISTS 도움		지칠 줄 모르는 에너지, 공수 겸장	작은 육각형, 1부–2부 간 능력 편차

강성진

2003년 3월 26일 | 22세 | 대한민국 | 180cm | 75kg
경력 | 서울(21~)
K리그 통산기록 | K리그1 – 77경기 6득점 7도움
대표팀 경력 | 2경기 2득점

서울이 낳은 '역대급 재능'. 오른쪽 측면에서 왼발 볼 컨트롤과 번뜩이는 재치로 수비진을 휘젓는 플레이가 일품이다. 공을 간수하는 능력이 뛰어나 때때로 상대 페널티 박스 안에서 지나쳐 보일 정도로 차분하게 기회를 엿보곤 한다. 18세의 나이에 일찌감치 프로 데뷔해 이미 20살 때 K리그에서 50경기 이상을 뛰었다. 서울 최고의 선수가 될 자질을 모두 갖췄으나, 이제는 기량을 꽃피워야 할 차례다. 유명 스포츠매체 '디 애슬레틱'은 지난 2022년 12월, 2026년 북중미월드컵 기대주 7인에 강성진을 포함했다.

		2024시즌 기록			-	강점	약점
1	0	1,002(22) MINUTES 출전시간(경기수)	2 GOALS 득점	1 ASSISTS 도움	WEEKLY BEST 11 주간베스트11	왼발 볼 컨트롤, 번뜩이는 재치	잦은 볼 소유권 상실, 부족한 결정력

강주혁

2006년 8월 27일 | 19세 | 대한민국 | 178cm | 71kg
경력 | 서울(24~)
K리그 통산기록 | K리그1 – 10경기 1득점 1도움
대표팀 경력 | –

양민혁, 윤도영과 더불어 17세 이하 대표팀에서 두각을 드러낸 특급 유망주다. 서울 유스인 오산중, 오산고 에이스를 지냈다. 2024년 5월 서울과 준프로 계약을 체결하며 18세에 프로에 입성한 강주혁은 가능성을 인정받아 팀내 주력 U-22 자원으로 빠르게 부상했다. 프로데뷔 4번째 경기인 7월 인천과의 경인더비에서 구단 최연소 나이에 데뷔골을 터뜨린 것도 김기동호에 자리를 잡는 데 도움이 됐다. 시즌 막바지엔 체력, 적극성과 같은 단점을 극복하는 모습을 보였다. 강주혁은 빠른 발을 통한 돌파를 주무기로 삼는다. 2025시즌도 패기 넘치는 돌파를 선보인다는 각오다.

		2024시즌 기록			1	강점	약점
2	0	388(10) MINUTES 출전시간(경기수)	1 GOALS 득점	1 ASSISTS 도움	WEEKLY BEST 11 주간베스트11	빠른 발, 저돌적인 돌파	적극성, 연계플레이

손승범

2004년 5월 4일 | 21세 | 대한민국 | 180cm | 65kg
경력 | 서울(23~)
K리그 통산기록 | K리그1 – 8경기 1득점
대표팀 경력 | –

2024시즌 후반기 서울의 U-22를 책임진 신성이 강주혁이라면, 전반기엔 '승범 타임'이었다. 서울 성골유스인 손승범은 2023년 프로팀에 콜업돼 시즌 최종전 교체투입으로 프로 데뷔전을 치렀다. 김기동 감독 부임 후 본격적으로 기회를 받기 시작하던 그는 4월 대구, 포항, 전북전에 연속 출전했고, 포항전에선 프로 데뷔골까지 넣었다. 이후 부상이 찾아오고, 강주혁이 존재감을 드러내기 시작하면서 쉽게 출전 기회를 잡지 못했다. 절치부심한 손승범은 10월에 그라운드로 돌아와 5년 만인 팀의 상위스플릿 진입을 도왔다. 손승범이 뿜어내는 에너지를 확인한 김기동 감독은 2025시즌에도 손승범을 활용할 것으로 전망된다.

		2024시즌 기록				강점	약점
2	0	246(7) MINUTES 출전시간(경기수)	1 GOALS 득점	0 ASSISTS 도움	WEEKLY BEST 11 주간베스트11	승부욕, 오프 더 볼 움직임	투박함, 마무리 능력

전지적 작가 시점

윤진만이 주목하는 서울의 원픽!

김진수

풀백은 서울의 고민거리 중 하나였다. 그중 레프트백 포지션은 유스 출신을 끌어올리고, 거액을 들여 선수를 영입해도 아쉬움을 지우지 못했다. 2024시즌 개막 전에 영입한 강상우는 이러한 고민을 해결할 수 있는 자원이었다. 거의 전 포지션에 수준급 베테랑 자원을 보유한 서울은 검증된 풀백 한 명이 가세하니 안정감이 배가 됐다. 하지만 시즌 후 강상우가 FA로 팀을 떠나면서 공백이 생겼고, 이를 채우기 위해 김기동 감독은 강상우의 케이스대로 국가대표급 자원을 영입하는 방법을 택했다. 김기동 감독의 '픽'은 김진수였다. 김기동 감독은 2014 인천아시안게임에서 U-23 대표팀의 코치와 선수로 인연을 맺은 김진수에게 '국가대표 재발탁'이라는 신선한 자극을 줬고, K리그에선 전북 유니폼만 입었던 김진수는 냉큼 서울로 달려왔다. 이젠 폭풍 같은 질주와 부메랑 크로스, 여기에 남다른 승부욕을 앞세워 전북의 라이벌인 서울의 우승을 위해 싸우겠다는 각오다. 서울의 새로운 풀백 조합 좌진수-우준(최준)을 기대해도 좋다.

지금 서울에 이 선수가 있다면!

김동현

세월을 되돌려 스완지시티에서 뛰던 '20대 기성용'을 소환할 수 있다면 서울은 흔들림없는 전력까지 갖춘 무적 팀일 것이다. 기성용의 소프트웨어와 정승원의 하드웨어의 만남은 설렘 그 자체다. 하지만 앞으로 이 조합을 볼 수 있는 시간이 냉정히 많지 않다는 점을 고려할 때, 서울로선 이제 넥스트 기성용을 준비해야 한다. 기성용의 독보적인 스타일은 대체 불가능하다는 점에서, 비슷한 역할을 해줄 미드필더로 강원 김동현을 첫손에 꼽을 수 있다. 김동현은 3선 깊숙한 지점에서 공을 잡아 공격 템포를 조절하고, 전방위적으로 정확한 패스를 찔러줄 수 있다. 2024년 K리그 최대 돌풍팀 강원의 경기력은 김동현 유무에 따라 심하게 요동치곤 했다. 현대축구에서 아무리 미드필더의 기동성이 강조되는 추세라고 할지라도 대지를 가를 '패스마스터', '중원지휘자'에 대한 니즈는 늘 존재한다. 게다가 김동현과 정승원은 1997년생 동갑내기로 최고의 시너지 효과를 기대할 수 있다. 라이벌팀의 전력 약화까지 꾀할 수 있다는 점은 보너스!

안데르손
윤빛가람
이용
지동원
오프키르
박용희
노경호
장윤호
서재민
최규백
김태한
이재원
김주엽
이지솔
김재성
장영우
아반다
이택근
안준수
싸박
권도영
김대현
강민성
최치웅
김도윤

수원FC

성공적인 샤프볼 시즌1, 더 막강해진 시즌2로

수원FC

2003년 수원시청으로 위대한 역사의 시작을 알렸다. 2013년 수원시청에서 수원FC로 구단 명칭을 바꾸며 프로 무대에 입성했다. 프로 무대 입성 3년 만에 K리그클래식(현 K리그1)로 승격했지만, 1부의 벽을 처절하게 느끼며 다시 강등됐다. 성적이 떨어지며 승격을 바라보지 못했지만, 김도균 감독 체제부터 수원FC는 공격축구와 함께 달라지기 시작했다. 2020시즌 겨울 극적인 승격에 성공한 수원FC는 두 번의 실패는 없다는 듯, 날개를 펼쳤다. 2021시즌 리그 5위로 구단 역대 최고 성적을 거두면서 무시할 수 없는 저력을 가진 팀으로 변모했다. 슈퍼스타 이승우와 박주호, 이용, 윤빛가람 등 국대급 선수들을 모아서 리그 중위권에 안착했다. 2023시즌 위기가 찾아오며 강등 목전까지 내몰렸지만, 극적으로 잔류에 성공했다. 초보 사령탑 김은중 감독은 2024시즌 수원FC의 반등을 이끌었다. 이승우, 권경원 같은 주력 자원이 빠지고 손준호 리스크로 팀이 흔들리는 와중에 리그 역대 최고 성적을 거뒀다. 김은중 감독의 2년 차, 수원FC는 더 높은 곳을 바라본다.

구단 소개

정식 명칭	수원시민 프로 축구단
구단 창립	2003년 3월 15일
모기업	시민구단
상징하는 색	청색, 적색
경기장(수용인원)	수원종합운동장 (30,000명)
마스코트	화서장군, 장안장군, 팔달장군, 창룡장군
레전드	박종찬, 김한원, 박배종 등
서포터즈	리얼크루
커뮤니티	디씨 수원FC커뮤니티

우승

K리그	–
코리아컵(FA컵)	–
AFC챔피언스리그(ACL)	–

최근 5시즌 성적

시즌	K리그	코리아컵(FA컵)	ACL
2024시즌	5위	3라운드	–
2023시즌	11위	3라운드	–
2022시즌	7위	3라운드	–
2021시즌	5위	3라운드	–
2020시즌	2위 (2부)	16강	–

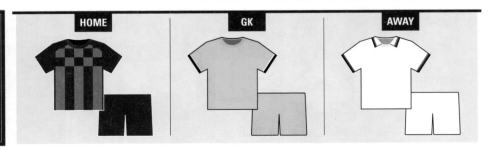

UNIFORM　HOME　GK　AWAY

프로 데뷔 성공적, 역대 최고,
다시 샤프볼

김은중 | 1979년 4월 8일 | 46세 | 대한민국

K리그 전적
38전 15승 8무 15패

대전의 레전드로 2000년대 한국을 대표하는 스트라이커 중 한 명이었다. '샤프'라는 별명답게 날카로운 득점력을 갖춘 레전드다. 2014년 은퇴한 후 착실하게 지도자로서 내공을 쌓았다. AFC튀비즈에서 지도자로 생활하며 벨기에 리그를 경험하고 돌아온 김은중 감독은 U-20 대표팀을 월드컵 4강으로 이끌면서 첫발을 성공적으로 내디뎠다. 그리고 김도균 감독의 공격적 색채가 뚜렷했던 수원FC와 2024년 손을 잡으며 프로 감독으로서 첫 데뷔 시즌을 좋은 성적으로 마무리했다. 한정된 자원의 능력을 그 이상으로 끌어내는 뛰어난 임기응변을 발휘하고 단단한 수비 조직력을 구축하여 위기를 극복해 냈다. 수원FC와 사소한 진통 끝에 재계약을 체결하며 샤프볼 시즌2를 열었다.

선수 경력

대전	서울	창사	제주	강원	대전

지도자 경력

대전 플레잉코치	튀비즈 코치	U-23 대표팀 코치	U-20 대표팀 감독	수원FC 감독(24~)

주요 경력

1998년 AFC U19 우승	2002년 부산아시안게임

선호 포메이션	4-3-3	3가지 특징	뛰어난 임기응변	침착한 카리스마	유기적인 공격 패턴

STAFF

수석코치	코치	GK코치	피지컬코치	선수 트레이너	전력분석관	통역	스카우트	장비관리사
김태민	이상돈 양동현	김호준	이거성	황건하 임재형 최정호	박형만	박형만	김영근	장재호 원영승

2 0 2 4　R E V I E W

아디다스 포인트로 보는 수원FC의 2024시즌 활약도

김은중 감독의 색깔이 수원에 빠르게 뿌리내렸다는 점에서는 성공적이었다. 수원FC는 K리그1로 승격한 후 항상 수비가 문제였던 팀이다. 김은중 감독은 보다 실리적인 운영을 택하면서 승점을 쌓아갔다. 에이스 듀오 이승우와 안데르손, 그리고 폼이 살아난 정승원을 통해 공격을 풀어갔고 후방에는 권경원 중심의 수비진이 탄탄하게 버텼다. 공수 밸런스가 유지된 수원FC는 쉽게 지지 않는 팀으로 변모했고, 상위권을 꾸준히 유지했다. 더 높은 곳까지도 바라볼 수 있었지만 공격 에이스 이승우. 수비 핵심 권경원이 빠진 후 크게 흔들렸다. 파이널 라운드 그룹A 진출과 구단 역대 최고 성적으로 만족해야 했다.

FW
지동원 22,116 전체 46위
하정우 1,994 전체 281위
안데르손 47,593 전체 1위
정승배 3,525 전체 262위

MF
정승원 45,168 전체 4위
윤빛가람 25,694 전체 29위
강상윤 15,799 전체 93위
노경호 1,622 전체 293위
조준현 1,762 전체 286위
이재원 17,170 전체 76위
한교원 5,273 전체 232위

DF
박철우 16,244 전체 87위
잭슨 8,250 전체 193위
장영우 7,891 전체 200위
김주엽 5,033 전체 237위
김태한 10,847 전체 146위
이용 16,599 전체 83위
최규백 7,970 전체 198위

GK
정민기 3,715 전체 256위
안준수 13,725 전체 109위

2024시즌 아디다스 포인트 상위 20명　　■ 포인트 점수

포지션 평점

포지션	평점
FW	🍍🍍🍍
MF	🍍🍍🍍
DF	🍍🍍
GK	🍍🍍🍍

출전시간 TOP 3		
1위	안데르손	3,386분
2위	정승원	3,161분
3위	윤빛가람	3,102분

득점 TOP 3		
1위	정승원	11골
2위	안데르손	7골
3위	지동원	6골

도움 TOP 3		
1위	안데르손	13도움
2위	정승원	6도움
3위	이재원	4도움

주목할 기록

53	구단 창단 후 역대 최고 승점
62	'K리그 최고의 크랙' 안데르손 키패스 전체 1위

성적 그래프

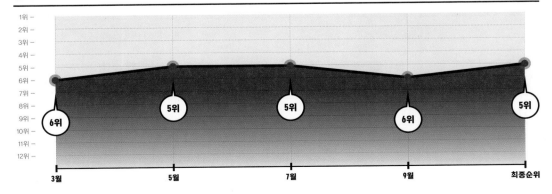

6위 (3월) — 5위 (5월) — 5위 (7월) — 6위 (9월) — 5위 (최종순위)

2025 시즌 스쿼드 운용 & 이적 시장 인앤아웃

IN

장윤호 서재민
_김포
황인택_수원
이지솔_강원
김재성_안산
박용희_대구
황재윤_전북
이택근_안산
주호연_남양주
오프키르
_볼레렝아포트발
아반다_OFK크레타
싸박_라에키다드
권기현 권도영
김은겸 백승민
양우진 염도현
이시명 최산
백경_신인
루안_과라니

OUT

안병준_은퇴
박철우_상무
한교원 강상윤
_임대복귀
잭슨_멜버른빅토리
아르한
_방콕유나이티드
소타_에그나티아
정승원_서울
노동건 곽윤호
_이랜드
하정우_성남
안치우_부산교통공사
정민기
_산프레체히로시마
이재훈_세종
박배종 정동호
황순민 강교훈
박진우 김현민
이경민_계약만료

FW
안데르손	오프키르	싸박	지동원	루안
이준석	박용희	정승배	강민성	최치웅
이대광	염도현	양우진	최산	백경

MF
윤빛가람	이재원	노경호
조준현	권기현	장윤호	이요셉
이윤건	김도윤	김원형	이시명

DF
아반다	이용 ⓒ	박철우	김태한
이현용	최규백	황인택	이지솔
서재민	장영우	김주엽	권도영	김대현
김재성	김은겸	이택근	한상규	신일연

GK
| 안준수 | 황재윤 | 주호연 | 백승민 |

ⓒ 주장　■ U-22 자원

안데르손과 공격에서 합을 맞추던 정승원의 공백이 크다. 새로운 공격 조합을 빠르게 구성해야 한다. 지난 시즌부터 이어진 스트라이커 고민을 해결하기 위해선 새로 합류한 오프키르와 싸박의 활약이 중요하다. 안데르손과의 시너지를 극대화할 필요가 있다. 주전급 자원이 떠난 빈자리는 1부에서 기회를 잡지 못했던 자원, 2부에서 기회를 엿보고 있던 미생들로 채웠다. 장윤호, 노경호, 서재민, 박용희, 김재성, 이지솔 등이 기존 선수들과 어울리는 것을 넘어 주전 경쟁에 우위를 점한다면, 팀 전력 상승을 기대해 볼 수 있다. 반대의 경우라면, 지난 시즌과 같은 돌풍은 기대하기 어려울 수 있다. 그래서 더더욱 김은중 감독의 '샤프'한 지략이 중요한 시즌이다.

주장의 각오

이용

"올해를 끝으로 은퇴하는 게 가장 명예로울 것 같다. 마지막 시즌이라는 생각 때문인지 더 잘하고 싶다. 수원FC 팬들이 강등 걱정을 하게 만들기 싫다."

2025 예상 베스트 11

이적시장 평가

안데르손을 제외한 외국인 전원을 교체했다. 지난 시즌 안데르손을 제외하면 이름값을 해준 외국인 선수가 없었기 때문에 김은중 감독은 새로운 외국인들에게 많은 기대를 건다. 정승원이 빠졌지만, 박용희, 장윤호를 빠르게 데려오면서 부족한 에너지를 채워 넣었다. 중원에서는 장윤호가 가세해 윤빛가람을 잘 보필할 것으로 보인다. 수준급 자원이라는 평가를 받는 외인 아반다와 이지솔이 더해지면서 포백 역량이 강화된 건 큰 힘이다.

저자 6인 순위 예측

• 김 성 원 •	• 윤 진 만 •	• 박 찬 준 •	• 김 가 을 •	• 김 대 식 •	• 이 현 석 •
11위_권경원, 이승우 이탈에도 정말 잘 버틴 것은 '박수'. 눈에 띄는 보강이 또 없네. 안데르손까지 싱숭생숭, 2년 연속 파이널A는 무리.	**10위**_언제 어떤 일이 일어날지 예측이 어려운 리스키한 팀. 에이스 안데르손 거취도 흔들흔들, 생존 싸움은 현재진행형.	**11위**_지난 시즌 돌풍을 이끈 김은중 매직은 유효하지만, 스쿼드는 지난 시즌보다 약해졌고, 무엇보다 안데르손의 풀시즌 소화 여부가 불투명하다.	**11위**_김은중 감독과 아이들의 돌풍. 하지만 현실은 너무나도 춥다. 마이너스 요소는 많은데 플러스 요소는 확연히 보이지 않는다.	**7위**_김은중 감독의 수원FC는 쉽게 지지 않는다. 상대하기 까다롭다는 의미다. 그런 팀은 강등을 걱정하지 않게 되더라.	**11위**_이승우가 나가고 고전했던 후반기. 에이스 안데르손까지 나간다면? 김은중 감독의 '샤프'한 전술 역량에 모든 기대를 걸 수밖에.

안데르손 Anderson Oliveira

1998년 7월 16일 | 26세 | 브라질 | 169cm | 69kg

70
FW

안데르손

WEEKLY BEST 11

경력

론드리나(18~19)
▷포르티모넨시(19~23)
▷고이아스(23~24)
▷수원FC(24~)

K리그 통산기록

K리그1 – 38경기 7득점 13도움

대표팀 경력

–

2024시즌 K리그1, 2를 통틀어 최고의 외국인이 안데르손이 될 것이라고 상상한 사람이 있었을까. 2024시즌 안데르손의 활약은 수원FC의 정수였다. 이승우와 함께 안데르손이 수원FC의 공격을 이끌 때만 해도 이 정도 수준의 선수일 것이라고는 상상하지 못했다. 기본적으로 브라질 선수답게 테크니션이다. 돌파력은 당연히 가지고 있지만 이기적인 선수가 아니다. 데뷔하자마자 K리그1 도움왕을 차지한 이력이 안데르손의 이타성을 보여준다. 이승우가 떠난 후 안데르손의 폭발력은 더욱 강해졌다. 책임감 때문이었을까. 전반기에는 터지지 않던 득점력까지 후반기에 터지면서 7골 13도움으로 K리그 최고의 선수로 우뚝 섰다. 2025시즌 안데르손에게 필요한 건 집중력과 파트너다. 안데르손이 뛰어난 활약을 보인 후 K리그를 비롯한 여러 나라에서 러브콜을 보냈다. 안데르손의 마음도 당연히 흔들렸겠지만, 잔류를 택한 만큼 수원FC에 더 집중해야 한다. 그렇기 위해선 좋은 파트너가 필요하다. 전반기 파트너였던 이승우, 후반기에 함께 맹활약했던 정승원도 떠났기에 안데르손은 외로워졌다. 안데르손을 도울 수 있는 파트너의 존재가 있어야 지난 시즌과 같은 맹활약을 이어갈 수 있을 것이다.

2024시즌 기록				7
				WEEKLY BEST 11 주간베스트11
3	3,386(38) MINUTES 출전시간(경기수)	7 GOALS 득점	13 ASSISTS 도움	0

강점	낮은 무게중심, 브라질산 테크니션, 동료 활용 능력	특징	2024시즌 K리그 최고의 외국인
약점	작은 키로 인한 몸싸움	별명	수원FC 에이스

윤빛가람

1990년 5월 7일 | 35세 | 대한민국 | 178cm | 75kg

14 MF

경력

경남(10~11)
▷ 성남(12)
▷ 제주(13~15)
▷ 옌볜(16~19)
▷ 제주(17)
▷ 상무(18~19)
▷ 제주(19)
▷ 울산(20~21)
▷ 제주(22)
▷ 수원FC(23~)

K리그 통산기록

K리그1 – 409경기 61득점 52도움

대표팀 경력

15경기 3득점

15년째 패스 능력 하나로 K리그 정상에서 군림하는 패스 마스터. 윤빛가람은 2023시즌 수원FC로 이적한 후, 2시즌 동안 부상 없이 거의 전 경기 출장할 정도로 수원FC 중원에서 없어서는 안될 존재가 됐다. 2023시즌의 윤빛가람은 페널티박스 근처까지 전진해 득점에 직접적으로 관여하는 역할을 맡았다면, 김은중 감독 체제에선 중원사령관 역할을 소화했다. 역할 변화로 2024시즌 공격 포인트가 2023시즌과 대비해 많이 감소했지만 그라운드에서의 영향력까지 줄어든 건 아니다. 후방에서 볼이 전달되면 윤빛가람의 발에서 수원FC의 공격 방향이 설계됐다. 패스 횟수 리그 전체 5위에 빛날 정도로 수원FC 연결고리 역할을 완벽하게 수행했다. 2023시즌 들쭉날쭉했던 수원FC가 지난해에는 안정적인 밸런스를 되찾은 건 윤빛가람의 경기 조율 능력이 크게 작용했다. 다가오는 시즌에도 김은중 감독은 윤빛가람에게 똑같은 역할을 맡길 것으로 기대된다. 수원FC 이적 후 주장과 부주장을 맡기도 했던 만큼, 주장인 이용을 도와 베테랑으로서 역할을 해줘야 한다. 경남에서 신인상을 수상한지 어언 15년이 지났지만, 여전히 윤빛가람의 열정은 식을 줄 모른다. 2025년 통산 60-60에 재도전한다.

2024시즌 기록				
4	**3,102(36)** MINUTES 출전시간(경기수)	**1** GOALS 득점	**2** ASSISTS 도움	**0** WEEKLY BEST 11 주간베스트11
강점	넓은 시야, 경기 조율, 세트피스 키커		특징	조용한 중원사령관
약점	수비력, 중원 싸움		별명	윤비트

이용

1986년 12월 24일 | 39세 | 대한민국 | 180cm | 74kg

2
DF

ⓒ

이용

WEEKLY BEST 11

경력

울산(10~16)
▷전북(17~22)
▷수원FC(23~)

K리그 통산기록

K리그1 – 331경기 5득점 33도움
K리그2 – 33경기 4도움

대표팀 경력

57경기
2014 · 2018 월드컵

K리그 부메랑 크로스의 원조 격. 뒤늦게 축구를 시작해 부단한 노력으로 정상급 K리거, 국가대표로 올라선 선수다. 첫 번째 월드컵에 출전했을 당시 나이가 28세였다. 울산과 전북에서 최고의 커리어를 밟아온 이용은 2022시즌 후반기에 정들었던 전북을 떠나 수원FC로 이적했다. 전성기가 훌쩍 지나 폭발적인 속도와 환상적인 크로스가 자주 나오지 않았다. 세월을 이길 수는 없었지만 이용은 베테랑다운 관록과 경험으로 단점을 극복했다. '이용의 시계는 거꾸로 간다'는 듯이 2024시즌에는 이전 시즌보다 5경기 더 많은 30경기를 소화했다. 김은중 감독 체제에서 안정화된 수원FC 수비진에 크게 기여했다. 이용의 발을 거쳐 가는 공격 패턴이 자주 등장했다. 공간으로 찔러넣는 송곳 패스의 날카로움은 여전했다. 차기 시즌에도 어깨가 무겁다. 김은중 감독은 다시 이용에게 주장 완장을 건넸다. 지난 시즌 커리어 첫 주장을 맡았던 이용의 리더십을 믿고 있다. 이용이 경기장 안팎에서 제 몫을 해줘야 수원FC가 샤프김은중 감독과 함께 더 높은 곳을 바라볼 수 있다. 이용은 팀을 두 시즌 연속 상위 스플릿에 올려두고 시즌 후 명예롭게 은퇴하겠다는 각오다.

2024시즌 기록					
3	2,849(30) MINUTES 출전시간(경기수)	1 GOALS 득점	1 ASSISTS 도움	0	1 WEEKLY BEST 11 주간베스트11

강점	정확한 크로스, 베테랑으로서의 경험	특징	안정적인 공수 밸런스
약점	속도, 노쇠화	별명	용언니 → 용이모

지동원

1991년 5월 28일 | 34세 | 대한민국 | 188cm | 81kg

10
FW

지동원

WEEKLY ② BEST 11

경력

전남(10~11)
▷ 선덜랜드(11~14)
▷ 아우크스부르크(14)
▷ 도르트문트(14)
▷ 아우크스부르크(15~19)
▷ 마인츠05(19~21)
▷ 서울(21~23)
▷ 수원FC(24~)

K리그 통산기록

K리그1 – 94경기 18득점 9도움

대표팀 경력

55경기 11득점
2012 올림픽, 2014 월드컵

시대를 풍미한 대한민국 간판 공격수. 지동원이 수원FC 유니폼을 입게 됐을 때, 의심의 눈초리는 많았다. 대한민국을 대표하는 국가대표 스트라이커였고, 유럽 무대에서 검증된 실력을 갖춘 선수였지만 신체 내구성이 문제였기 때문이다. 2021년 FC서울에 입단하며 K리그로 돌아온 뒤 3시즌 동안 25경기 출전에 그쳤다. 지동원은 수원FC에서 아직 자신이 주전으로 뛸 수 있는 몸을 가졌다는 걸 증명할 필요가 있었다. 그리고 리그 36경기에 출전하면서 팀에 도움이 될 수 있는 선수라는 걸 확실하게 보여줬다. 매 경기 풀타임을 소화할 수 있는 수준까지는 아니었지만 지동원을 의심했던 시선을 확실히 지웠다. 지동원은 6골 3도움으로 마땅한 스트라이커가 없었던 수원FC에서 알토란 같은 활약을 해줬다. 지동원의 최대 장점인 연계 플레이 능력은 여전했다. 다만 골 결정력에서는 아쉬운 장면이 몇 차례 있었기에 2025시즌에는 마무리에 더 집중할 필요가 있다. 경기당 출전 시간을 더 늘릴 수 있다면 수원FC와 김은중 감독에게는 더 큰 힘이 될 수 있다. '지구특공대'의 일원이었던 절친 구자철을 비롯해 런던올림픽 세대가 하나둘 은퇴하고 있지만, 막내 격인 지동원은 아직 해야 할 일이 더 남았다.

2024시즌 기록

1	2,049(36) MINUTES 출전시간(경기수)	6 GOALS 득점	3 ASSISTS 도움	0	2 WEEKLY BEST 11 주간베스트11

강점	연계플레이, 살아난 컨디션	특징	유럽파다운 기본기
약점	경기 체력, 2% 부족한 골 결정력	별명	지참치

오프키르 Mohamed Ofkir

1996년 8월 4일 | 28세 | 노르웨이 | 176cm | 75kg

77 FW

WEEKLY BEST 11

경력

릴레스트룀(15~17)
▶KSC 로케렌(17~18)
▶산데피오르(18~20)
▶사릅스보르그(20~22)
▶산데피오르(22~23)
▶볼레렝아(23~25)
▶마니사(24)
▶하마르(24)
▶수원FC(25~)

K리그 통산기록

2025시즌 K리그1 데뷔

대표팀 경력

—

수원FC가 안데르손과 함께 공격을 이끌 새로운 외국인 선수로 '노르웨이 특급 윙어' 오프키르를 낙점했다. 외국인 선수 영입에 특출난 수원FC의 선택을 받았다. 노르웨이 2부 리그에서 커리어를 시작한 오프키르는 잠재력을 빠르게 인정받아 노르웨이 1부 리그로 빠르게 입성했다. 오프키르의 전성기는 2022시즌으로, 커리어 최고의 시즌을 만들었다. 산데피오르 2기 시절 리그 29경기 12골 7도움을 기록하면서 팀을 강등 위기에서 탈출시킨 일등공신이 됐다. 하지만 2023시즌부터는 활약상이 저조한 편이다. 수원FC에서 스스로 반등할 모멘텀을 만들어야 한다. 오프키르는 다부진 체격의 윙어다. 수비수들과의 경합에서 쉽게 밀리지 않으며 공간을 향해 뛰어가는 순간적인 가속도가 굉장히 좋다. 득점 기회가 왔을 때 왼발로 마무리하는 능력도 가지고 있다. 슈팅을 날릴 때는 오른발도 종종 사용한다. 돌파력이 매우 뛰어난 윙어라기 보단 2선에서 득점을 지원해 줄 수 있는 스타일이다. 좌우 날개를 비롯해 중앙에서도 활약할 수 있는 멀티 플레이어기도 하다. 해외 리그 경험이 적기에 관건은 이제 K리그와 김은중 감독의 축구에 얼마나 빠르게 녹아들 수 있는지다.

■ 노르웨이, 튀르키예 2부 리그 기록

2024시즌 기록				-
3	1,595(25) MINUTES 출전시간(경기수)	1 GOALS 득점	3 ASSISTS 도움	0 WEEKLY BEST 11 주간베스트11

강점	왼발 파괴력, 속도, 경합	특징	침착한 마무리 능력
약점	최근 부진한 경기력	별명	기계

박용희

2002년 3월 29일 | 22세 | 대한민국 | 180cm | 73kg
경력 | 대구(22~24) ▷ 수원FC(25~)
K리그 통산기록 | K리그1 – 29경기 3득점 1도움
대표팀 경력 | –

2022시즌 대구에서 데뷔한 2002년생 유망주다. 대구FC B팀에서 뛰어난 성장세를 보여줬다. 측면 윙어로서 폭발적인 스피드를 지녔으며 이를 통한 뒷공간 침투를 통해 상대 수비를 위협하는 스타일이다. 2024시즌부터 조금씩 1군으로 뛰기 시작했고, 로테이션 멤버로서 3골 1도움을 기록하기도 했다. 대구에서 가능성을 보여준 박용희는 수원FC로 이적하면서 새로운 도전에 나섰다. 정승원과 이승우가 떠나면서 부족해진 수원FC의 2선 자원에서 새로운 에너지를 가져와 줄 것으로 기대한다. 유망주 성장에 일가견이 있는 김은중 감독과의 호흡이 잘 맞을 것으로 예상된다.

2024시즌 기록				- WEEKLY BEST 11 주간베스트11	강점	약점
2	0	1,331(25) MINUTES 출전시간(경기수)	3 GOALS 득점	1 ASSISTS 도움		스피드, 적극성	경험, 마무리

노경호

2000년 7월 5일 | 24세 | 대한민국 | 172cm | 70kg
경력 | 포항(21~23) ▷ 안산(23~24) ▷ 수원FC(24~)
K리그 통산기록 | K리그1 – 18경기 1득점 | K리그2 – 34경기 4득점 1도움
대표팀 경력 | –

2021시즌 포항으로 이적하면서 K리그 무대에 입성했다. 노경호는 2023시즌 안산의 유니폼으로 갈아입은 후 자신의 진가를 뽐냈다. 안산에서 공격적인 역할을 맡으면서 실력을 인정받아 2024시즌 도중에 수원FC에 입성하게 됐다. 많은 기대를 받았지만, 두 번째로 도전한 K리그1에서는 아직까지 기대에 부응하지 못하고 있다. 지난 시즌의 아쉬운 모습을 털어내야 하는 2025시즌이다. 수원FC에서는 미드필더로 활용되고 있는데 윤빛가람, 장윤호와 주전으로 나설 것으로 예상된다. 이번 시즌에는 노경호만의 탈압박과 득점력을 보여줄 필요가 있다.

2024시즌 기록				0 WEEKLY BEST 11 주간베스트11	강점	약점
8	0	703(13) MINUTES 출전시간(경기수)	0 GOALS 득점	0 ASSISTS 도움		탈압박	카드수집

장윤호

1996년 8월 25일 | 28세 | 대한민국 | 178cm | 68kg
경력 | 전북(15~22) ▷ 인천(19) ▷ 서울이랜드(20~21) ▷ 김포(23~24) ▷ 수원FC(25~)
K리그 통산기록 | K리그1 – 66경기 4득점 5도움 | K리그2 – 91경기 5득점 4도움
대표팀 경력 | –

한때 대한민국의 중앙을 책임질 것이라고 기대받았던 장윤호다. 전북에서 오랫동안 자리 잡지 못했던 장윤호는 2023시즌 과감하게 김포로 향했다. 김포의 살림꾼이 된 장윤호는 자신의 가치를 높였다. 과감하게 데려왔던 손준호가 개인적인 문제로 떠나면서 중원의 힘을 잃었던 수원FC는 장윤호를 데려오기로 결정했다. 그는 수원FC에서도 김포에서처럼 살림꾼 역할을 수행할 것으로 예상된다. 패스 실력과 투지를 모두 갖춘 선수라 중원 싸움에서 많은 걸 기대할 수 있다. 장윤호는 이번 시즌 K리그1 무대에서 자신을 제대로 증명하고 싶을 것이다.

2024시즌 기록				2 WEEKLY BEST 11 주간베스트11	강점	약점
3	0	1,747(23) MINUTES 출전시간(경기수)	2 GOALS 득점	1 ASSISTS 도움		패스, 활동량, 수비력	피지컬

서재민

21 MF

1997년 12월 4일 | 27세 | 대한민국 | 171cm | 67kg
경력 | 대구(16~18) ▷ 인천(19) ▷ 서울이랜드(20~22) ▷ 김포(23~24) ▷ 수원FC(25~)
K리그 통산기록 | K리그1 - 3경기 | K리그2 - 100경기 4득점 6도움
대표팀 경력 | -

대기만성형 선수다. 대구에서 데뷔했지만 주전으로 도약하지 못했고, 2019시즌 인천에 입단해서도 출전 시간을 확보하지 못했다. 서울이랜드에서도 많은 경기를 소화하지 못했던 서재민은 2023시즌 김포에서 커리어 처음으로 주전 도약에 성공했다. 고정운 감독의 신뢰를 받은 서재민의 활약은 대단했다. 풀백과 윙어를 오가면서 김포의 좌측을 책임졌다. 2시즌 동안 김포에서 좋은 활약을 보인 후, 실력으로 K리그1에 복귀하는 데 성공했다. 수원FC에서는 풀백으로 활용될 것으로 예상된다. 안정적인 경기력을 보여주는 선수로 킥력과 기술에 강점이 있다.

2024시즌 기록				- WEEKLY BEST 11 주간베스트11	강점	약점
1	0	2,658(28) MINUTES 출전시간(경기수)	0 GOALS 득점	2 ASSISTS 도움		멀티 플레이어, 킥력	피지컬

■ K리그2 기록

최규백

6 DF

1994년 1월 23일 | 31세 | 대한민국 | 188cm | 80kg
경력 | 전북(16) ▷ 울산(17) ▷ V파렌가사키(18~19) ▷ 제주(19) ▷ 수원FC(20)
▷ 충남아산(21~22) ▷ 대전코레일(23) ▷ 수원FC(24~)
K리그 통산기록 | K리그1 - 57경기 2득점 | K리그2 - 28경기 2득점
대표팀 경력 | -

2024시즌에 수원FC에서 자신의 가치를 알린 최규백이다. 전북과 울산을 모두 경험했으며 J리그도 진출한 이력이 있지만 모두 자리잡지 못했다. 2020시즌 수원FC에 입단했을 때도, 주전 도약에 실패했다. 충남아산과 대전코레일을 거쳤던 최규백은 2024시즌 다시 수원FC에 입단했다. 최규백은 김은중 감독의 신뢰를 받아 주전으로 올라섰다. 권경원이 떠난 후에는 팀의 최후방을 책임지는 핵심적인 역할을 맡았다. 매 시즌 수비가 문제였던 수원FC가 김은중 감독을 만나 안정화될 수 있었던 건 최규백의 역할이 컸다. 2025시즌에는 부주장까지 맡아서 어깨가 더 무거워졌다.

2024시즌 기록				1 WEEKLY BEST 11 주간베스트11	강점	약점
2	0	1,959(23) MINUTES 출전시간(경기수)	1 GOALS 득점	0 ASSISTS 도움		피지컬, 리더십	가끔 나오는 큰 실수

김태한

4 DF

1996년 2월 24일 | 28세 | 대한민국 | 184cm | 76kg
경력 | 대구(18~20) ▷ 김포(21~23) ▷ 수원FC(24~)
K리그 통산기록 | K리그1 - 34경기 2득점 | K리그2 - 65경기 2득점 1도움
대표팀 경력 | -

대구에서 키워낸 김태한이지만 2021시즌 김포에 입단하면서 커리어가 달라졌다. 곧바로 김포의 주전으로 도약했던 김태한은 김포가 K리그2로 입성한 뒤에도 핵심 선수로서 뛰어난 활약을 선보였다. 몸싸움을 주저하지 않으며 물러서서 수비하기보단 달려들어서 수비하는 스타일이다. 2024시즌에 수원FC의 부름을 받았을 때부터, 알짜배기 영입이라는 평가였다. 실력으로 증명해 냈다. K리그1에서 주전으로 보내는 첫 시즌을 매우 성공적으로 마무리했다. 이번 시즌에도 최규백, 이지솔과 함께 수원FC 센터백진에 중심이 될 것이다.

2024시즌 기록				2 WEEKLY BEST 11 주간베스트11	강점	약점
3	0	2,307(28) MINUTES 출전시간(경기수)	2 GOALS 득점	0 ASSISTS 도움		경합, 적극성	높이

7
MF

이재원

1996년 2월 21일 | 28세 | 대한민국 | 173cm | 66kg
경력 | 성남(19~23, 강원(23)▷수원FC(24~)
K리그 통산기록 | K리그1 – 89경기 4득점 4도움 | K리그2 – 19경기
대표팀 경력 | –

성남에서 데뷔한 이재원은 실력은 좋았지만 부상으로 많은 경기를 소화하지 못했다. 강등된 성남에 남아 의리를 지키다가 2024시즌 도중에 강원으로 향했다. 강원에서의 도전은 성공적이지 못했다. 수원FC는 멀티 플레이어 성향을 가진 이재원을 과감하게 데려왔다. 이재원은 김은중 감독 체제에서 핵심으로 도약하면서 꽃을 피웠다. 중앙 미드필더로서 거의 모든 경기에 출전해 많은 신뢰를 받았다. 마치 모든 플레이에 관여한다는 느낌을 받을 정도로 활동량이 좋다. 김은중 감독의 축구를 경기장에서 제일 잘 보여주는 선수 중 한 명이다. 이제는 부주장까지 맡았기에 2025시즌에 더 좋은 활약을 보여주는 게 중요하다.

2024시즌 기록					1 WEEKLY BEST 11 주간베스트11	강점	약점
5	0	2,572(32) MINUTES 출전시간(경기수)	1 GOALS 득점	4 ASSISTS 도움		멀티 플레이어, 리더십	슈팅

24
DF

김주엽

2000년 4월 5일 | 24세 | 대한민국 | 180cm | 76kg
경력 | 수원FC(19~20)▷대전코레일(21)▷수원FC(21~)
K리그 통산기록 | K리그1 – 49경기 1득점 3도움 | K리그2 – 8경기
대표팀 경력 | –

수원FC가 찾아낸 원석 중 하나다. 2019시즌에 입단한 후에 2021시즌부터 조금씩 기회를 받기 시작했다. 성장세가 가파르지는 않았지만, 여러 포지션에 걸쳐서 차근차근 경험을 쌓았다. 김은중 감독 체제에서는 주로 우측 윙어로 역할을 부여받았지만, 많은 모습을 보여주지는 못했다. 저돌성과 에너지는 뛰어난 선수지만 마무리가 아쉽다는 평가다. 이번 시즌 김주엽의 과제는 출전 시간 확보. 2000년생으로 이제 마냥 적은 나이는 아니기에 주전 경쟁에서 더 나은 모습을 보여줘야 할 것이다. 포지션 정착도 필요하다.

2024시즌 기록					- WEEKLY BEST 11 주간베스트11	강점	약점
2	0	752(19) MINUTES 출전시간(경기수)	1 GOALS 득점	1 ASSISTS 도움		스피드, 저돌성	애매한 포지션

20
DF

이지솔

1999년 7월 9일 | 25세 | 대한민국 | 185cm | 80kg
경력 | 대전(18~21)▷제주(22~23)▷강원(23~24)▷수원FC(25~)
K리그 통산기록 | K리그1 – 28경기 1득점 | K리그2 – 67경기 1득점
대표팀 경력 | –

U-20 월드컵 준우승 주역 중 하나였던 이지솔은 어릴 적 정말 좋은 평가를 받았던 선수다. 빌드업에서 핵심 역할을 맡을 수 있는 센터백이기에 단점만 보완한다면 대형 센터백 감으로도 무리가 없을 것 같았고, 20살 나이에 곧바로 대전의 주전으로 도약하기도 했다. 하지만 대전에서 잘 성장하고 있던 이지솔은 2022시즌 제주로 이적한 뒤에 성장세가 지체됐다. 2023시즌 강원으로 이적하면서 반등을 시도했지만 성공하지 못했다. 김은중 감독은 이지솔의 가능성을 다시 확인하고 싶었고, 수원FC로 영입했다. 이지솔만의 장점을 반드시 증명해야 하는 시즌이다.

2024시즌 기록					- WEEKLY BEST 11 주간베스트11	강점	약점
2	0	325(6) MINUTES 출전시간(경기수)	0 GOALS 득점	0 ASSISTS 도움		빌드업	수비 집중력

김재성

1999년 7월 15일 | 25세 | 대한민국 | 180cm | 76kg
경력 | 울산(20~22) ▷ 충남아산(21~22) ▷ 안산(23~24) ▷ 수원FC(25~)
K리그 통산기록 | K리그1 – 1경기 | K리그2 – 74경기 3득점 1도움
대표팀 경력 | –

김재성은 동국대학교에서 뛰어난 잠재력을 보여주며 울산에 입단했다. 하지만 국가대표급 선수들이 즐비한 울산에서는 주전 도약이 어려웠다. 2023시즌 안산으로 이적한 그는 2시즌 동안 멀티 플레이어로서의 능력을 제대로 발휘했다. 풀백, 윙어, 중앙 미드필더 심지어는 센터백까지도 소화해냈다. 공격수를 제외하고 모든 포지션을 소화할 수 있는 김재성의 능력은 김은중 감독의 마음을 사로잡았고, 결국 수원FC로 합류하게 됐다. 김은중 감독이 김재성에게 어떤 역할을 맡기든, 경기장에서 1인분 이상은 해낼 수 있는 선수다.

2024시즌 기록					WEEKLY BEST 11 주간베스트11	강점	약점
4	0	2,998(32) MINUTES 출전시간(경기수)	2 GOALS 득점	0 ASSISTS 도움	2	멀티 플레이어	득점력

장영우

2002년 8월 21일 | 22세 | 대한민국 | 178cm | 75kg
경력 | 화성(21~23) ▷ 수원FC(24~)
K리그 통산기록 | K리그1 – 26경기 1득점
대표팀 경력 | –

빠른 성장세를 보여주는 수원FC의 유망주다. 장영우는 K3리그 소속인 화성FC에서 커리어를 시작했다. 조금씩 출전 시간을 늘린 장영우는 화성에서 주전으로 도약하면서 자신의 이름을 알렸다. 2024시즌을 앞두고 수원FC가 장영우를 과감하게 영입했다. 시즌 초반에는 김은중 감독에게 자주 선택받지 못했다. 하지만 후반기로 갈수록 신뢰를 받기 시작하며 좌측 풀백 주전으로 낙점돼 꾸준히 경기를 소화했다. 장영우는 굉장히 정통적인 풀백이다. 공격과 수비를 왕성하게 오가면서 오버래핑을 즐긴다. 이번 시즌에도 김은중 감독의 두터운 신뢰를 받을 것으로 예상된다.

2024시즌 기록					WEEKLY BEST 11 주간베스트11	강점	약점
4	0	1,397(26) MINUTES 출전시간(경기수)	1 GOALS 득점	0 ASSISTS 도움	-	성장속도, 체력	크로스

아반다
Leroy Abanda

2000년 6월 7일 | 24세 | 프랑스 | 180cm | 74kg
경력 | AC밀란(19~22) ▷ 뇌샤텔크사막스(20) ▷ US불로뉴(21~22) ▷ RFC세라잉(22~23) ▷ PAS라미아(23) ▷ OF크레타(23~25) ▷ 수원FC(25~)
K리그 통산기록 | 2025시즌 K리그1 데뷔
대표팀 경력 | –

유망주 키우기로 유명한 AS모나코에서 성장했다. 프랑스 U-17 대표팀에서 주전으로도 활약했다. 잠재력을 높게 본 AC밀란이 데려갔지만, 이탈리아 무대에 자리잡지 못했다. 이후에는 임대와 이적을 거치면서 저니맨 커리어를 보내는 중이다. 전진성을 갖춘 레프트백으로 매우 공격적인 스타일이다. 크로스의 구질도 다양하다. 수비를 열심히 하지만 수비력이 뛰어난 자원이 아니라 카드를 많이 받는다는 점이 걱정이다. 그래도 커리어 동안 퇴장을 당한 건 1번뿐이다. 그리스 리그에서 활약하다 시즌 중에 곧바로 이적했기 때문에 자신의 실력을 바로 보여줄 수 있을 것이다.

2024시즌 기록					WEEKLY BEST 11 주간베스트11	강점	약점
7	0	1,383(23) MINUTES 출전시간(경기수)	0 GOALS 득점	3 ASSISTS 도움	-	공격력	지나친 카드 수집

■ 그리스 리그 기록

33 DF

이택근

2001년 12월 15일 | 23세 | 대한민국 | 176cm | 67kg

경력 | 안산(23~24) ▷ 수원FC(25~)
K리그 통산기록 | K리그2 – 36경기 1득점 4도움
대표팀 경력 | –

용인대학교에서 뛰어난 잠재력을 보여주며 대학무대에서 인정받은 선수다. 2023시즌 안산에 합류한 이택근은 1시즌 만에 주전으로 도약했다. 안산의 성적은 아쉬웠지만 이택근은 왼쪽 미드필더로서 좋은 성장세를 보여줬다. 원래는 풀백이지만 안산에서는 공격적인 역할을 맡았다. 수원FC에서도 비슷한 역할로 활용될 것으로 보인다. 김은중 감독은 선수 능력에 맞게 전술을 구사하기 때문에 이택근의 장점만 쏙쏙 뽑아낼 것으로 보인다. 왼쪽에서 스피드와 저돌성을 갖춘 선수라 분명 활용법이 있을 것이다. K리그1 수준에 빠르게 적응하는 것이 관건이다.

2024시즌 기록					강점	약점
1	0	**1,953(27)** MINUTES 출전시간(경기수)	**0** GOALS 득점	**4** ASSISTS 도움	**1** WEEKLY BEST 11 주간베스트11	스피드
						K리그1 경험 부족

■ K리그2 기록

23 GK

안준수

1998년 1월 28일 | 26세 | 대한민국 | 187cm | 75kg

경력 | 세레소(16~20) ▷ 가고시마(18~19) ▷ 부산(21~23) ▷ 전남(23) ▷ 수원FC(24~)
K리그 통산기록 | K리그1 – 34경기 45실점 | K리그2 – 50경기 73실점
대표팀 경력 | –

일본 무대에서 데뷔한 독특한 케이스다. 연령별 대표팀을 모두 소화할 정도로 한국에서도 촉망받던 골키퍼다. J2리그에서도 주전을 맡았을 정도로 발밑 능력이 좋았던 안준수는 2021시즌 부산으로 이적하면서 K리그에 입성했다. 아쉽게 2022시즌 후반기에 주전에서 밀렸지만 전남으로 이적해 좋은 활약을 보여줬다. 수원FC는 발밑 능력을 가진 골키퍼가 필요했고, 안준수를 선택했다. 안준수의 2024시즌은 성공적이었다. 최후방이 종종 불안하던 수원FC였지만 안준수는 크게 흔들리지 않는 모습으로 안정적인 활약을 선보였다. 2025시즌에도 수원FC 1옵션 골키퍼다.

2024시즌 기록					강점	약점
3	0	**3,414(34)** MINUTES 출전시간(경기수)	**84** SAVE 선방	**45** LOSS 실점	**1** WEEKLY BEST 11 주간베스트11	빌드업
						공중볼

9 FW ★★★

싸박
Pablo Sabbag

1997년 6월 11일 | 27세 | 시리아 | 190cm | 88kg

경력 | 데포르티보칼리(15~19) ▷ 오르소마르소(16) ▷ 톤델라(18~19) ▷ 라에키다드(19~) ▷ 에스투디안테스(21) ▷ 뉴웰스올드보이스(21) ▷ 알리안사리마(23) ▷ 수원FC(25~)
K리그 통산기록 | 2025시즌 K리그1 데뷔
대표팀 경력 | 8경기 2득점

이름은 사바그이지만 구단과 협의해 K리그 등록명을 '싸박'으로 정했다. 지난 시즌부터 스트라이커 보강을 외치던 김은중 감독에게 큰 힘이 될 선수다. 저니맨 생활을 한 선수지만 어느 팀에서든 제 몫을 해냈다. 커리어 내내 꾸준한 득점력을 보여줬다는 점에서 신뢰가 생긴다. 싸박의 장점은 공중볼이다. 좋은 신체조건을 통해서 페널티박스 장악력을 보여준다. 등을 지고 패스를 받아서 주변 동료들에게 다시 패스를 연결해 주기도 한다. 그렇다고 골대 앞에만 서 있는 스트라이커도 아니다. 발이 느리지 않으며 역습에 가담하는 속도도 좋다. 지동원과 선의의 경쟁이 예상된다.

2024시즌 기록					강점	약점
4	0	**1,057(20)** MINUTES 출전시간(경기수)	**4** GOALS 득점	**1** ASSISTS 도움	**-** WEEKLY BEST 11 주간베스트11	헤더, 포스트플레이
						오른발 사용빈도

■ 페루 리그 기록

전지적 작가 시점

김대식이 주목하는 수원FC의 원픽!
안데르손

2024시즌 K리그 최고의 히트상품이다. 외국인 선수 잘 뽑기로 유명한 수원FC가 만들어낸 또 하나의 걸작이었다. 7골 13도움으로 K리그1 득점왕과 공격포인트 1위에 등극하면서 리그 베스트 일레븐까지 차지했다. 수원FC 에이스인 이승우가 떠난 후, 안데르손은 공격의 알파이자 오메가였다. 2025시즌에도 안데르손의 어깨는 많이 무겁다. 믿음직한 동료였던 정승원이 수원과 이별하면서 그는 진정한 홀로서기에 도전해야 한다. 새롭게 영입된 외국인 친구들이 얼마나 안데르손을 도와줄 것인지는 알 길이 없으므로 안데르손은 스스로 지난 시즌만큼의 활약을 보여줄 필요가 있다. 적극적인 돌파로 상대 수비를 헤집고, 센스 있는 패스로 동료들을 지원하며, 날카로운 마무리로 득점까지 보여줘야 한다. 안데르손이 너무 많은 짐을 지고 있다는 것이 수원FC의 약점이지만, 그럼에도 여전히 팔방미인 안데르손을 가졌다는 것은 수원FC의 크나큰 강점이다. 올 시즌 새로운 공격 조합을 구성해야 하는 수원FC이기에 안데르손이 부진한 모습을 보여준다면 지난 시즌과 같은 좋은 성적을 기대하기 어렵다.

지금 수원FC에 이 선수가 있다면!
이승우

지난여름 캐슬파크의 왕 이승우가 떠난다고 했을 때 수원FC 팬들은 좌절했다. 이승우가 수원FC에서 맡고 있던 역할이 정말로 컸기 때문이다. 그는 공격에서 안데르손과 함께 크랙 역할을 해냈다. 스트라이커들의 득점력이 부족했던 수원FC의 공격을 홀로 책임지는 순간도 있었다. 이승우가 나간 후 안데르손이 뛰어난 역량을 보여줬지만 안데르손 혼자서는 외로웠다. 이승우가 가지고 있던 또 다른 역량은 스타로서의 기질이다. 팀이 밀리고 있을 때, 에이스가 필요할 때 항상 이승우는 응답해 줄 수 있는 선수였다. 속된 말로 깡다구가 있는 선수였다. 지금 수원FC에는 그런 선수가 없어 보인다. 경기 내내 부진하더라도 찰나의 순간에 팀을 승리로 이끌 수 있는 슈퍼스타가 부족해 보인다. 외모와 투지로 이승우의 슈퍼스타 자리를 채우던 정승원마저 떠났기에 더욱 이승우의 이적이 아쉽게 느껴진다. 지금 이승우가 다시 돌아온다면 안데르손과 함께 K리그 최고의 공격 듀오를 형성할 수 있을 것이다. 이승우 재영입으로 인해 스토리텔링까지 가능하니 캐슬파크에 더 많은 축구 팬들도 찾아올 것임으로 전력에 흥행까지 플러스.

완델손
오베르단
주닝요
전민광
이호재
윤평국
어정원
이동희
김종우
김인성
홍윤상
황인재
아스프로
조르지
백성동
김범수
이태석
안재준
신광훈
한찬희
조성준
강민준
이규민
강현제
차준영

포항스틸러스

코리아컵 최강으로 우뚝, 이젠 K리그 우승컵이다

포항스틸러스

2024년 코리아컵(구 FA컵) 2연패로 명가의 자존심을 세웠다. 그렇게 반세기 역사와 전통의 K리그에서도 손꼽는 명문인 포항은 코리아컵 역대 최다 우승(6회)팀에 올랐다. 2021년 아시아챔피언스리그(ACL) 준우승으로 아시아 무대에서도 꾸준히 경쟁력을 보여줬다. 이제는 지난 2013년 이후 우승과 인연이 없었던 K리그를 바라봐야 할 시점이다. 2023년 K리그 2위로 아쉬움을 삼켰다. 명가의 자존심을 세울 기회다. 2024년을 앞둔 시점에서 김기동 감독이 떠나자, 포항은 우려가 컸다. 하지만 박태하 감독은 친정팀에서 기대 이상의 모습을 보여줬다. 부임 첫 시즌 만에 코리아컵 정상에 오르며 우승 트로피를 따냈다. 2025년은 더 좋은 성적을 약속했다. 코리아컵 3연패와 우승 경쟁까지 도전할 의지가 강하다. FA 선수들을 대거 잡으며 전력을 유지했다. 주닝요라는 크랙까지 추가한 포항의 전력은 더 막강해졌다. 상승세를 유지하는 것이 더 중요해지는 시점이다. 2024년의 아름다웠던 마무리가 2025년에도 꾸준히 이어질 수 있기를 기대한다.

구단 소개

정식 명칭	포항스틸러스축구단
구단 창립	1973년 4월 1일
모기업	포스코
상징하는 색	검은색, 빨간색
경기장(수용인원)	포항스틸야드 (15,521명)
마스코트	쇠돌이, 쇠순이
레전드	이회택, 이흥실, 박경훈, 박태하, 홍명보, 황선홍, 라데, 안익수, 김기동 등
서포터즈	강철전사
커뮤니티	강철전사

우승

K리그	5회 (1986, 1988, 1992, 2007, 2013)
코리아컵(FA컵)	6회 (1996, 2008, 2012, 2013, 2023, 2024)
AFC챔피언스리그(ACL)	3회 (1996-97, 1997-98, 2009)

최근 5시즌 성적

시즌	K리그	코리아컵(FA컵)	ACL
2024시즌	6위	우승	10위
2023시즌	2위	우승	16강
2022시즌	3위	8강	-
2021시즌	9위	8강	준우승
2020시즌	3위	4강	-

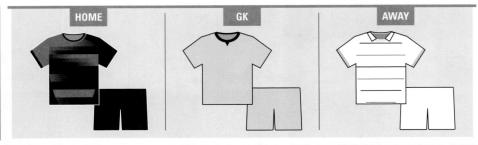

HOME   GK   AWAY

UNIFORM

'왕의 귀환'
태하드라마 시즌2도 기대하시라

박태하 | 1968년 5월 29일 | 57세 | 대한민국

K리그 전적
38전 14승 11무 13패

포항 역대 최고의 레전드, 뼛속까지 '포항맨'이다. 김기동 감독과의 작별로 슬퍼하는 민심을 달랠 수 있는 사실상의 유일하고 가장 좋은 카드가 박태하였다. K리그 사령탑을 맡은 것이 처음이었기에 우려도 있었지만, 풍부한 연륜에서 나오는 지도력으로 걱정을 지웠다. 한국프로축구연맹 기술위원장으로서 3년 동안 K리그를 지켜보며 쌓은 경험은 현장에선 팀을 승리로 이끄는 강력한 무기가 됐다. 팬들을 기립시키는 짜릿한 극장승을 수없이 연출해 '태하드라마'라는 별명을 얻었다. 리그 성적(6위)은 만족스럽지 않았지만, 코리아컵 결승에서 동해안 라이벌 울산을 꺾고 친정에 값진 트로피를 선물했다. 첫해에 단맛, 매운맛을 다 본 박태하 감독은 팬들의 사랑에 보답하기 위해 2025년 더 나은 성적을 바라본다. 코리아컵 3연패, 리그에서도 더 높은 순위를 다짐하고 있다. 물론, AFC 챔피언스리그 엘리트(ACLE) 진출 티켓도 놓칠 생각이 없다.

선수 경력

포항

지도자 경력

포항 코치	대표팀 코치	서울 수석코치	옌볜 푸더 감독	중국 여자 대표팀 감독	포항 감독(24~)

주요 경력

2015년 중국 갑급리그 우승	한국프로축구연맹 기술위원장	2024년 코리아컵 감독상

선호 포메이션	4-4-2	3가지 특징	포항 원클럽맨	TSG 경험으로 쌓은 전술 역량	강력한 측면의 힘

STAFF

수석코치	코치	GK코치	피지컬코치	전력분석관	선수 트레이너	물리치료사	통역	키트매니저
김성재	김치곤 이규용	김이섭	바우지니 하파엘	서현규 김송겸	이종규 강동훈	변종근	안현준	서강득

2024 REVIEW

아디다스 포인트로 보는 포항의 2024시즌 활약도

전반기와 후반기, 희비가 엇갈렸다. 시즌 초반 극적인 승리들로 선두를 달렸으나, 주축 선수들의 부상으로 내림세를 탄 순간이 있었다. 그럼에도 저력을 보였다. 코리아컵 2연패로 역대 최다 우승 팀에 오르며 유종의 미를 거뒀다. 주장 완델손의 활약이 포항을 지탱했다. 완델손은 시즌 최다 출전 시간을 기록하며 팀 내 최다인 아디다스포인트 36,492점을 쌓았고, 오베르단이 28,790점을 쌓으며 중원을 지켰다. 공격의 핵심으로 거듭난 이호재는 부상 결장이 길었던 점이 아쉬웠다. 이호재는 8월까지만 경기를 소화했음에도 27,393점으로 팀 내 3위, 전체 21위에 올랐다. 정재희, 홍윤상, 조르지 등 공격진의 고른 활약도 인상적이었다.

FW
이호재 27,393 전체 21위
정재희 27,137 전체 22위
홍윤상 24,204 전체 35위
허용준 19,017 전체 126위
안재준 2,874 전체 270위
김인성 14,867 전체 99위
백성동 12,725 전체 118위
조르지 23,469 전체 37위

MF
오베르단 28,790 전체 17위
윤민호 5,783 전체 222위
한찬희 8,647 전체 186위
김종우 14,818 전체 100위
김동진 8,560 전체 190위

DF
이동희 16,047 전체 89위
어정원 9,759 전체 169위
완델손 36,492 전체 11위
신광훈 12,269 전체 152위
이태석 7,394 전체 206위
전민광 14,762 전체 101위

GK

황인재 18,170 전체 68위

2024시즌 아디다스 포인트 상위 20명 ■ 포인트 점수

포지션 평점

FW 🔥🔥🔥

MF 🔥🔥🔥

DF 🔥🔥

GK 🔥🔥🔥

출전시간 TOP 3

순위	선수	기록
1위	완델손	3,665분
2위	오베르단	3,307분
3위	전민광	3,218분

득점 TOP 3

순위	선수	기록
1위	이호재	9골
2위	정재희	8골
3위	홍윤상	6골

도움 TOP 3

순위	선수	기록
1위	이호재	5도움
2위	정재희, 조르지, 허용준	3도움
3위	어정원, 완델손, 이태석 등	2도움

주목할 기록

8 포항의 무서운 뒷심, 후반 추가시간 득점 전체 공동 2위

3665 포항 첫 외국인 주장 완델손, 2024 K리그 출전시간 1위

성적 그래프

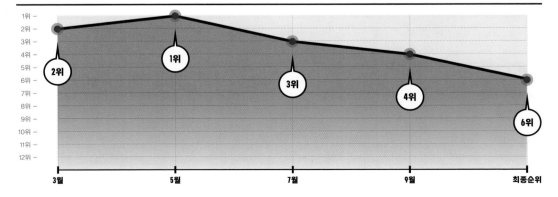

2025 시즌 스쿼드 운용 & 이적 시장 인앤아웃

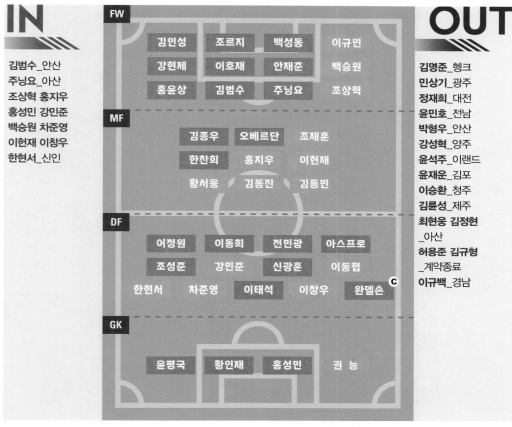

IN

김범수_안산
주닝요_아산
조상혁 홍지우
홍성민 강민준
백승원 차준영
이헌재 이창우
한현서_신인

OUT

김명준_헹크
민상기_광주
정재희_대전
윤민호_전남
박형우_안산
강성혁_양주
윤석주_이랜드
윤재운_김포
이승환_청주
김륜성_제주
최현웅 김정현
_아산
허용준 김규형
_계약종료
이규백_경남

FW
김인성	조르지	백성동	이규민
강현제	이호재	안재준	백승원
홍윤상	김범수	주닝요	조상혁

MF
김종우	오베르단	조재훈
한찬희	홍지우	이헌재
황서웅	김동진	김동민

DF
어정원	이동희	전민광	아스프로
조성준	강민준	신광훈	이동협
한현서	차준영	이태석	이창우	완델손 ©

GK
| 윤평국 | 황인재 | 홍성민 | 권 능 |

© 주장   ■ U-22 자원

박태하 감독의 전술에 적응한 선수단이 두 번째 시즌을 맞이한다. 새로운 선수를 대거 추가하기보단 자유계약 선수들을 잡으며 안정적인 전력 구축에 초점을 맞췄다. 2024년 코리아컵 우승은 팀에 승리 DNA를 심었다. 경험과 젊음이 두루 갖춰진 선수단은 부상 문제만 없다면 리그 상위권으로 평가받기에 충분하다. 지난 시즌 이미 뚜렷한 성장세를 보여준 젊은 공격 자원 이호재, 홍윤상, 안재준의 활약은 확실한 기대 요소다. 오베르단, 한찬희, 김종우가 지키는 중원은 안정감을 더한다. 수비에서는 완델손과 이태석이 박태하 감독의 변칙적인 전술을 수행할 핵심이다. 윤평국과 황인재가 돌아가며 나설 골문도 단단하다.

주장의 각오

완델손

"한 번 더 주장으로 이번 시즌을 보낼 수 있게 되어 너무 기쁘다. 올 한 해 더 선수들과 소통하며 경기장 안팎에서 최선을 다할 것이다. 항상 최고의 모습을 보여드리기 위해 노력하겠다."

2 0 2 5 예 상 베 스 트 1 1

이적시장 평가

지난 시즌 코리아컵 우승 주역들 대부분을 지켰다. 주요 이탈은 박태하 체제에서 선발과 교체를 오가며 활약하던 정재희다. 그 빈자리를 K리그2 최고의 크랙인 주닝요로 채웠다. 일대일 승부에 강하고, 돌파와 연계, 마무리 능력까지 모두 뛰어나, 1부리그 적응만 문제없다면 포항의 '키'가 될 수 있다. 추가적인 대형 영입이 없다는 점은 아쉽다. 교체 자원인 허용준과 윤민호가 떠난 공격진 빈자리는 조재훈과 조상혁이라는 젊은 선수들이 대체한다. 중원과 수비진은 유망주 최현웅이 떠난 것을 제외하면 큰 변화가 없다. 기존 선수들의 분전이 중요해졌다. 지난해 다소 아쉬웠던 조르지와 아스프로의 활약상 역시 변수다.

저자 6인 순위 예측

• 김 성 원 •	• 윤 진 만 •	• 박 찬 준 •	• 김 가 을 •	• 김 대 식 •	• 이 현 석 •
4위_설마에도 흔들리지 않는 편안함. 큰 누수도 없다. 이쯤되면 4강 전력 대우할 수밖에. 완델손, 오베르단 중심잡는 외인 전력이 부러울 뿐.	**3위**_스쿼드의 안정과 변화의 절묘한 하모니. 최근 몇 년 동안 가장 좋은 스쿼드가 아닐지. 6월엔 '국대' 박승욱까지 전역 복귀.	**5위**_더할 수 없는 대신 놓치지 않았다. 장점인 조직력을 더욱 극대화하는데 초점을 맞췄다. 특급 스타는 없지만 늘 그랬듯 '포항은 강하다'.	**4위**_태하드라마 시즌2 그 어느 때보다 안정적인 스쿼드, 하지만 빡빡한 일정을 충분히 이겨낼 수 있는 단단한 스쿼드인지는 물음표.	**5위**_박태하 1기 전력을 대부분 지켜냈다. 다만 강해졌다는 느낌도 주지 못했다. 그래도 FA컵 우승팀 포항의 저력은 무시할 수 없다.	**3위**_태하드라마, 이젠 한 시즌 대하드라마로. 공격, 중원, 수비 이미 상위권, 거기에 주닝요까지? 부상만 없다면 우승 도전은 무리가 아니다.

완델손　Carvalho Oliveira Wanderson　1989년 3월 31일 | 36세 | 브라질 | 172cm | 62kg

77 DF

C

완델손

WEEKLY BEST 11

9

경력

바이아지페이라(11)
▶아메리카지나타우(12)
▶아메리카FC(13)
▶아메리카지나타우(13)
▶톰벤시(14~16)
▶아메리카지나타우(14)
▶포르탈레자(15)
▶대전(15~16)
▶제주(16)
▶아틀레치쿠고이아니엔시(17~18)
▶포항(17)
▶전남(18)
▶포항(19)
▶알이티하드칼바SC(20~21)
▶포항(22~)

K리그 통산기록

K리그1 - 204경기 38득점 28도움
K리그2 - 18득점 5득점 2도움

대표팀 경력

－

구단 첫 외국인 주장 완델손이 보여준 리더십은 그라운드에서의 헌신 그 자체였다. 선봉장으로서 경기장을 쓸고 다니며 팀내 최다 출전 시간을 소화했다. 한 시즌 꾸준한 자리를 지킨 완델손은 포항에 트로피도 안겼다. 박태하 감독 전술의 핵심이었다. '완델손 시프트'로 보여준 특유의 다재다능함은 좌우 풀백과 윙어까지도 충분히 소화할 수 있음을 증명했다. 공격수와 수비수로서 모두 활약해 본 선수만이 보여줄 수 있는 특별함이었다. 측면을 뚫어내는 오버래핑과 정확한 킥, 스피드는 강력한 무기다. 여전히 리그 정상급 선수로 인정받을 수 있는 이유다. 다양한 경험을 바탕으로 포항의 중심을 지켰다. K리그에서만 204경기를 소화한 완숙함은 어린 선수들에게는 귀감이 됐다. 외국인 선수들에게는 든든한 버팀목이었다. 새롭게 합류한 주닝요의 적응 문제도 완델손과 함께라면 걱정이 없다. 다만 우려가 없는 것은 아니다. 30대 중반을 넘어선 나이는 언제 꺾여도 무리가 아니다. 올 시즌도 문제없이 넘길 수 있기를 바랄 뿐이다. 이번 겨울 포항과 재계약을 체결하며 "실망시키지 않고 팬들의 기대에 부응하는 선수가 되겠다"라고 내뱉은 다짐이 지켜지는 것이 가장 중요하다.

2024시즌 기록

2	3,665(38) MINUTES 출전시간(경기수)	4 GOALS 득점	2 ASSISTS 도움	0	9 WEEKLY BEST 11 주간베스트11

강점	박태하 시프트의 핵심, 전술 소화 능력	특징	2년 연속 주장으로서의 리더십
약점	적지 않은 나이	별명	완지

오베르단 Oberdan Alionco De Lima

1995년 7월 30일 | 30세 | 브라질 | 175cm | 69kg

8
MF

오베르단

3
WEEKLY BEST 11

경력

리오브랑코(15~17)
▶ 카스카벨(17~21)
▶ 플루미넨시(18)
▶ 바라(19)
▶ 아틀레티코이타자이(19)
▶ 피게이렌시(21~23)
▶ 포항(23~)

K리그 통산기록

K리그1 – 68경기 4득점 4도움

대표팀 경력

—

K리그에 진출하고 두 시즌 연속 리그 최정상급 미드필더로서 인정받았다. 2023년과 2024년 모두 K리그1 베스트 11 중앙에는 오베르단의 이름이 적혔다. 활약은 눈부셨고, 관심도 커졌다. 중국, 중동에서 시선을 집중했지만, 올 시즌은 일단 잔류로 방향을 정했다. 포항에서 보여준 기량과 눈부신 활약은 그의 손을 절대 놓치 못하게 한다. 리그 최정상급 수비형 미드필더지만, 수비만 잘하는 선수가 아니다. 후방에서는 마당쇠처럼 수비를 위협하는 상대 선수들을 제압한다. 공을 잡으면, 브라질리언의 피가 끓어오른다. 언제나 침착하고, 감각적인 기술로 상대의 강한 압박을 극복하고 템포를 조절한다. 부족한 부분을 꾸준한 노력으로 채우는 점도 빼놓을 수 없다. 2023년 아쉽다고 지적됐던 공격 가담과 전진 패스 능력은 지난 시즌에 장착해서 돌아왔다. 두 시즌 연속 호흡을 맞춘 한찬희, 김종우와 다시 중원을 지킬 예정이다. 부상과 부진으로 아쉬웠던 파트너들의 모습이 반복된다면 상수 역할을 해주는 오베르단의 존재감이 더 중요할 수밖에 없다. '마당쇠 오 씨'가 지키는 포항의 중원은 누구도 쉽게 침범하기 어렵다. 혹시 모를 부상만 없다면, 올 시즌도 최고의 미드필더 자리를 뺏길 이유가 없다.

2024시즌 기록

4	3,307(35) MINUTES 출전시간(경기수)	3 GOALS 득점	2 ASSISTS 도움	0	3 WEEKLY BEST 11 주간베스트11

강점	포항 중원을 지배하는 엄청난 체력	특징	꺼지지 않는 배터리
약점	대지를 가르는 패스는 어려워	별명	영일만 오 씨

주닝요

Paulo Afonso Rocha Junior   1997년 11월 5일 | 28세 | 브라질 | 172cm | 64kg

97
FW

주닝요

WEEKLY   BEST 11

경력

데펜소르스포르팅클루브(17)
▷ 몬테비데오원더러스(18)
▷ 카페탈레로스(18~19)
▷ 브라지우(20)
▷ 센트랄에스파뇰(20~21)
▷ 렌티스타스(21~23)
▷ 김포(23)
▷ 아산(24)
▷ 포항(25~)

K리그 통산기록

K리그2 – 65경기 15득점 10도움

대표팀 경력

–

포항이 2025년을 위해 준비한 최고의 창. K리그2를 뒤흔든 크랙이었다. 브라질 무대에서 갈고 닦은 기량을 유감없이 뽐냈다. 2023년은 예고편이었다. 김포에 처음 합류한 후 3골 2도움이라는 기록으로 아쉬워했지만, 천천히 폼을 끌어올렸다. 아산으로 둥지를 옮기고, 본격적인 K리그2 폭격에 돌입했다. 주닝요는 36경기에서 12골 8도움으로 기록하며 아산의 리그 준우승을 이끌었다. 수비를 뚫어내는 스피드와 낮은 무게 중심을 활용한 안정적인 드리블, 파이널 서드 지역에서의 침착함은 모두를 놀라게 했다. 대형 영입 없이 잠잠했던 포항이 선택한 비장의 한 수였다. 지난 시즌 이호재의 결장 이후 결정력 문제를 보였던 팀에서 해결사 역할을 맡을 수 있다. 주닝요가 매 경기 상대 수비의 시선을 끌어주는 것만으로도 홍윤상, 안재준, 이호재에게 더 많은 기회가 찾아올 수 있다. K리그1 적응 문제는 확실히 우려가 있다. 상위 리그에서의 활약은 언제나 단언할 수는 없다. 다만 압도적인 재능과 이미 팀 핵심으로 적응한 브라질 트리오는 적응에 큰 힘이다. 팬들은 주닝요가 포항의 도약을 위한 확실한 날개가 되길 간절히 바랄 것이 분명하다.

■ K리그2 기록

	2024시즌 기록				9
5	**3,169(38)** MINUTES 출전시간(경기수)	**14** GOALS 득점	**9** ASSISTS 도움	**0**	**WEEKLY BEST 11** 주간베스트11

강점	빠른 스피드를 통한 돌파, 골 결정력	특징	1부에서도 증명한다, 우측의 지배자
약점	아쉬운 체격	별명	브라질 크랙

전민광

1993년 1월 17일 | 32세 | 대한민국 | 187cm | 73kg

4
DF

WEEKLY BEST 11

경력

이랜드(15~18)
▶포항(19~21)
▶포항(24~)

K리그 통산기록

K리그1 – 98경기 2득점 5도움
K리그2 – 103경기 2득점 3도움

대표팀 경력

–

3년 만에 뛰는 1부리그였기에 팬들의 기대는 크지 않았다. 군복무를 마친 후 새로운 파트너, 새로운 전술에 적응해야 했기에 시간이 필요할 것이라는 전망이 우세했다. 활약하지 못할 수 있다는 걱정도 적지 않았다. 오로지 자신의 힘으로 모든 우려를 환호성으로 바꿨다. 박찬용, 박승욱이 빠진 빈자리를 전민광이 채웠다. 3218분을 뛰며, 완델손 다음으로 수비진에서 가장 많은 출전 시간을 소화했다. 걱정을 완전히 뒤집은 활약이었다. K리그에서 200경기 가까이 소화한 경험과 기존에 장점이었던 탁월한 제공권으로 포항의 후방을 지켰다. 센터백부터, 수비형 미드필더, 풀백까지 뛸 수 있는 능력도 큰 힘이다. 탄탄한 체격 조건을 바탕으로 든든한 수비를 선보인다. 클리어링 130회는 지난 시즌 팀 내 최다 수치였다. 군입대 전에는 가끔 나오던 실수도 지난 시즌에는 크게 줄었다. 베테랑으로서 경험은 수비의 중심까지 잡아준다. 언제나 팬들에게 미소로 다가가는 그는 올 시즌도 상대 팀 공격수의 미소를 앗아갈 준비를 마쳤다.

2024시즌 기록

2	3,218(32) MINUTES 출전시간(경기수)	2 GOALS 득점	1 ASSISTS 도움	0	1 WEEKLY BEST 11 주간베스트11
강점	센터백과 풀백을 모두 소화하는 멀티 능력		특징	지난 시즌 출전 시간 팀 내 3위	
약점	늘어난 세월의 무게		별명	잡초	

이호재

2000년 10월 14일 | 25세 | 대한민국 | 191cm | 85kg

19
FW

이호재

WEEKLY BEST 11

경력

포항(21~)

K리그 통산기록

K리그1 – 95경기 20득점 6도움

대표팀 경력

─

2024년 포항에서 가장 발전한 선수는 누가 뭐라 해도 이호재였다. 유망주라는 꼬리표를 날려버릴 의지가 확실했다. 11라운드까지 천천히 열을 올렸고, 12라운드부터 본격적인 폭격에 나섰다. 6월부터 7월까지 8경기에서 6골 2도움을 몰아쳤다. 최전방에서 활약한 '엘링 호란드'의 활약상은 독보적이었다. 거친 압박에도 유연하게 풀어 나오는 연계는 매 경기 K리그1 수비수들을 긴장시켰다. 191cm의 큰 키에도 유연함과 발밑 기술을 갖췄기에 높이만 있는 선수라고 방심할 수 없다. '캐논슈터'라고 불렸던 아버지 이기형 감독의 재능도 빼다 박았다. 강력한 슈팅이 발끝에서 터져 나왔다. 꾸준한 전방 압박으로 수비수를 괴롭히고 수비도 적극적으로 가담한다. 성실함도 갖췄지만, 꽃이 활짝 피기 직전에 시즌이 끝나고 말았다. 부상이 이호재의 한 해를 일찍 닫았다. 8월 시즌 아웃 부상을 당하며 삼켜야 했던 아쉬움은 더 큰 활약으로 풀어내면 된다. 올 시즌도 이미 잠재력을 폭발시킬 판이 모두 준비됐다. 조르지, 백성동 등 어떤 파트너와 나서도 재능이 가려지지 않는다. 포항이 구성한 강력한 공격진의 꽃이 될 기회다.

2024시즌 기록				
2	**1,451(27)** MINUTES 출전시간(경기수)	**9** GOALS 득점	**5** ASSISTS 도움	0
				1 WEEKLY BEST 11 주간베스트11

강점	수비가 긴장하는 압도적 피지컬, 강력한 슈팅	특징	다재다능형 공격수
약점	시즌 아웃 부상 여파 극복해야	별명	엘링 '호'란드

윤평국

1992년 2월 8일 | 33세 | 대한민국 | 189cm | 85kg
경력 | 인천(13~15) ▷ 상무(15~16) ▷ 광주(17~21) ▷ 포항(22~)
K리그 통산기록 | K리그1 – 54경기 69실점 | K리그2 – 51경기 51실점
대표팀 경력 | –

지난해는 반전의 시즌이었다. 두 시즌 연속 백업 골키퍼에 머물며 출전 시간을 받지 못할 것 같았지만, 준비된 자에게는 언제나 기회가 찾아온다는 것을 증명했다. 황인재가 흔들리는 사이, 박태하 감독은 윤평국의 손을 잡았다. 포항의 시즌 막판을 든든하게 책임졌다. 발밑은 여전히 아쉬웠지만, 중요한 순간마다 빛나는 그의 선방은 실점 위기에서도 포항 팬들을 안심시켰다. 약점이었던 킥은 한층 보완됐고, 번뜩이는 손끝은 포항에 코리아컵 트로피를 안겼다. 타 팀의 구애에도 재계약까지 체결하며 다시 포항에서 경쟁을 택했다. 올라오는 것보다 지키는 것이 힘들다. 주전으로서 시작하는 올 시즌, 그의 활약이 더 중요해질 예정이다.

2024시즌 기록					1 WEEKLY BEST 11 주간베스트11	강점	약점
1	0	786(8) MINUTES 출전시간(경기수)	19 SAVE 선방	10 LOSS 실점		뛰어난 선방 능력	후방 볼 배급은 아쉬워

어정원

1999년 7월 8일 | 26세 | 대한민국 | 175cm | 68kg
경력 | 부산(21~22) ▷ 김포(22) ▷ 부산(23) ▷ 포항(24~)
K리그 통산기록 | K리그1 – 28경기 1득점 2도움 | K리그2 – 60경기 4도움
대표팀 경력 | –

부산 사나이 어정원은 포항에서도 충분히 제 몫을 다했다. 합류 첫 시즌이었음에도 풀백과 미드필더 자리를 오가며 빈자리를 꼼꼼히 채웠다. 어느 자리에서든 1인분에 가까운 능력을 보여준다는 점에서 합격점을 받았다. 공격 시 왕성한 활동량과 스피드, 수비에서 보여준 저돌성과 적극성은 트레이드 마크인 바바지가 성실함의 상징으로 느껴질 정도였다. 윙어 출신으로 날카로운 크로스와 돌파 능력까지 갖췄기에 올해도 로테이션 핵심이 될 수밖에 없다. K리그1에 적응한 두 번째 시즌인 만큼 그의 활약이 기대된다.

2024시즌 기록					- WEEKLY BEST 11 주간베스트11	강점	약점
2	0	1,955(28) MINUTES 출전시간(경기수)	1 GOALS 득점	2 ASSISTS 도움		수비, 중원 모두 가능한 멀티플레이어	확실한 주전으로는 아쉬워

이동희

2000년 2월 7일 | 25세 | 대한민국 | 186cm | 83kg
경력 | 울산(21) ▷ 부천(22~23) ▷ 포항(24~)
K리그 통산기록 | K리그1 – 23경기 | K리그2 – 52경기 1도움
대표팀 경력 | –

K리그1 적응 기간은 없었다. 전민광, 박찬용과 함께 주전 센터백으로서 포항 수비의 '믿을맨'으로 성장했다. 수비 전술의 핵심으로서 부천 시절 기량을 유지했다. 제공권과 태클, 클리어링까지 해내는 팔방미인이이었다. 하지만 부상이 풀타임으로 활약할 기세의 이동희를 꺾었다. 쇄골 부상으로 시즌 아웃을 당하며 8월부터 그라운드를 떠났다. 활약만큼 공백도 컸기에 이동희가 떠난 후 포항은 크게 흔들렸다. 존재감은 증명했고, 올 시즌은 자리를 지키는 것이 중요해졌다. 한 시즌을 꾸준히 뛸 수만 있다면 포항의 우승 도전의 주역이 될 수 있을 것이다.

2024시즌 기록					1 WEEKLY BEST 11 주간베스트11	강점	약점
3	0	2,224(23) MINUTES 출전시간(경기수)	0 GOALS 득점	0 ASSISTS 도움		안정적 패스, 수비진 차기 리더	시즌 아웃 부상 후 폼 어떨까

김종우

1993년 10월 1일 | 32세 | 대한민국 | 181cm | 70kg
경력 | 수원삼성(15~20) ▷ 수원FC(15) ▷ 광주(21~22) ▷ 포항(23~)
K리그 통산기록 | K리그1 – 140경기 13득점 11도움 | K리그2 – 52경기 7득점 9도움
대표팀 경력 | –

선문대 시절 'U리그 지단'으로 불리던 김종우는 포항 중원에서도 존재감을 보였다. 대학에서 선보였던 날카로운 패스와 중원에서의 화려한 기술은 여전했다. 성실함과 재능을 두루 갖춘 자원이다. 왕성한 활동량으로 존재감을 보이고, 적극적인 돌파까지 선보이며 공수 겸장의 면모를 확인시켰다. 올 시즌 김종우의 문제는 부상이다. 두 시즌 연속 포항에서 1,200분대 출전 시간에 그쳤다. 대신 자리를 채워줄 한찬희마저 부진하며, 시즌 중반 팀 빌드업이 제대로 작동하지 못했다. 고질적인 부상 문제를 해결하지 못하면 포항의 중원 고민이 커질 수밖에 없다.

		2024시즌 기록				강점	약점
2	0	1,257(25) MINUTES 출전시간(경기수)	2 GOALS 득점	1 ASSISTS 도움	2 WEEKLY BEST 11 주간베스트11	창의적인 패스	잦은 부상

김인성

1989년 9월 9일 | 36세 | 대한민국 | 180cm | 77kg
경력 | CSKA모스크바(12) ▷ 성남(13) ▷ 전북(14) ▷ 인천(15) ▷ 울산(16~21)
▷ 서울이랜드(21~22) ▷ 포항(23~)
K리그 통산기록 | K리그1 – 294경기 36득점 21도움 | K리그2 – 49경기 11득점 4도움
대표팀 경력 | 3경기

속도는 여전히 청춘이다. K리그에서만 300경기를 넘게 소화한 베테랑이지만 여전히 김인성의 돌파를 쉽게 막을 수 있다고 단언할 수비수는 많지 않다. 지난 시즌 박태하 감독의 역습 전술에서는 조커로서 활약했다. 나오는 경기마다 측면을 허무는 능력을 선보였다. 코리아컵 결승전 MVP는 김인성의 진가를 증명한 결과였다. 적지 않은 나이이기에 언제든 꺾일 수 있다. 다만 길지 않은 출전 시간으로도 확실하게 활약할 수 있다는 점이 팀에 큰 보탬이다. 결정력이 아쉽지만, 이를 해결할 주닝요도 있기에 부담도 줄었다.

		2024시즌 기록				강점	약점
1	0	1,441(28) MINUTES 출전시간(경기수)	2 GOALS 득점	1 ASSISTS 도움	1 WEEKLY BEST 11 주간베스트11	여전히 국내 최고의 스프린터	아쉬운 골 결정력

홍윤상

2002년 3월 19일 | 23세 | 대한민국 | 176cm | 72kg
경력 | 포항(21) ▷ 볼프스부르크(21~23) ▷ 장크트필텐(21~22) ▷ 뉘른베르크(22~23)
▷ 포항(23~)
K리그 통산기록 | K리그1 – 44경기 8득점 2도움
대표팀 경력 | –

K리그로 돌아온 '홍박사'가 터질 차례다. 유스 시절부터 빠른 스피드, 밸런스를 갖춘 드리블, 플레이메이킹, 마무리 능력까지 부족한 재능을 찾기 어려웠다. 2023년 포항에 돌아온 후 독일 무대에서 쌓은 경험을 바탕으로 차근히 성장세를 보였다. 2024년 첫 풀타임 시즌을 소화하며 K리그 연착륙을 마쳤다. K리그1 영플레이어상 후보에도 올랐다. 유망주라는 알을 완전히 깨고 나올 시점이다. 올겨울 전지훈련에서 체력적인 부분도 보강하기 위해 구슬땀을 흘렸다. 번뜩임은 충분하다. 자신만의 스타일로 확고하게 결과를 낸다면, 리그를 대표하는 공격수까지 올라설 수 있다.

		2024시즌 기록				강점	약점
3	0	2,283(33) MINUTES 출전시간(경기수)	6 GOALS 득점	2 ASSISTS 도움	2 WEEKLY BEST 11 주간베스트11	측면을 흔드는 속도와 기술, 결정력	아직 부족한 꾸준함

황인재

21 GK

1994년 4월 22일 | 31세 | 대한민국 | 187cm | 73kg
경력 | 광주(16) ▷ 안산(17) ▷ 성남(18) ▷ 포항(20) ▷ 상무(21~22) ▷ 포항(23~)
K리그 통산기록 | K리그1 – 86경기 102실점 | K리그2 – 25경기 29실점
대표팀 경력 | –

희비가 엇갈렸다. 2023년을 기점으로 포항 주전 수문장으로 확고히 자리를 잡았다고 모두가 생각했다. 데뷔 이후 처음으로 리그 전 경기 풀타임을 소화했다. 발밑 좋고, 좋은 선방 능력을 갖춘 골키퍼의 표본이었다. 2024시즌에도 꾸준히 선발로 나서며 대표팀까지 승선하면서 기대처럼 흘러가는 듯 보였다. 중요한 순간에 고질적인 실수 문제가 터졌다. 결국 윤평국에게 주전 자리를 내주며, 다시 경쟁자의 입장으로 돌아갔다. 여전히 반등할 여력은 있다. 패스 실수로 인한 실점을 줄이기 위해서는 정신부터 다잡아야 한다. 철저히 준비하고 기다리면 다시 증명할 기회는 올 수 있다.

		2024시즌 기록			2 WEEKLY BEST 11 주간베스트11	강점	약점
1	0	2,933(29) MINUTES 출전시간(경기수)	80 SAVE 선방	38 LOSS 실점		안정적인 발밑과 적극적인 펀칭	흔들렸던 멘탈, 잦은 실수

아스프로
Jonathan Aspropotami

5 DF

1996년 6월 7일 | 29세 | 호주 | 188cm | 76kg
경력 | 웨스턴시드니(15~18) ▷ 센트럴코스트매리너스(18~19) ▷ 웨스턴유나이티드(19~20) ▷ 퍼스글로리(20~22) ▷ 매카서(22~23) ▷ 포항(24~)
K리그 통산기록 | K리그1 – 8경기
대표팀 경력 | –

K리그1에서의 적응이 문제였다. 톈진으로 떠난 그랜트의 대체자로 합류했지만, 곧바로 활약하지는 못했다. 주전 선수들이 안정적인 경기력을 보여주어 기회도 많지 않았다. 아쉬운 실수로 팀이 역전당하는 빌미를 제공하기도 했다. 적응을 완전히 마친 11월부터 본격적으로 기대에 부응했다. 상대를 강하게 압박하는 수비로 실점 위기를 저지한다. 큰 키와 속도를 모두 갖춰 활용도가 높다. 다만 제공권이 아쉽다. 올해 재계약까지 체결하며 포항은 다시 한번 아스프로의 손을 잡았다. 시즌 막판 기량이 본모습이라면 주전 경쟁도 무리가 아니다.

		2024시즌 기록			- WEEKLY BEST 11 주간베스트11	강점	약점
0	1	684(8) MINUTES 출전시간(경기수)	0 GOALS 득점	0 ASSISTS 도움		공격수를 압박하는 타이트한 수비	공중볼 경합은 글쎄

조르지
Jorge Luiz Barbosa Teixeira

9 FW

1999년 6월 26일 | 26세 | 브라질 | 192cm | 90kg
경력 | UD올리베이렌스(20~21) ▷ CD페이렌스(21~23) ▷ 충북청주(23) ▷ 포항(24~)
K리그 통산기록 | K리그1 – 34경기 4득점 3도움 | K리그2 – 34경기 13득점 2도움
대표팀 경력 | –

K리그2 최고의 공격수였음에도 K리그1의 벽은 높았다. 2부에서 13골을 폭격했던 득점력은 1부에서 4골에 그쳤다. 큰 키에도 불구하고 전방에서 버텨주는 플레이보다는 발밑 기술과 침투와 속도에 강점을 보였다. 기대를 걸어볼 부분은 있었다. 5경기 연속 공격포인트를 기록하며 확실히 자신만의 마무리 능력이 있음을 증명했다. 수비 가담에도 열정적이다. 박태하 감독은 조르지를 한 시즌 더 믿기로 결정했다. 아직 젊은 나이이기에 성장 가능성도 충분하다. 두 번째 호흡을 맞추는 포항 공격진과 더욱 완숙한 경기력을 보여주느냐가 관건이다.

		2024시즌 기록			1 WEEKLY BEST 11 주간베스트11	강점	약점
1	0	2,174(34) MINUTES 출전시간(경기수)	4 GOALS 득점	3 ASSISTS 도움		큰 키를 활용한 공격, 적극적인 수비 가담	1부에서 사라진 골 결정력

백성동

10 FW

1991년 8월 13일 | 34세 | 대한민국 | 167cm | 66kg
경력 | 주빌로이와타(12~14) ▷ 사간도스(15~16) ▷ V.바렌나가사키(16) ▷ 수원FC(17~19) ▷ 경남(20~21) ▷ 안양(22) ▷ 포항(23~)
K리그 통산기록 | K리그1 – 61경기 6득점 8도움 | K리그2 – 188경기 38득점 21도움
대표팀 경력 | 1경기

영국 왓포드 유스 팀을 거쳐 일본 무대부터 발을 들였다. 백성동은 유망주 시절부터 기술과 센스에서 두각을 보였다. 연령별 대표팀에 꾸준히 이름을 올렸고, J리그 주빌로이와타에서 데뷔한 후 사간도스, V.바렌나가사키를 거쳐 K리그에 입성했다. 수원, 안양, 경남 등 거치는 팀마다 돋보였고, 포항에서도 첫 시즌 만에 도움왕을 차지했다. 다만 2023년 시즌 막판 부상 이후 경기마다 기복이 생겼다. 다행히도 강점인 킥과 패스는 여전하다. 주전 경쟁을 위해선 건강한 몸 상태와 기량 유지가 중요하다.

2024시즌 기록					- WEEKLY BEST 11 주간베스트11	강점	약점
1	0	1,773(35) MINUTES 출전시간(경기수)	2 GOALS 득점	0 ASSISTS 도움		공격에서의 간결한 연계, 탁월한 돌파	피지컬 경합은 어려워

김범수

47 FW

2000년 4월 8일 | 25세 | 대한민국 | 172cm | 63kg
경력 | 제주(22) ▷ 안산(23~24) ▷ 포항(25~)
K리그 통산기록 | K리그1 – 15경기 1득점 | K리그2 – 61경기 6득점 7도움
대표팀 경력 | -

K7리그까지 거친 인간 승리의 주인공이다. 육군 복무 후 다시 프로에 도전한 독특한 이력이 먼저 화제가 됐지만, 이제는 K리그 무대가 익숙해졌다. 제주 시절부터 보여준 재빠른 움직임을 안산에서도 잃지 않았다. 에이스 역할까지 소화하며 K리그2의 수준급 공격 자원으로 성장했다. 매 시즌 더 나아진 모습으로 나타나는 '성장캐'다. 강점인 돌파와 결정력은 유지하고, 약점으로 지적됐던 터치와 시야는 개선됐다. 공격 지역부터 중앙 미드필더까지 아우르는 포지션 소화력은 포항 로테이션의 새로운 키가 될 수 있다.

2024시즌 기록					WEEKLY BEST 11 주간베스트11	강점	약점
4	0	2,351(27) MINUTES 출전시간(경기수)	2 GOALS 득점	3 ASSISTS 도움		수비를 긴장시키는 스피드	아쉬운 디테일과 투박함

■ K리그2 기록

이태석

26 DF

2002년 7월 28일 | 23세 | 대한민국 | 174cm | 61kg
경력 | 서울(21~24) ▷ 포항(24~)
K리그 통산기록 | K리그1 – 101경기 1득점 6도움
대표팀 경력 | 1경기

2024년 여름 이적시장 화제의 중심이었고, 결국 포항 유니폼을 입었다. 강현무와 트레이드로 합류한 포항에서 빠르게 자리를 잡았다. 완델손과 함께 박태하 감독의 변칙 전술을 가능케 한 중요 자원이었다. 풀백, 윙어 자리를 가리지 않고 출전했다. 29라운드 울산과의 경기에서는 프로 데뷔골까지 신고했다. A대표팀 데뷔까지 성공해 '이을용의 아들'이 아닌 독보적인 이태석으로서의 길을 닦았다. 날카로운 킥과 활동량은 데뷔 이후 꾸준히 강력했다. 포항 이적 후 기복도 줄어들며 상승세를 탔다. 올해는 더 확실히 활약할 일만 남았다.

2024시즌 기록					WEEKLY BEST 11 주간베스트11	강점	약점
5	0	1,630(25) MINUTES 출전시간(경기수)	1 GOALS 득점	3 ASSISTS 도움		날카로운 크로스, 왕성한 활동량	가끔 흔들리는 수비, 아쉬운 피지컬

안재준

2001년 4월 3일 | 24세 | 대한민국 | 184cm | 80kg
경력 | 믈라다볼레슬라프(20) ▷ 두클라프라하(20) ▷ 부천(21~24) ▷ 포항(24~)
K리그 통산기록 | K리그1 – 8경기 1득점 1도움 | K리그2 – 72경기 16득점 6도움
대표팀 경력 | –

깊은 인상을 남기기에는 시간이 짧았다. 지난해 여름 부천을 떠나 포항에 안착했다. 연령별 대표팀에 꾸준히 이름을 올리며 잠재력을 인정받는 선수였기에 영입 이유는 충분했다. 부천에서 11골을 넣고 온 득점력도 관심을 모았다. 레전드 홍명보와 이동국이 달았던 등번호 20번까지 받았지만, K리그1 주전 경쟁은 험난했다. 조르지, 정재희 김인성 등에게 밀려 많은 기회를 잡지 못했다. 근육 부상까지 당하며 조기에 시즌을 마감했다. 올해 포항에서의 첫 풀타임 시즌에 돌입한다. 더 많은 기회를 받기 위해선 박태하 감독의 마음을 사로잡을 한 방이 필요하다.

2024시즌 기록					WEEKLY BEST 11 주간베스트11	강점	약점
1	0	440(8) MINUTES 출전시간(경기수)	1 GOALS 득점	1 ASSISTS 도움	1	공격 전 지역을 소화하는 멀티 능력	아쉬운 골 결정력

신광훈

1987년 3월 18일 | 38세 | 대한민국 | 178cm | 73kg
경력 | 포항(06~16) ▷ 전북(08~10) ▷ 경찰(15~16) ▷ 서울(17~18) ▷ 강원(19~20) ▷ 포항(21~)
K리그 통산기록 | K리그1 – 397경기 7득점 27도움 | K리그2 – 43경기 1득점 2도움
대표팀 경력 | 19경기 1득점

'말년 병장'의 시간은 거꾸로 흐른다. 팀 내 최고참임에도 불구하고 경기장에서는 여전히 현역으로서의 이유를 증명한다. 체력적인 부담이 적지 않은 우측 풀백 포지션에서 꾸준히 자리를 지켰다. 압도적인 피지컬은 아니지만, 경험과 기술을 바탕으로 상대 공격수를 압도한다. 지난 시즌 수비진 중 출전 시간 3위, 2,499분을 소화한 기록이 박태하 감독의 기용 이유를 설명한다. 다만 올해로 38세가 됐기에 나이 걱정은 빼놓을 수 없다. 올 시즌 어정원과 강민준이 있어서 체력 부담은 덜 수 있을 것으로 기대한다.

2024시즌 기록					WEEKLY BEST 11 주간베스트11	강점	약점
8	1	2,499(28) MINUTES 출전시간(경기수)	0 GOALS 득점	0 ASSISTS 도움	-	여전한 투지와 거침없는 수비	한 살 더 늘어난 나이

한찬희

1997년 3월 17일 | 28세 | 대한민국 | 181cm | 78kg
경력 | 전남(16~19) ▷ 서울(20~23) ▷ 상무(21~22) ▷ 포항(23~)
K리그 통산기록 | K리그1 – 168경기 10득점 9도움 | K리그2 – 32경기 4득점 2도움
대표팀 경력 | –

포항의 새 엔진이 될 것이라 기대를 모았다. 강력한 중거리 슛과 넓은 시야, 정확한 전환 패스까지 갖췄기에 2023년 여름 합류 후 꾸준히 기회를 받았다. 다만 수비와 활동량이 아쉬웠다. 단점을 상쇄할 오베르단과 합을 이루면 성공적일 것이라는 평가가 적지 않았다. 하지만 2024년에 보여준 활약은 성공적이라 말하기에는 다소 부족했다. 장점이었던 시야와 패스, 전환이 제대로 발휘되지 못했다. 체력적인 문제도 아직 개선이 필요하다. 지난 시즌 포항의 마지막 경기였던 아시아챔피언스리그 엘리트(ACLE) 빗셀고베와의 경기에선 테크니션다운 면모를 보였다. 그 경기에서의 감을 잊지 않아야 한다.

2024시즌 기록					WEEKLY BEST 11 주간베스트11	강점	약점
6	0	1,588(30) MINUTES 출전시간(경기수)	0 GOALS 득점	0 ASSISTS 도움	-	날카로운 패스, 공격 전개 시 존재감	애매해진 육각형 재능, 아쉬운 수비

전지적 작가 시점

이현석이 주목하는 포항의 원픽!
홍윤상

제주에서 태어나 '화수분' 포항 유스에서 성장한 대표적인 '포린이'. 2021년 독일 분데스리가로 떠나 어린 나이에 유럽 무대를 경험한 홍윤상은 2023년 포항으로 돌아와 톡톡 튀는 머리만큼이나 창의적인 실력으로 빠르게 팀에 녹아들었다. 2024년 박태하 감독 체제에서 본격적으로 선발에 자리잡았다. 4-4-2에서 포항의 왼쪽 날개를 책임지며 측면을 흔드는 날카로운 드리블과 패스, 골 결정력까지도 선보였다. 활약을 인정받으며 K리그1 베스트 영플레이어상, 베스트11 후보에 올랐다. 수상은 불발됐지만 다음을 위한 자양분이 될 수 있었던 경험이었다. 김천 상무 최종합격자 명단에서 탈락한 건 홍윤상에게 새로운 기회가 될 수 있다. 최전방에 이호재, 조르지가 자리하고 우측에는 주닝요까지 합류하며 활약할 수 있는 판이 깔렸다. 후방엔 완델손이라는 특급 지원군이 버틴다. 홍윤상이 치고 달릴 수 있는 공간과 득점할 기회가 확실히 늘어날 환경이다. 부담을 덜어내고 독일 무대에서 인정받은 잠재력만 폭발한다면, 김승대, 송민규의 뒤를 이어 포항의 에이스로 성장하기에 무리가 없다.

지금 포항에 이 선수가 있다면!
정호연

포항은 지난 시즌 감독 교체로 변화를 겪었다. 가장 차이가 없었던 부분을 꼽으라면 단연 중원이다. 김기동 감독 체제에서 주전으로 자리 잡은 오베르단, 한찬희, 김종우는 박태하 감독 밑에서도 꾸준히 선발로 나섰다. U-22 자원인 김동진이 몇 경기에서 기회를 받았다. 오베르단이 리그에서만 무려 35경기를 소화하며 뛰어난 활약을 펼쳤지만, 파트너가 아쉬웠다. 포항의 강력한 역습에 힘을 더해줄 엔진이자, 수비 분담까지 가능한 선수가 있었다면 더 좋은 성적도 기대해 볼 수 있었다. 광주 중원의 핵심이었던 정호연이라면 다를 수 있다. 정호연은 K리그에서 최고의 중앙 미드필더 중 한 명으로 활약했다. 지난해 항저우아시안게임에서 주전 오른쪽 풀백으로 활약, 금메달을 목에 걸며 병역에서도 자유롭다. 뛰어난 활동량과 함께 중원에서 공을 갖고 전방으로 전진할 수 있고, 측면과의 연계, 수비 뒷공간으로 찌르는 패스 또한 준수하다. 순간적인 판단으로 공격 상황에서 숫자를 늘려주는 특유의 움직임은 포항의 역습에 더 힘이 될 수 있다. 정호연이 중원에 자리한다면 포항은 K리그 우승에 도전할 확실한 전력을 갖출 수 있다.

이창민
이탈로
임채민
남태희
김동준
조나탄
서진수
송주훈
장민규
이건희
안태현
박동진
오재혁
유인수
정운
김주공
김재우
김준하
김륜성
최원창
임창우
김정민
김건웅
김태환
김현우

제주 SK FC

SK의 이름으로, 다시 정상을 향해!

제주 SK FC

창단 43년, 연고지 이전 20년째인 올해 과감히 구단 명칭을 바꿨다. 제주와 모기업 SK의 연계를 강화하고자 기존 '제주 유나이티드'에서 '제주SK'로 변경했다. '유공코끼리'에서 시작해 '부천유공', '부천SK'를 거쳐온 제주의 5번째 이름이다. '영광의 시절'로 돌아가겠다는 염원이 담겼다. 제주는 1982년에 창단한 K리그 최고령 클럽으로, K리그 출범 7년 만에 김정남 감독의 지도력과 노수진, 조윤환, 최윤겸 등의 활약으로 정상에 올랐다. 이후 준우승만 4번 차지할 정도로 강호의 면모를 보였지만, 우승컵은 닿을 듯 닿지 않았다. 하지만, 1995년 러시아 출신 발레리 니폼니시 감독 시절 '혁명적인 패스 축구', 소위 '니포 축구'로 K리그 전술에 혁명을 일으켰다. 당시 니폼니시 감독의 지도를 받은 김기동, 윤정환, 조성환 등이 K리그에 굵직한 성과를 내고 있다는 점은 결코 우연이 아니다. 2006년 구단 운영 효율화 차원에서 연고지를 부천에서 제주(서귀포)로 옮기며 K리그의 유일한 섬팀의 지위를 유지하고 있다. 2019년 첫 강등의 아픔을 겪은 제주는 1년 만에 다시 1부로 돌아와 2021시즌 4위의 성적을 거뒀다. 2023년과 2024시즌 하위스플릿에 머문 제주는 SK의 이름을 가슴에 새기고 '행복날개'(SK그룹 상징)를 펼친다.

구단 소개

정식 명칭	제주SK FC
구단 창립	1982년 12월 17일
모기업	SK에너지
상징하는 색	주황색, 빨간색
경기장(수용인원)	제주월드컵경기장 (29,791명)
마스코트	감규리, 한라할방, 백록이
레전드	강철, 이임생, 윤정환, 구자철 등
서포터즈	풍백, 귤케이노, JUMP, 주황전사
커뮤니티	DC마이너갤 제주유나이티드, 서포터즈 귤케이노 오픈채팅

우승

K리그	2회 (1989 – K리그1 | 2020 – K리그2)
코리아컵(FA컵)	–
AFC챔피언스리그(ACL)	–

최근 5시즌 성적

시즌	K리그	코리아컵(FA컵)	ACL
2024시즌	7위	준결승	–
2023시즌	9위	4강	–
2022시즌	5위	16강	–
2021시즌	4위	3라운드	–
2020시즌	1위 (2부)	16강	–

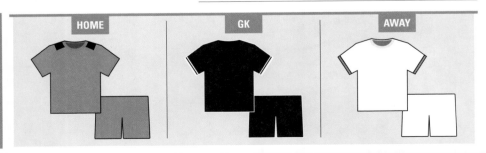

HOME   GK   AWAY

정상만을 바라보는 김학범,
더 이상의 잔류 싸움은 없다

김학범

1960년 3월 1일 | 65세 | 대한민국

K리그 전적
282전 115승 78무 89패

'학범슨'(김학범+퍼거슨)은 호불호가 확실하다. 눈빛만으로 선수를 긴장시키는 김학범 감독의 카리스마는 라커룸을 장악한다. 이는 조직적인 팀을 만드는 강점으로 작용하지만, 선수단의 자유를 억압한다는 단점을 내포한다. 수비 전술 스페셜리스트이면서 동시에 지나치게 수비 지향적이라는 평가도 존재한다. 또, 이순을 훌쩍 넘은 나이지만 어느 후배 지도자보다 최신 트렌드에 빠삭하다. 알다가도 모를 지도자, 빛과 그림자가 확실한 노장. 그래서인지, 성남을 이끌고 K리그에서 우승한 지 어언 20년이 다 지난 지금까지 프로 무대에서 경쟁력을 유지하고 있다. 김학범 감독은 2024년 아쉬운 성적에도 베테랑의 지략과 단단한 수비 전술로 시즌2 흥행을 기대케 했다.

선수 경력

국민은행

지도자 경력

성남 감독	강원 감독	광주 감독	U-23 대표팀 감독	제주 감독(24~)

주요 경력

2006년 K리그 우승	2014년 FA컵 우승	2018년 아시안게임 우승

선호 포메이션	4-2-3-1	3가지 특징	운동생리학 박사	청대부터 중국까지 33년 경력	라커룸 휘어잡는 카리스마

STAFF

수석코치	코치	GK코치	피지컬코치	전력분석관	주치의	장비담당관	매니저	통역	차량주임
김정수	조병국 이상호 조재철	차상광	김찬빈	이준석	김세준 김찬혁 이준 류병담	문성준	김동건	한승수	오경명

2 0 2 4 R E V I E W

아디다스 포인트로 보는 제주의 2024시즌 활약도

6년 만에 K리그로 돌아온 김학범 감독은 'K리그 정상에 오르겠다'는 마음으로 가장 먼저 한라산을 등정했다. 그는 빠른 패스웍의 '공격 앞으로' 축구를 준비했지만, 제주는 4월, 6월의 연이은 패배와 함께 갈수록 성적이 뒷걸음질 쳤다. 2019년 강등의 악몽을 반복할 위기에 놓인 학범슨은 트레이드마크인 선수비 후 역습으로 반등을 도모했다. 주장이자 주전 센터백인 임채민의 부상 복귀 시점과 맞물려 제주는 한층 탄탄해진 전력으로 시즌 후반 10경기에서 5승을 쓸어 담았고, 잔류 싸움에서도 3연전 3연승으로 안정적인 잔류에 성공했다. 지도자 경력에서 처음으로 일부 팬의 사퇴 압박을 받았던 김학범 감독은 목표가 높았던 만큼 한라산 중턱만큼의 성적에 만족할 리 없을 것이다.

2024시즌 아디다스 포인트 상위 20명   ■ 포인트 점수

FW
- 서진수 **28,532** 전체 18위
- 갈레고 **8,609** 전체 188위
- 진성욱 **6,762** 전체 212위
- 김주공 **9,368** 전체 177위
- 유리 조나탄 **25,698** 전체 28위

MF
- 남태희 **5,640** 전체 228위
- 이탈로 **21,594** 전체 50위
- 한종무 **7,339** 전체 207위
- 카이나 **10,444** 전체 158위
- 헤이스 **19,501** 전체 59위
- 김정민 **5,700** 전체 224위
- 김건웅 **5,078** 전체 235위

DF
- 안태현 **25,435** 전체 31위
- 김태환 **17,138** 전체 77위
- 이주용 **12,025** 전체 130위
- 임창우 **10,786** 전체 147위
- 송주훈 **18,735** 전체 65위
- 정운 **12,445** 전체 123위
- 임채민 **4,154** 전체 247위

GK
- 김동준 **22,615** 전체 43위

포지션 평점

FW	⚽
MF	⚽ ⚽
DF	⚽ ⚽ ⚽
GK	⚽ ⚽ ⚽

출전시간 TOP 3

1위	안태현	3,244분
2위	이탈로	3,206분
3위	서진수	2,614분

득점 TOP 3

1위	유리 조나탄	7골
2위	헤이스, 안태현	4골
3위	이탈로, 김주공, 서진수	3골

도움 TOP 3

1위	남태희, 서진수	3도움
2위	유리 조나탄, 헤이스	2도움
3위	이탈로, 정운, 김주공 등	1도움

주목할 기록

46.0	점유율보단 실리… 제주 점유율 순위 11위
4	현행 38경기 체제 단일시즌 최소 무승부(*코로나 시즌 제외)

성적 그래프

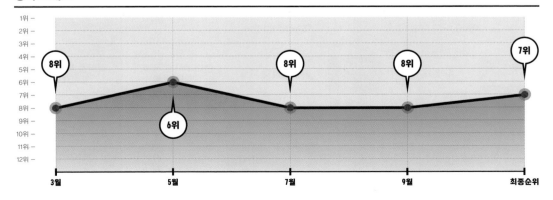

3월 8위 / 5월 6위 / 7월 8위 / 9월 8위 / 최종순위 7위

2 0 2 5   시 즌   스 쿼 드   운 용   &   이 적   시 장   인 앤 아 웃

IN

오재혁_전북
이창민_소집해제
조성빈_전남
최원창_시흥시민
김륜성_포항
박동진_서울
이건희_광주
장민규_마치다젤비아
김재우_대전
유인수_강원
데닐손_마리카
에반드로
_프로레테르노비사드

OUT

구자철 김근배
_은퇴
이주용_인천
헤이스_광주
최영준_수원
홍준호_충북청주
원희도_강원
임준섭_서울
한종무_대구
전성진_부산
곽승민_이랜드
제갈재민_김포
허강준_대전코레일
홍재석 박주영
_임대복귀
진성욱 박주승
여홍규 백승헌
_계약종료

FW

유리 조나탄	서진수	김주공
박동진	이건희	지상욱
권순호	김현우	강민재

MF

이창민	남태희	이탈로
유인수	김건웅	오재혁	김정민
김진호	최병욱	김재민	김준하

DF

임채민	송주훈	김재우
장민규	정 운	임창우	안태현
김륜성	김지운	조인정	최원창

GK

| 김동준 ⓒ | 안찬기 | 조성빈 | 주승민 |

ⓒ 주장　■ U-22 자원

2024시즌 제주의 선수단 평균 연령은 26.6세로, 전체에서 두 번째로 높았다. 서귀포에 있는 제주의 클럽하우스에는 30대 베테랑이 유독 많이 모여 있었다. 세대교체를 언제까지 미룰 수 없었다. 이적시장에서 대량 투자를 감행하기 어려운 현실에도 불구하고 이건희, 김재우, 장민규, 김륜성, 오재혁 등 20대 자원을 수혈했다. 구자철은 은퇴했고, 헤이스, 최영준, 이주용은 팀을 옮겼다. 2024년과 비교해 기본 뼈대는 큰 차이가 없지만, 추가시간을 포함해 100분 체력을 요구하는 김학범 감독의 니즈를 충족할 '에너자이저'가 각 포지션에 포진했다. 이창민, 김봉수가 가세할 중원은 K리그 어느 팀과 비교해도 손색이 없다. 2024년 최소득점에 그친 빈약한 공격력을 어떻게 해소할지 관건이다. 창의성을 지닌 'K리그 2년 차' 남태희, 터질 듯 포텐이 터지지 않은 서진수 등 기존 자원과 박동진, 이건희 등 다양한 특징을 지닌 새로운 영입생이 공격진에서 조화롭게 어우러져 결과를 내야 한다. 결국 축구는 골로 말하는 것이니까. 학범슨은 과연 수비 축구의 이미지를 벗어던질 수 있을까?

주장의 각오

김동준

"2025년은 그동안의 아쉬움을 씻어낸 시즌으로 기억되도록 최선을 다하겠다. 나아가 은퇴 전까지 우승컵이나 개인 타이틀을 하나 정도 들어 올리면 금상첨화일 것이다."

2 0 2 5   예 상   베 스 트   1 1

이적시장 평가

달라진 척추 라인을 주목하자. 최전방에 수비를 괴롭힐 줄 아는 이건희와 박동진을 영입했고, '팔방미인' 오재혁 영입으로 중원은 포화 상태에 이르렀다. 이창민의 3월 소집해제는 영입과도 같고, 6월에 '국대' 김봉수마저 전역 복귀한다. 임채민, 송주훈의 뒤를 받쳐줄 센터백 김재우, 장민규는 다른 팀들도 호시탐탐 노리던 자원이다. 구단 명칭 변경 후 1호 영입생 김륜성과 베테랑 유인수를 동시에 영입하며 약점으로 지적받은 레프트백 포지션을 강화했고, 외국인 진용도 싹 바꿨다. 최근 외인 효과를 보지 못한 제주로선 외인들의 활약에 대한 기대가 크다.

저자 6인 순위 예측

◆ 김 성 원 ◆	◆ 윤 진 만 ◆	◆ 박 찬 준 ◆	◆ 김 가 을 ◆	◆ 김 대 식 ◆	◆ 이 현 석 ◆
7위_적장들이 인정하는 '6강 전력', 다 이유가 있는 법. 하지만 2% 부족한 기분은 왜일까. 4월 입대 '시한부' 이건희, 공격은 누가 하나.	**8위**_허리와 다리, 코어가 튼튼한 팀은 쉽게 무너지지 않는다. 코어를 기르는 노하우를 아는 노장의 존재는 든든. 단, 수비만으론 꼭대기에 오르긴 부족.	**7위**_지난 시즌 막판 보여준 학범슨식 리더십은 여전히 경쟁력이 있다. 다만 파이널A로 가기에는 지난 시즌처럼 공격력이 떨어져 보인다.	**6위**_자존심 상했던 '백전노장 베테랑' 김학범 감독의 호랑이 기운이 살아난다. 훨씬 더 견고해진 수비력. 그런데 득점은... 어떻게 해야 할까요.	**8위**_2024시즌과 큰 차이가 보이지 않는다. 여전히 승리공식이 확실한지도 모르겠다. 그렇다고 해도 기존 전력과 김학범 감독이 있기에 강등권은 아닐 듯 하다.	**7위**_학범슨 2년 차. 계획이 있는 감독은 변수에 쉽게 무너지지 않는다. 대형 영입은 없지만, 전력 누수도 크지 않기에 자리를 지킬 것.

이창민

1994년 1월 20일 | 31세 | 대한민국 | 178cm | 74kg

8
MF

이창민

WEEKLY BEST 11

경력

부천(14~15)
▷경남(14)
▷전남(15)
▷제주(16~23)
▷거제시민(23~25)
▷제주(25~)

K리그 통산기록

K리그1 – 233경기 26득점 24도움
K리그2 – 24경기 4득점 2도움

대표팀 경력

7경기 1득점
2016 올림픽

과거 팀 동료 안현범은 이창민을 두고 "마치 프랭크 램파드 같다"라고 극찬했다. 램파드는 잉글랜드 대표팀과 첼시에서 활약한 레전드 미드필더. 이창민은 램파드처럼 강력한 중거리 슈팅과 공격을 조립하고 경기 템포를 조절하는 능력을 두루 갖췄다. 램파드는 현역시절 주로 공격형 미드필더 위치에서 뛰었지만, 이창민은 공수를 쉴 새 없이 오가는 박스투박스 미드필더에 가깝다. 타고난 발목 힘을 지닌 이창민은 킥 비거리가 워낙 길어 수비 진영에서 상대 페널티 박스까지 단숨에 정확한 패스를 찌르고, 원거리에서 중거리슛으로 골문을 위협한다. 2014년 부천에서 프로 데뷔한 그는 임대를 거치며 두각을 드러내기 시작했다. 각급 청소년 대표를 거쳐 국가대표팀에서도 A매치 7경기를 뛰었다. 2016년 제주에 입단한 이후론 8시즌 연속 주황색 유니폼을 입었다. 2019년 제주가 강등된 이후 팀에 남아 승격을 이끌었다. 지금까지 숱한 해외 이적설을 뿌리치고 '제주 레전드'의 길을 택했다. 제주에서만 200경기 이상을 뛰었다. 2023년 병역 의무를 이행하기 위해 잠시 자리를 비운 이창민은 2025시즌 개막에 맞춰 팀에 복귀했다. 제주에서 두 번째 시즌을 맞이한 김학범 감독에게 이창민의 합류는 천군만마와 같다.

■군 복무

2024시즌 기록					WEEKLY BEST 11
-	MINUTES 출전시간(경기수) -	GOALS 득점 -	ASSISTS 도움 -	-	주간베스트11 -

강점	무회전 중거리 슈팅, 경기 조율 능력, 타고난 성실함	특징	제주에서만 204경기 '슬전드', 강력한 '빠따'의 힘
약점	하이리스크 하이리턴 장거리패스	별명	코리안 램파드

이탈로 Italo Moreira Barcelos

1997년 8월 23일 | 28세 | 브라질 | 190cm | 78kg

5
MF

이탈로
WEEKLY BEST 11

경력

레알노로에스테(21~22)
▶마나우아라(22)
▶나시오날(23)
▶아마조나스(23)
▶제주(24~)

K리그 통산기록

K리그1 – 37경기 3득점 1도움

대표팀 경력

–

제주 스카우트팀은 2024시즌을 앞두고 새로운 외인을 찾기 위해 브라질 전역을 다녔다. 미리 파악해 둔 선수 A의 기량을 파악하기 위해 경기장을 찾은 스카우트팀의 눈에는 반대편 팀에 있는 선수 B가 눈에 띄었다. 신장 190cm에 달하는 장신과 빼빼 마른 체형을 지닌 미드필더 이탈로였다. 쉬지 않고 공수를 오가는 활동량과 독특한 무브먼트에 의한 탈압박 능력이 K리그에서 충분히 통할 것으로 판단했다는 후문이다. 브라질 4부와 3부에서 뛴 이력이 전부여서 K리그 구단의 영입 리스트에 포함되지 않았던 이탈로는 그야말로 '숨은 진주'였다. 첫 해외 진출이라는 점이 믿기지 않을 정도로 강원과의 시즌 개막전부터 데뷔골을 터뜨리는 발군의 활약을 펼치더니, 시즌 내내 제주의 핵심, 나아가 K리그 최정상 미드필더로 우뚝 섰다. 리그에서 볼 획득 4위, 태클 8위, 피파울 7위에 달할 정도로 출전한 경기에서 엄청난 영향력을 발휘했다. 34라운드 인천전 결승골로 자력 잔류에 쐐기를 박았다. 제주 구단은 이탈로가 팀의 현재와 미래를 책임질 자원이라고 판단해 7월 초 일찌감치 3년 장기 재계약을 체결하며 타 구단의 관심을 원천 차단했다. 돌아온 이창민과 이탈로의 새로운 중원 조합은 제주 팬을 설레게 하기에 충분하다.

2024시즌 기록

7	3,206(37) MINUTES 출전시간(경기수)	3 GOALS 득점	1 ASSISTS 도움	0	1 WEEKLY BEST 11 주간베스트11

강점	볼 차단 후 전진하는 능력 일품, 피지컬을 이용한 수비력	특징	피지컬과 테크닉을 겸비한 K리그의 로드리
약점	적응도 완벽… 굳이 꼽자면 순발력과 왼발	별명	아마존에서 온 복덩이

임채민

1990년 11월 18일 | 35세 | 대한민국 | 188cm | 82kg

26
DF

임채민

WEEKLY BEST 11

경력

성남(13~16)
▷상무(17~18)
▷성남(19)
▷강원(20~21)
▷선전(22)
▷제주(23~)

K리그 통산기록

K리그1 – 249경기 11득점 2도움
K리그2 – 10경기

대표팀 경력

1경기

2024시즌 제주는 임채민의 복귀 전과 후로 나뉜다. 핵심 센터백이자 팀의 기둥인 임채민이 부상한 4~6월, 7~9월에 부진한 김학범호는 임채민이 부상을 털고 9월22일 광주전을 통해 선발로 복귀한 이후 반등에 성공했다. 시즌 평균 승점이 약 1.29점인 제주는 남은 7경기에서 4승 1무 2패, 평균 승점 약 1.85점을 획득했다. 평균 실점은 전체 약 1.42골, 마지막 7경기에서 약 1.17골로 줄었다. 임채민 복귀 효과가 수치로 증명된 셈. 임채민–송주훈은 9월 이후 K리그 최고의 센터백 조합이라고 해도 과언이 아니었다. 돌아보면, 임채민은 10년 넘는 프로 커리어 동안 늘 한결같았다. 넘치는 투쟁심과 고공 장악, 안정감 넘치는 패스 능력을 뽐내며 성남과 강원, 그리고 제주의 후방을 든든히 지켰다. 우승권 팀에 속한 적은 없지만, K리그 역사를 통틀어 임채민만큼 꾸준한 기량을 유지한 센터백을 찾기란 쉽지 않다. 크고 작은 부상과 카드를 부르는 다혈질 성미가 아니었다면 대성했을 것이란 평가. 임채민은 제주에서 재회한 은사 김학범 감독의 팀에서 마지막 불꽃을 태우고 있다.

2024시즌 기록

6	1,636(18) MINUTES 출전시간(경기수)	0 GOALS 득점	0 ASSISTS 도움	0	1 WEEKLY BEST 11 주간베스트11
강점	공격수들에게 재앙같은 대인마크, 수비 리딩 능력	**특징**	완장이 잘 어울리는 천생 리더, 너무도 소중한 A매치 1경기		
약점	카드를 부르는 다혈질 성미, 점점 잦아지는 부상 빈도	**별명**	명품수비수, 시진핑 닮은 꼴		

남태희

1991년 7월 3일 | 34세 | 대한민국 | 175cm | 73kg

10
MF

남태희

WEEKLY BEST 11

경력

발랑시엔(09~11)
▷알두하일(12~19)
▷알사드(19~21)
▷알두하일(21~23)
▷요코하마F마리노스(23~24)
▷제주(24~)

K리그 통산기록

K리그1 – 8경기 3도움

대표팀 경력

54경기 7득점
2012 올림픽, 2015 아시안컵

타고난 재능을 지닌 축구 천재. 손흥민이 대한축구협회 우수선수 해외유학 프로젝트 일환으로 독일 함부르크로 향하기 1년 전, 남태희는 동갑 지동원, 김원식과 함께 잉글랜드 레딩으로 유학길에 올랐다. 손흥민처럼 프로팀에 입성하진 못했지만, 2019년 1월 프랑스 발랑시엔에 입단하며 당시 한국인 최연소 유럽리그 진출 선수로 등극했다. 열여덟 나이에 프랑스 리그앙에 데뷔한 남태희는 2011년 돌연 카타르리그로 떠나 2023년까지 무려 12년간 '카타르 메시'로 불리며 승승장구했다. 2012년 런던올림픽 동메달 멤버인 남태희는 국가대표로도 꾸준히 뽑혀 한국 선수에게서 흔히 볼 수 없는 창의성과 축구 센스를 마구 뽐냈다. 수비수들 사이를 파고드는 드리블은 메시를 연상케 했다. 2023년 요코하마에 입단해 팀의 2023~2024시즌 AFC 챔피언스리그 준우승을 이끈 남태희는 2024년 여름 제주로 깜짝 이적하며 33세의 나이로 K리그에 늦깎이 데뷔했다. 컨디션을 끌어올리는 데 애를 먹었지만, 그 와중에 게임체인저 역할을 하며 '역시 남태희'라는 평가를 받았다. 리그와 팀 적응을 마친 남태희는 2025시즌 왜 전성기 시절 '카타르 메시'로 불리었는지를 보여주기 위해 단단히 벼르고 있다.

2024시즌 기록

0	505(8) MINUTES 출전시간(경기수)	0 GOALS 득점	3 ASSISTS 도움	0	- WEEKLY BEST 11 주간베스트11

강점	메시를 배닮은 드리블러, 크랙다운 마무리 슈팅과 패스	특징	부와 명예를 얻은 카타르 왕자
약점	무리한 솔로 플레이, 압박 및 수비 기여	별명	카타르 메시, 남자르(남태희+아자르)

김동준

1994년 12월 19일 | 31세 | 대한민국 | 189cm | 85kg

1
GK

C

김동준

③
WEEKLY BEST 11

경력

성남(16~19)
▶대전(20~21)
▶제주(22~)

K리그 통산기록

K리그1 – 154경기 191실점
K리그2 – 71경기 78실점

대표팀 경력

1경기
2016 올림픽

자타공인 K리그 간판 골키퍼 중 한 명. 2016년 프로데뷔 첫해부터 주전을 꿰차며 '찐재능'임을 입증했다. 공중볼 처리부터 발밑 기술, 여기에 동물적인 선방 능력을 두루 갖춘 김동준은 그야말로 골키퍼계의 팔방미인. 여기에 훈훈한 외모까지 지녀 큰 인기를 누렸다. 의리도 진했다. 성남이 강등된 이후에도 팀에 남아 승격을 이끌었다. 할 말은 하는 성격으로 알려진 김동진은 2020년 '일어탁수'(한 마리의 물고기가 물을 흐린다)라는 저격성 사자성어를 남기고 기업구단으로 전환한 대전하나로 깜짝 이적해 두 시즌 간 골문을 지켰다. 김동준은 2018년 심각한 무릎 십자인대 부상과 2020년 어깨 부상을 잇달아 당하는 위기를 딛고 일어섰다. 2022년 제주로 이적한 뒤로 커리어 반등에 성공했다. 2022년부터 2024년까지 3시즌 동안 27번의 클린시트를 기록한 김동준보다 더 많은 무실점 경기를 한 선수는 울산 조현우(36회)가 유일하다. 2024시즌에도 손가락 부상을 당하기 전 전체 3위에 달하는 108개의 선방을 기록하며 팀의 잔류를 뒷받침했다. J리그 진출설에 휩싸였던 김동준은 2024시즌 도중 2029년까지 4년 장기 재계약을 체결하며 레전드의 길을 택했다.

2024시즌 기록					
0	3,157(31) MINUTES 출전시간(경기수)	108 SAVE 선방	43 LOSS 실점	0	3 WEEKLY BEST 11 주간베스트11

강점	탁월한 선방 능력, 안정감 넘치는 발밑 스킬	특징	십자인대 부상 딛고 국대 발탁, 장발 미남 골키퍼
약점	은근한 인저리 프론, 이따금 발생하는 실수	별명	농구마니아

유리 조나탄

Yuri Jonathan Vitor Coelho

1998년 6월 12일 | 27세 | 브라질 | 185cm | 78kg
경력 | 폰테프레타(17~18) ▷ 코임브라(18) ▷ 가이나레돗토리(19) ▷ 페로비아리아(20~21) ▷ 레이숑스(21~22) ▷ 카피바리아노(22) ▷ 에스트렐라(22) ▷ 과라니(22) ▷ 제주(23~)
K리그 통산기록 | K리그1 – 61경기 17득점 6도움
대표팀 경력 | –

제주가 2022시즌을 앞두고 팀을 떠난 주민규의 대체자로 영입한 스트라이커. 당당한 체구에서 나오는 파워풀한 플레이, 가공할 점프력, 시원시원한 슈팅력으로 브라질에서 '탱크'(Tanque)라는 별명으로 불렸다. K리그 입성 첫 시즌, '탱크'의 돌진은 위협적이었다. 두 자릿수 득점(10골)을 올릴 정도로 강한 임팩트를 남겼다. 등지는 플레이는 상대팀 수비수들에게 공포 그 자체였다. 다만 주로 피지컬을 이용한 플레이스타일 탓인지 다리 부상에 쉽게 노출된다는 단점을 지녔다. 2024시즌 필드골은 단 3골, 아쉬움을 남겼다. 2025년의 탱크는 어떤 모습일까?

2024시즌 기록						4 WEEKLY BEST 11 주간베스트11	강점	약점
4	0	2,190(28) MINUTES 출전시간(경기수)	7 GOALS 득점	2 ASSISTS 도움			수비 압도하는 '탱크 피지컬', 고공능력	2년 차에 꺾인 흐름, 잦은 부상

서진수

2000년 10월 18일 | 25세 | 대한민국 | 183cm | 71kg
경력 | 제주(19~20) ▷ 상무(21~22) ▷ 제주(22~)
K리그 통산기록 | K리그1 – 108경기 13득점 9도움 | K리그2 – 24경기 2득점 3도움
대표팀 경력 | –

벌써 K리그 7년 차에 이르렀지만, 아직은 만년 유망주의 탈을 완전히 벗겨내지 못했다고 할 수 있다. 2019년 제주에 입단한 서진수는 21세의 어린 나이에 빠르게 상무에 입대했다. 2022시즌 도중 제주로 돌아와 8경기에 4골을 터뜨리는 놀라운 가성비를 자랑한 서진수는 2023시즌 5골, 2024시즌 3골을 넣었다. 유망주 시절 한국 축구계가 서진수에게 걸었던 기대와 제주 구단과 제주 팬이 기대했던 그의 활약을 고려하면 아쉬운 행보다. 서진수는 2025시즌을 앞두고 은퇴한 레전드 구자철의 등번호인 7번을 달고 '커리어 하이'에 재도전한다.

2024시즌 기록						3 WEEKLY BEST 11 주간베스트11	강점	약점
2	0	2,614(38) MINUTES 출전시간(경기수)	3 GOALS 득점	3 ASSISTS 도움			빙글빙글 '한라산 룰렛', 번뜩이는 슈팅	터질 듯 터지지 않는 포텐

송주훈

1994년 1월 13일 | 31세 | 대한민국 | 190cm | 83kg
경력 | 알비렉스니가타(14~18) ▷ 미토홀리호크(15~16) ▷ 경남(19) ▷ 텐진텐텐하이(19~20) ▷ 선전(20) ▷ 제주(21) ▷ 상무(21~22) ▷ 제주(23~)
K리그 통산기록 | K리그1 – 65경기 2득점 | K리그2 – 3경기
대표팀 경력 | 1경기

높이와 왼발을 장착한 '희귀한 센터백'. 일본에서 프로 경력을 시작했다는 점에서 올해 제주에 입단한 장민규의 '직속 선배'쯤 된다. 송주훈은 올림픽 대표로 뽑힐 정도로 일찌감치 재능을 인정받았다. 2019년 경남 입단으로 K리그에 발을 디딘 송주훈은 다시 중국으로 떠나 2년간 활약한 뒤 2021년 제주와 연을 맺었다. 군 생활을 마치고 2023년 제주월드컵경기장으로 복귀한 송주훈은 2024시즌 김학범 감독을 만나 확고한 주전으로 자리매김했다. 주장 임채민이 부상으로 장기간 결장하는 와중에 수비 리더 역할을 톡톡히 해냈다. 10월 전북전 결승골로 제주가 '하스왕'(7위)을 차지하는 데 일조했다.

2024시즌 기록						3 WEEKLY BEST 11 주간베스트11	강점	약점
4	0	2,597(27) MINUTES 출전시간(경기수)	0 GOALS 득점	0 ASSISTS 도움			헤딩 스페셜리스트, 왼발 빌드업	부상 리스크, 영리한 수비

장민규

1999년 3월 6일 | 26세 | 대한민국 | 183cm | 79kg
경력 | 제프유나이티드(20~22) ▷ 마치다젤비아(23~24) ▷ 제주(25~)
K리그 통산기록 | 2025시즌 K리그1 데뷔
대표팀 경력 | –

26세의 나이에 뒤늦게 K리그에 입성했다. 울산 유스 현대중과 부평고를 거쳐 한양대에 입학해 2020년 제프 입단으로 일본 무대에 진출했다. 제프에서 빠르게 두각을 드러낸 장민규는 2023년 J2리그 소속 마치다에 입단해 1년만에 1부 승격을 이끌었고, 작년 구단 최고 성적인 J1리그 3위를 뒷받침했다. 장민규는 빌드업과 공중볼, 대인마크에 두루 강점을 보였다. 6월 불의의 쇄골 골절상을 당해 넉 달간 장기 결장한 이후 다시 선발로 돌아와 팀의 뒷문을 든든히 지켰다. 시즌 후 K리그에 도전장을 내민 장민규는 청소년 대표 시절 스승과 제자로 연을 맺은 김학범 감독의 부름에 응했다. 2025시즌은 오롯이 장민규의 시험 무대가 될 것이다.

		2024시즌 기록			-	강점	약점
1	0	1,439(16) MINUTES 출전시간(경기수)	0 GOALS 득점	1 ASSISTS 도움	WEEKLY BEST 11 주간베스트11	희생적인 수비, 안정적 볼처리	K리그 공격수는 처음이라

■ 일본 J1리그 기록

이건희

1998년 2월 17일 | 27세 | 대한민국 | 186cm | 78kg
경력 | 이랜드(20~22) ▷ 광주(22~24) ▷ 제주(25~)
K리그 통산기록 | K리그1 – 56경기 10득점 1도움 | K리그2 – 29경기 7득점 2도움
대표팀 경력 | –

장민규의 한양대 선배. 2020년 서울이랜드에서 프로 데뷔해 2022년부터 2024년까지 광주에서 이정효 감독의 '조련'을 받았다. 득점수가 다소 부족하다는 평가가 있지만, 정효볼에선 포처 역할보다는 현대축구가 요구하는 압박형 스트라이커 롤을 수행했다. 수비수를 등지는 포스트 플레이, 공중볼 경합, 전방 압박 등 수비수를 괴롭힐 줄 아는 유형이다. 김학범 감독이 2025시즌을 앞두고 헤이스와 맞트레이드로 이건희를 영입한 이유다. 4월 상무에 입대하는 이건희는 2026년 시즌 중 전역해 본격적으로 제주월드컵경기장을 누빌 예정이다. 잠시만 안녕!

		2024시즌 기록			-	강점	약점
5	0	1,764(30) MINUTES 출전시간(경기수)	5 GOALS 득점	1 ASSISTS 도움	WEEKLY BEST 11 주간베스트11	포스트플레이, 전방압박	2% 부족한 득점력, 세밀함

안태현

1993년 3월 1일 | 32세 | 대한민국 | 174cm | 70kg
경력 | 이랜드(16) ▷ 부천(17~21) ▷ 상무(20~21) ▷ 제주(22~)
K리그 통산기록 | K리그1 – 83경기 6득점 4도움 | K리그2 – 106경기 8득점 6도움
대표팀 경력 | –

K리그 '근면성실의 아이콘'. 2016년 프로에 데뷔한 시즌부터 이랜드, 부천, 상무에서 주전을 꿰찼다. 개인 기술이 뛰어난 선수들은 많았지만, 철저한 자기관리를 통해 일정한 수준의 경기력을 선보이고, 매 경기 헌신적인 플레이를 펼치는 안태현은 늘 감독의 '픽'을 받았다. 2022년 제주에 입단한 첫해에 당한 큰 부상은 처음 겪은 시련이었다. 주전 풀백 안현범과 정우재의 이탈로 조금씩 기회를 받기 시작한 안태현은 2024년 '커리어 하이'를 찍었다. 팀 사정에 따라 양 풀백을 맡았고, 팀에서 두 번째로 많은 4골을 뽑으며 공격에도 기여했다. 제주의 언성히어로였다.

		2024시즌 기록			1	강점	약점
4	0	3,244(33) MINUTES 출전시간(경기수)	4 GOALS 득점	0 ASSISTS 도움	WEEKLY BEST 11 주간베스트11	열정 100%, 의외의 공격 본능	왜소한 피지컬, 크로스 정확도

50
FW

박동진

1994년 12월 10일 | 31세 | 대한민국 | 185cm | 75kg
경력 | 광주(16~17) ▷ 서울(18~24) ▷ 상무(20~21) ▷ 부산(23) ▷ 경남(24) ▷ 제주(25~)
K리그 통산기록 | K리그1 – 168경기 15득점 7도움 | K리그2 – 50경기 15득점 3도움
대표팀 경력 | –

포지션 변경의 대표 케이스. 2016년 광주에 입단할 당시만 해도 수비수였다. 광주에서 '미친개'라는 별명에 어울리는 에너지를 뿜어내며 당시 서울 최용수 감독의 눈도장을 찍은 박동진은 2018년 서울에 입성했다. 그리고 2019년 최용수 감독의 요청으로 스트라이커로 변신해 6골을 폭발했다. 7월 전북전에선 멀티골을 터트렸다. 이때부터 유독 전북에 강한 면모를 보였다. 군 복무를 마치고 서울로 돌아온 박동진은 팀의 잦은 감독 교체 흐름 속 자리를 잡지 못하고 부산과 경남으로 2년 연속 임대를 떠났다. 2024년 계약만료로 정든 서울을 떠나 광주 시절 은사인 김학범 감독과 재회했다. 이젠 '서귀포의 미친개'다.

2024시즌 기록						강점	약점
3	0	**698(16)** MINUTES 출전시간(경기수)	**1** GOALS 득점	**2** ASSISTS 도움	- WEEKLY BEST 11 주간베스트11	'미친개'다운 폭발적 에너지	슈팅 스킬, 골 냄새 맡는 능력

■ K리그2 기록

18
MF

오재혁

2002년 6월 21일 | 23세 | 대한민국 | 174cm | 69kg
경력 | 포항(21) ▷ 부천(21~22) ▷ 전북(23~24) ▷ 성남(24) ▷ 제주(25~)
K리그 통산기록 | K리그1 – 4경기 | K리그2 – 62경기 2득점 4도움
대표팀 경력 | –

2002년생 중 최고의 유망주 중 한 명으로 평가받았다. 2019년 U-17 월드컵에서 활약하고, 2020년 포항 유스팀 소속으로 K리그 U-18 챔피언십 결승 MVP로 선정됐다. 정승원을 연상케 하는 '터프한 꽃미남의 반전 매력'으로 차세대 스타 자리를 찜했다. 경험을 쌓기 위해 2021년 임대로 합류한 부천에서 최고의 활약을 펼쳤다. 2022년 박건과의 트레이드로 부천으로 완전 이적한 오재혁은 1년 뒤 전북에 둥지를 틀었다. 2023년과 2024년 연이은 부상으로 아쉬운 시간을 보낸 오재혁은 연제운과 트레이드로 제주로 향했다. 부상만 없다면 중원을 마음껏 휘저을 자원으로 꼽힌다.

2024시즌 기록						강점	약점
1	0	**993(12)** MINUTES 출전시간(경기수)	**0** GOALS 득점	**0** ASSISTS 도움	**1** WEEKLY BEST 11 주간베스트11	드리블, 운영, 중거리슛 '리틀 이창민'	부족한 경험 경쟁자가 이창민

17
DF

유인수

1994년 12월 28일 | 31세 | 대한민국 | 178cm | 70kg
경력 | FC도쿄(16~17) ▷ 아비스파후쿠오카(18) ▷ FC도쿄(19) ▷ 성남(20) ▷ 상무(21~22)
▷ 성남(22) ▷ 강원(23~24) ▷ 제주(25~)
K리그 통산기록 | K리그1 – 101경기 8득점 7도움 | K리그2 – 19경기 1득점
대표팀 경력 | –

같은 유니폼 컬러에 같은 스폰서를 둔 제주와 강원 간 트레이드의 결과물이다. K리그1에서만 100경기 이상을 뛴 멀티 플레이어 유인수와 2년 차 신예 미드필더 원희도가 유니폼을 맞바꿔 입었다. 김학범 감독은 양 측면 공격수, 양 측면 수비수를 두루 맡는 유인수의 유틸리티 능력을 높이 샀다. 유인수는 도쿄에서 프로데뷔해 26세라는 늦은 나이에 K리그에 입성했지만 빠르게 존재감을 드높였다. 2023년 성남에서 강원으로 이적한 유인수는 2024시즌 역대급 성적을 낸 강원에서 개인 단일시즌 최다 공격포인트(6개)를 올렸다. 제주에서도 미드필더와 수비진을 활발히 오갈 예정이다.

2024시즌 기록						강점	약점
4	0	**1,822(28)** MINUTES 출전시간(경기수)	**2** GOALS 득점	**4** ASSISTS 도움	**1** WEEKLY BEST 11 주간베스트11	측면 지배자, 크로스와 문전 침투	작은 육각형 능력치

정운

1989년 6월 30일 | 36세 | 대한민국 | 180cm | 76kg
경력 | 울산(12) ▷ NK이스트라(13~14) ▷ RNK스플리트(15) ▷ 제주(16~18)
▷ 김포시민(18~20) ▷ 제주(20~)
K리그 통산기록 | K리그1 – 189경기 5득점 15도움 | K리그2 – 24경기 2득점
대표팀 경력 | –

2024년을 끝으로 구자철이 은퇴하면서 팀 내 최고참이 됐다. 정운은 이미 현역 제주 소속 최다출전 기록을 보유했다. 2012년 울산에서 프로데뷔해 독특하게 크로아티아 리그에서 첫 번째 전성기를 누린 정운은 2016년 인연을 맺은 제주에서 9년째 머물고 있다. 2부로 강등된 팀에 남아 승격을 이끈 영웅 중 한 명이다. 승격 이후로 스리백의 왼쪽 센터백 자리와 레프트백을 오가며 제주의 왼쪽 수비를 든든히 지켰다. 2024시즌 후 2026년까지 2년 재계약을 체결하며 영원한 전설의 길로 들어섰다. 2025시즌에도 정운은 늘 그랬듯이, 자기 역할을 할 것이다.

2024시즌 기록					- WEEKLY BEST 11 주간베스트11	강점	약점
3	0	2,252(23) MINUTES 출전시간(경기수)	0 GOALS 득점	1 ASSISTS 도움		탁월한 수싸움, 안정적 수비	어쩔 수 없는 기동력 저하, 부상 빈도

김주공

1996년 4월 23일 | 29세 | 대한민국 | 180cm | 66kg
경력 | 광주(19~21) ▷ 제주(22~)
K리그 통산기록 | K리그1 – 121경기 18득점 10도움 | K리그2 – 17경기 3득점 2도움
대표팀 경력 | –

아파트 이름이 연상되는 김주공은 이름만큼이나 실력으로 팬들에게 어필하고 있다. 전주 출신으로 지역팀 전북에서 입단 테스트를 받았던 김주공은 2019년 당시 2부 광주에 입단하며 프로의 꿈을 이뤘다. 공격진의 모든 포지션에서 뛸 수 있고, 돌파, 헤딩, 슈팅 능력을 두루 장착한 김주공은 광주에서 빠르게 주력으로 자리매김했다. 데뷔 시즌 팀의 승격을 이끈 김주공은 3년 뒤 제주로 이적, 2022시즌 개인 최다인 5골 4도움을 폭발했다. 뮬리치와의 트레이드가 발표 직전 무산되는 해프닝을 겪은 김주공은 2023년 말 불의의 부상으로 병역면제를 받았다. 부상 회복 후 대구전 멀티골로 팀 잔류에 기여했다.

2024시즌 기록					1 WEEKLY BEST 11 주간베스트11	강점	약점
1	0	483(9) MINUTES 출전시간(경기수)	3 GOALS 득점	1 ASSISTS 도움		성실한 전방 압박, 문전 침투	세밀한 마무리, 부상 데미지

김재우

1998년 2월 6일 | 27세 | 대한민국 | 187cm | 84kg
경력 | SV호른(16~17) ▷ 부천(18~19) ▷ 대구(20~21) ▷ 대전(22~24) ▷ 상무(23~24)
▷ 제주(25~)
K리그 통산기록 | K리그1 – 40경기 1득점 1도움 | K리그2 – 73경기 3득점 5도움
대표팀 경력 | –

2024년 8월 17일, 대전 소속 김재우는 인천전에서 35미터가 넘는 초장거리 중거리 슛을 골망에 꽂아 축구팬의 눈을 사로잡았다. K리그가 선정한 올해의 골 베스트 10에 포함된 김재우의 '인생골'이자, 계속된 부상 여파로 충분한 출전시간을 부여받지 못한 설움을 터뜨리며 '아직 김재우가 살아있다'라는 걸 알리는 강력한 한방이었다. 김재우는 2016년 오스트리아 호른에서 프로 데뷔해 부천, 대구, 대전에서 뛰었다. 확고한 주전으로 활약한 건 상무 시절인 2023시즌이었다. 김재우는 올림픽 대표에서 인연을 맺은 김학범 감독과 함께 '인생골'이 아닌 '인생시즌'을 노린다.

2024시즌 기록					2 WEEKLY BEST 11 주간베스트11	강점	약점
0	0	845(10) MINUTES 출전시간(경기수)	1 GOALS 득점	1 ASSISTS 도움		강력한 오른발, 발 빠른 수비수	잦은 부상, 안정감

김준하

2005년 12월 2일 | 20세 | 대한민국 | 177cm | 67kg
경력 | 제주(25〜)
K리그 통산기록 | 2025시즌 K리그1 데뷔
대표팀 경력 | –

제주가 공들여 키운 유스 출신 유망주. 같은 유스 출신인 강민재, 최병욱, 주승민, 김진호 등과 함께 프로팀에 콜업됐다. 최병욱과는 숭실대 동기이기도 하다. 김준하는 기술적인 전진 드리블에 능한 게임체인저형 공격형 미드필더다. 활동량과 골 결정력을 장착했다. 숭실대 1학년부터 주전을 꿰찬 김준하는 2024년 태백산기 제19회 1, 2학년 대학축구연맹전에서 총 4골을 넣었다. 동명대와의 준결승전에서 골맛을 보기도 했다. 대학무대에선 이미 실력파로 유명세를 떨쳤다. 22세 카드로 기회를 받았을 때, 그 기회를 강단있게 얼마나 잘 살릴지가 관건이다.

2024시즌 기록					- WEEKLY BEST 11 주간베스트11	강점	약점
-	-	- MINUTES 출전시간(경기수)	- GOALS 득점	- ASSISTS 도움	-	기술적인 전진 드리블, 활동량	부족한 프로 경험

김륜성

2002년 6월 4일 | 23세 | 대한민국 | 179cm | 70kg
경력 | 포항(21) ▶ 상무(22〜23) ▶ 포항(24) ▶ 부산(24) ▶ 제주(25〜)
K리그 통산기록 | K리그1 – 21경기 | K리그2 – 20경기 5도움
대표팀 경력 | –

'제주에서 태어난 재능러들은 대개 뭍으로 나가 성공한다.' 정작 제주 출신 선수가 없다는 것은 제주 구단의 오랜 고민이다. 고민 해결사가 제주에 도착했다. 2023년 임창우를 영입한데 이어 제주도 태생 김륜성을 영입한 것도 같은 맥락이다. 포항 유스에서 성장해 2021년 프로팀에 콜업된 김륜성은 가능성을 인정받아 첫해에 13경기를 뛰었다. 김천 상무에 입단해 빠르게 군 문제를 해결한 김륜성은 2024년 포항에서 기회를 잡지 못하고 2부 부산으로 임대로 뛰었다. 그리고 2025년, 레프트백 보강에 나선 제주에 입단하며 고향팀으로 돌아왔다. 구단명 변경 이후에 데려온 1호 영입이기도 하다.

2024시즌 기록					2 WEEKLY BEST 11 주간베스트11	강점	약점
0	0	1,026(11) MINUTES 출전시간(경기수)	0 GOALS 득점	3 ASSISTS 도움	2	오버래핑, 투쟁심, 제주도부심	4년간 42경기, 부족한 경기 경험

■ K리그2 기록

김건웅

1997년 8월 29일 | 28세 | 대한민국 | 185cm | 81kg
경력 | 울산(16〜19) ▶ 전남(19) ▶ 수원FC(20〜22) ▶ 전북(23) ▶ 제주(23〜)
K리그 통산기록 | K리그1 – 127경기 5득점 2도움 | K리그2 – 58경기 4득점 1도움
대표팀 경력 | –

탄탄한 체구에서 비롯된 터프함과 부드러움을 겸비한 미드필더. 울산 유스 출신으로 19세의 나이로 울산에서 프로 데뷔하며 기대감을 키웠다. 출전 경험을 쌓기 위해 2019년 전남으로 임대를 떠났고, 2020년 '스승' 김도균 감독의 부름을 받고 수원FC로 향했다. 2020시즌 1부 승격을 이끈 김건웅은 두 시즌간 1부리그를 누볐다. 2023년 전북으로 깜짝 이적했고, 2023년 안현범과 트레이드로 제주 유니폼을 입었다. 제주가 '중원 맛집'이지만, 정통 수비형 미드필더는 많지 않아 이창민, 이탈로 등의 파트너로 중요한 역할을 할 전망이다.

2024시즌 기록					- WEEKLY BEST 11 주간베스트11	강점	약점
0	0	1,271(18) MINUTES 출전시간(경기수)	2 GOALS 득점	0 ASSISTS 도움	-	수미와 센터백 소화 안정적 볼 배급	창의성과 수비력 부족

전지적 작가 시점

윤진만이 주목하는 제주의 원픽!
이창민

'제주 리빙 레전드' 이창민은 2025년 1월에 방영된 축구 예능 '슈팅스타'에 거제시민축구단 소속으로 출연했다. 그때 K리그 출신 '슈팅스타' 멤버들은 이창민에 대해 저마다 엄지를 추켜세웠다. 선수가 인정하는 선수가 '진짜'라고들 하는데, 이창민이 딱 그런 레벨의 선수다. 일례로, 제주는 2023시즌 도중인 6월 이창민이 입대하기 전후로 경기력이 180도 달랐다. 양질의 패스를 공급해주는 선수가 빠지면서 공격이 생명력을 잃었다. 누구보다 동료들이 늘 그 자리에 서 있었던 이창민의 공백을 절감했다. 리버풀의 스티븐 제라드, 첼시의 프랭크 램파드, 맨유의 폴 스콜스의 존재감을 떠올리면 이해가 쉬울 터다. 프로 무대를 떠나 있었던 1년 9개월의 공백은 물론 무시할 수 없다. 하지만 이창민 정도의 재능과 기량을 지닌 미드필더라면, 걱정은 기우일 것이다. 2024시즌 깜짝 등장한 이탈로와 이창민 덕에 제주의 중원은 최대 강점이 됐다. 이창민이 뿌리는 시원시원한 장거리 패스와 대포알 중거리 슈팅을 다시 제주에서 감상할 수 있다.

지금 제주에 이 선수가 있다면!
이동경

김학범 감독은 2024년 제주 사령탑 부임 당시 "남들을 괴롭히는 축구를 펼치겠다"고 선언했다. 뜻을 이루기 위해선 감독의 아이디어를 경기장 위에서 투영할 수 있는 '충신'이 필요하다. '왼발잡이 충신'이라면 더 환영이다. 학범슨은 예부터 왼발잡이 테크니션과 궁합이 좋았다. 김학범 감독이 성남을 이끌던 2016년, 브라질 출신 티아고 알베스는 '원샷원킬' 왼발 능력을 마음껏 뽐내며 19경기에서 경기당 1개의 공격포인트에 가까운 13골 5도움을 폭발했다. 올림픽 대표팀 시절엔 이동경(김천)이 에이스 노릇을 톡톡히 했다. 학범슨표 전술에 대한 이해도가 높고, 28세라는 전성기 나이대인 이동경과 재회할 수 있다면 금상첨화다. 지난해 왼발잡이 카이나와 갈레고는 진한 아쉬움을 남긴 채 팀을 떠났다. 현재 제주엔 플레이메이커 남태희가 있지만, 어떻게 조합하느냐에 따라 공존할 수 있다. 게다가 제주엔 풀백 외엔 전문 왼발 키커가 없다. 코너킥, 프리킥과 같은 데드볼 상황에서 이동경이 있다면, 다양한 세트피스 전략을 꾀할 수 있다. 군인을 강제로 빼 오라는 건 절대 아니니, 오해 금지!

주민규
이창근
윤도영
정재희
마사
박규현
하창래
강윤성
밥신
구텍
김인균
김승대
김준범
최건주
오재석
아론
이순민
김현욱
안톤
천성훈
임종은
정우빈
임덕근
김경환
신상은

대전하나시티즌

황선홍 + 주민규 = 창단 첫 파이널A행?!

대전하나시티즌

배고픈 시도민구단의 상징이었던 대전은 2019년 하나금융그룹에 인수되며 물줄기를 바꿨다. 2001년 FA컵 우승을 제외하고 이렇다 할 트로피도 없이 K리그2를 전전하던 대전은 단숨에 부자구단으로 옷을 갈아입고, 도약을 꿈꿨다. 2022년 플레이오프를 통해 K리그1로 돌아온 대전은 2023년 과감한 공격축구로 새바람을 일으켰다. 구름 관중이 몰리며, 축구 특별시의 부활을 알렸다. 아쉽게 파이널A행에는 실패했지만, 8위에 올랐다. 가능성을 보기에는 충분한 시즌이었다. 이순민, 김승대 등 뛰어난 선수들을 더하며 많은 기대 속에 출발한 2024년. 결과는 기대에 미치지 못했다. 부상자가 속출하며 최하위로 추락했고, 강등의 검은 그림자가 시즌 내내 팀을 위협했다. 하지만 4년간 팀을 이끈 이민성 감독이 대전을 떠나고, 초대 감독이었던 황선홍 감독이 부임하며 기류가 바뀌었다. 여름 이적시장 폭풍 영입에 나선 대전은 달라진 구조로 막판에 제대로 분위기를 탔고, 결국 8위로 시즌을 마감했다. 기업구단 변신 후 이어온 상승세가 지난 시즌 주춤했지만, 대전은 겨우내 또 한 번 지갑을 열며 황선홍 2기 체제를 더욱 공고히 했다. 새로운 시즌 목표는 창단 첫 파이널A행이다.

구단 소개

정식 명칭	대전 하나 시티즌 축구단
구단 창립	1997년 3월 12일
모기업	하나금융그룹
상징하는 색	자주색, 하나그린색
경기장(수용인원)	대전월드컵경기장 (40,903명)
마스코트	자주, 하나
레전드	김은중, 이관우, 최은성, 공오균, 김영근, 강정훈 등
서포터즈	대전러버스
커뮤니티	9720

우승

K리그	1회(2014 – K리그2)
코리아컵(FA컵)	1회(2001)
AFC챔피언스리그(ACL)	–

최근 5시즌 성적

시즌	K리그	코리아컵(FA컵)	ACL
2024시즌	8위	16강	–
2023시즌	8위	16강	–
2022시즌	2위 (2부)	2라운드	–
2021시즌	2위 (2부)	3라운드	–
2020시즌	4위 (2부)	16강	–

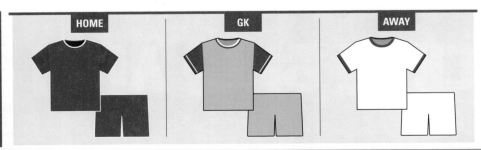

HOME   GK   AWAY

대전 2기 진정한 출발대에 선 황선홍,
'더 이상 실패는 없다'

황선홍

1968년 7월 14일 | 56세 | 대한민국

K리그 전적
413전 179승 112무 122패

한국축구 역사상 최고의 선수 중 한 명이지만, 지도자 변신 후에는 부침이 심했다. 포항에서 K리그 역사상 첫 더블을 달성했지만, 서울에서는 실패했다. U-23 대표팀을 맡아 아시안게임 금메달을 목에 걸며 반등하나 했더니 40년 만의 올림픽 본선 진출 실패로 다시 고개를 숙였다. 올림픽 실패의 충격이 채 가시기도 전, 4년 만에 다시 대전의 지휘봉을 잡았다. 지도자 인생 최악의 순간을 뚫고 나온 황 감독은 한 단계 진화한 모습이었다. 귀를 열고 선수단의 마음을 얻었고, 콤팩트 축구를 통해 경기력을 끌어올렸다. 팀을 잔류시키며 야유를 환호로 바꾼 황 감독은 모기업의 전폭적인 지원을 앞세워 더 큰 도약을 노리고 있다. 기존 스타일을 유지하면서도 지난 시즌 약점인 득점력을 높이기 위한 방법을 준비 중이다.

선수 경력

레버쿠젠	부퍼탈	포항	세레소오사카	가시와레이솔	전남

지도자 경력

전남 코치	전남 수석코치	부산 감독	포항 감독	서울 감독	옌벤 감독	대전 감독	U-23 대표팀 감독	A대표팀 임시감독	대전 감독(24~)

주요 경력

1990년 이탈리아월드컵	1994년 미국월드컵	1998년 프랑스월드컵	2002년 한·일월드컵

선호 포메이션	4-2-3-1	3가지 특징	풍부한 지도자 경험	다양한 아이디어	완성도 높은 제로톱 전술

STAFF

수석코치	코치	전술코치	GK코치	피지컬코치	전력분석관	헤드트레이너	통역	키트매니저
명재용	김창수 배효성	요시다	김일진	홍덕기	김정훈 이동재	권순민	김성	김동률

2024 REVIEW

아디다스 포인트로 보는 대전의 2024시즌 활약도

가장 높은 포인트가 골키퍼 이창근이었다. 그만큼 수비진이 불안했다는 이야기다. 이창근은 2024시즌에도 대전의 뒷문을 든든히 지켰다. 이창근의 뒤를 이어 2~4위에 오른 김현욱, 밥신, 마사가 모두 여름 이적시장에서 영입된 신입생들이라는 점은, 대전의 전반기가 얼마나 부진했는지 보여주는 기록이다. 대전은 새롭게 더해진 선수들이 자리 잡은 후부터 기세를 탔고, 결국 잔류에 성공했다. 이 랭킹 중 정통 스트라이커는 천성훈 한 명, 그것도 19위였다. 시즌 내내 공격력이 대전의 발목을 잡았다는 것을 보여준다.

FW
- 김인균 13,054 전체 114위
- 마사 17,663 전체 72위
- 김승대 12,750 전체 117위
- 천성훈 7,048 전체 208위
- 최건주 8,127 전체 195위

MF
- 김현욱 22,632 전체 42위
- 켈빈 9,639 전체 171위
- 주세종 12,967 전체 116위
- 김준범 17,339 전체 75위
- 임덕근 9,545 전체 172위
- 윤도영 9,968 전체 164위
- 밥신 17,889 전체 70위
- 이순민 11,470 전체 137위

DF
- 안톤 15,452 전체 96위
- 김재우 8,923 전체 183위
- 김현우 17,351 전체 74위
- 오재석 5,755 전체 223위
- 이정택 10,125 전체 163위
- 김문환 8,656 전체 185위

GK
- 이창근 28,372 전체 19위

2024시즌 아디다스 포인트 상위 20명　　■ 포인트 점수

포지션 평점
FW	🔥🔥
MF	🔥🔥🔥
DF	🔥🔥🔥
GK	🔥🔥🔥🔥

출전시간 TOP 3
순위	선수	기록
1위	김현우	2,479분
2위	이정택	2,427분
3위	안톤	2,246분

득점 TOP 3
순위	선수	기록
1위	마사	6골
2위	김준범, 음라파	4골
3위	안톤, 구텍, 김승대 등	2골

도움 TOP 3
순위	선수	기록
1위	김준범, 윤도영, 김승대, 마사	3도움
2위	최건주	2도움
3위	이창근 외 10명	1도움

주목할 기록
35.8	최후방~최전방 거리 전체 1위 촘촘하게 운영된 제로톱
423	'터프한 황새' 대전의 2024년 파울수(K리그 1위)

성적 그래프

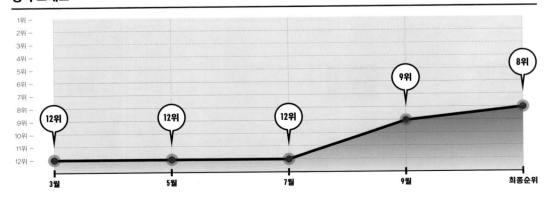

3월 12위 · 5월 12위 · 7월 12위 · 9월 9위 · 최종순위 8위

2025 시즌 스쿼드 운용 & 이적 시장 인앤아웃

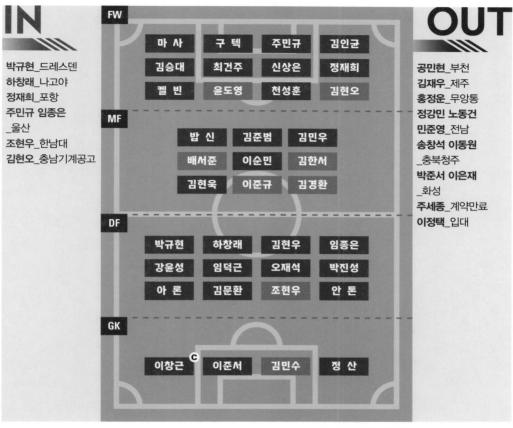

IN

박규현_드레스덴
하창래_나고야
정재희_포항
주민규 임종은
_울산
조현우_한남대
김현오_충남기계공고

OUT

공민현_부천
김재우_제주
홍정운_무앙통
정강민 노동건
민준영_전남
송창석 이동원
_충북청주
박준서 이은재
_화성
주세종_계약만료
이정택_입대

FW

마사	구 텍	주민규	김인균
김승대	최건주	신상은	정재희
켈 빈	윤도영	천성훈	김현오

MF

밥 신	김준범	김민우
배서준	이순민	김한서
김현욱	이준규	김경환

DF

박규현	하창래	김현우	임종은
강윤성	임덕근	오재석	박진성
아 론	김문환	조현우	안 톤

GK

| 이창근 ⓒ | 이준서 | 김민수 | 정 산 |

ⓒ 주장　■ U-22 자원

2024년 대전은 죽다 살았다. 강등의 위기에서 황선홍 체제로 변신 뒤, 가까스로 잔류에 성공했다. 명문 구단의 기틀을 마련하려는 황 감독은 올 시즌 파이널A 진출, 나아가 아시아챔피언스리그 진출을 목표로 삼았다. 스쿼드는 확실히 상위권에 가깝게 구축되었다. 지난 시즌 여름에 영입한 선수들이 확실히 팀의 주축으로 자리매김했고, 불안했던 포지션에는 정상급 선수들을 더했다. 정재희, 하창래, 임종은은 이미 리그에서 검증된 선수들이고, 박규현도 대표팀에 뽑힐 정도로 능력 있는 선수다. 백미는 역시 주민규다. 지난 시즌 최소 득점 4위에 머물렀던 대전은 결정력만큼은 확실한 주민규가 가세하며, 득점 고민을 줄였다. 지난 시즌 후반기부터 호평을 받은 과감한 압박과 빠른 트랜지션이 자리를 잡은 만큼, 기존 선수들이 이 축구에 녹아든다면 대전은 다크호스로 손색이 없다. 초반 분위기만 탄다면 목표 이상의 성적도 가능하다.

주장의 각오

이창근

"커리어 첫 주장이다. 책임감이 더 커졌다. 선수들은 결과를 내야 한다. 구단과 팬은 준비가 잘 되어 있다. 이제 선수들이 그 준비에 다가갈 일만 남았다."

2 0 2 5   예 상   베 스 트   1 1

이적시장 평가

양보다 질을 택했다. 지난 여름 이적시장에 폭풍 영입을 통해 황선홍 축구의 1차 밑그림을 그린 대전은 이번 겨울에는 약점 보강에 주력했다. 확실한 주전이 없던 왼쪽 풀백에 황선홍 감독이 잘 아는 박규현을 더했고, 윙어 정재희 영입으로 속도를 높였다. 하창래, 임종은으로 포백 중앙을 업그레이드했고, 가장 고민이던 원톱에 '국대 스트라이커' 주민규를 더하며 방점을 찍었다.

저자 6인 순위 예측

• 김 성 원 •	• 윤 진 만 •	• 박 찬 준 •	• 김 가 을 •	• 김 대 식 •	• 이 현 석 •
6위_아낌없는 투자는 박수 받아야. 영입만 놓고 보면 '빅3'. 관건은 융화. 주민규 탑재했지만 세월이 야속. 감독이 역량을 발휘해야 한다.	**5위**_선수만큼이나 감독의 '폼'도 중요한 법. 기세 탄 황새볼에 '톱클래스' 주민규를 태웠다. 꾸준한 투자의 결실을 맺을 때가 왔다.	**3위**_딱 필요한 자리에 딱 필요한 선수들을 영입하며, 스쿼드 무게감을 높였다. 기대대로 주민규가 두 자릿수 득점만 해준다면 우승 경쟁 다크호스다.	**3위**_'황새' 황선홍 감독이 다시 한 번 날아올랐다. 주민규 박규현 등 든든한 지원군도 합류했다. 팬들의 뜨거운 함성. 이제는 그 힘을 보여줘야 할 때.	**4위**_주민규로 화룡점정을 찍었지만 '대권에 도전할 수 있는가'라는 물음에는 물음표를 남긴다. 지난 시즌 후반기 기세가 올해까지 이어질지 미지수.	**4위**_하창래, 정재희에 주민규로 방점을 찍었다. 후반기 보여줬던 경기력은 도약을 기대하기에 충분. 선수단과 전술의 시너지가 터져 나올 차례.

주민규

1990년 4월 13일 | 35세 | 대한민국 | 183cm | 88kg

10
FW

주민규

WEEKLY BEST 11

경력

고양(13~14)
▷이랜드(15~16)
▷상주(17~18)
▷울산(19)
▷제주(20~22)
▷울산(23~24)
▷대전(25~)

K리그 통산기록

K리그1 – 211경기 92득점 25도움
K리그2 – 145경기 52득점 14도움

대표팀 경력

8경기 2득점

번외 지명을 통해 K리그에 입성한 주민규는 그저 그런 수비형 미드필더였다. 2015년 서울이랜드 이적은 터닝 포인 트가 됐다. 리그는 스트라이커로 변신한 주민규를 주목했다. 23골을 폭발시키며 득점 2위에 올랐지만 이후 부침 있 는 모습을 보였다. 상주상무에서 맹활약을 펼친 그는 2019년 '빅클럽' 울산으로 이적했지만 기대에 미치지 못했다. 2020년 제주 이적은 그의 축구인생 2막을 열었다. 부상 속에서도 8골을 넣으며 팀을 승격시킨 주민규는 2021년 마 침내 정상에 섰다. 22골을 넣으며 K리그1 득점왕을 거머쥐었다. 2022년에도 기세는 이어졌고, 17골을 넣었다. 조규 성과 골 수는 같았지만, 출전시간에서 밀려 아쉽게 득점왕을 놓쳤다. 2023년부터 열린 3막은 그의 커리어 하이라이 트였다. 2023년 득점왕과 첫 K리그1 우승에 성공했다. 2024년에는 그토록 원했던 대표팀에도 승선해 데뷔골까지 넣었다. 올겨울 주민규는 도전을 택했다. 세대교체에 나선 울산을 떠나 도약을 준비 중인 대전 유니폼을 입었다. 또 한 번의 득점왕과 또 한 번의 우승을 위해서다. '한국 역대 최고의 스트라이커' 황선홍 감독과의 만남으로도 이미 많 은 기대를 모으고 있다.

2024시즌 기록					
1	**2,549(33)** MINUTES 출전시간(경기수)	**10** GOALS 득점	**4** ASSISTS 도움	**1**	**7** WEEKLY BEST 11 주간베스트11
강점	강력한 포스트플레이, 탁월한 결정력		특징	역대 최고령 A매치 데뷔, 포지션 변경	
약점	좁은 활동폭, 떨어지는 스피드		별명	늦게 핀 꽃, K-케인	

이창근

1993년 8월 30일 | 32세 | 대한민국 | 186cm | 83kg

1
GK

WEEKLY BEST 11

이창근

경력

부산(12~16)
▶수원FC(16)
▶제주(17~19)
▶상주(20~21)
▶대전(22~)

K리그 통산기록

K리그1 – 222경기 305실점
K리그2 – 41경기 49실점

대표팀 경력

1경기

주민규도 인정한 대전의 유일신. 그의 등장과 함께 대전의 물줄기가 바뀌었다. 2022년 2 대 3 트레이드로 제주에서 대전으로 유니폼을 갈아입은 이창근은 첫해부터 놀라운 활약을 펼치며, 팀의 승격을 이끌었다. 2023년은 더욱 빛났다. 전 경기에 출전해 무려 133개의 선방을 기록했다. K리그 단일 시즌 최다 선방 신기록이었다. 특히 아틀레티코마드리드와의 올스타전에서 인생 경기를 펼치며 디에고 시메오네 감독의 극찬을 받기도 했다. 2024년은 우울했던 대전의 유일한 빛이었다. 주축 선수들의 부상과 부진이 이어지는 가운데, 유일하게 꾸준한 선수가 이창근이었다. 이창근은 이런 활약을 인정받아 다시금 A대표팀에도 이름을 올렸다. 뛰어난 선방 능력을 자랑하는 이창근은 부산에서 데뷔했지만, 기대만큼 성장하지 못했다. 2016년 수원FC로 이적해 잠재력을 폭발시킨 이창근은 이후 제주, 상주를 거쳤다. 안정성과 판단력이 아쉽다는 평가를 받았던 이창근은 대전 이적 후 한단계 도약에 성공하며 무결점 골키퍼로 우뚝 섰다. 탁월한 리더십을 앞세워 올 시즌부터 팀의 주장을 역임하게 됐다. 매 경기 하이라이트 필름을 찍는 이창근은 대전 수비에서 가장 중요한 선수다.

	2024시즌 기록				5
1	3,537(35) MINUTES 출전시간(경기수)	111 SAVE 선방	42 LOSS 실점	0	WEEKLY BEST 11 주간베스트11

강점	뛰어난 반사신경, 안정적인 빌드업	특징	형제 축구선수, 현 대전 캡틴
약점	가끔씩 나오는 어이없는 실수	별명	창근신

윤도영

2006년 10월 28일 | 19세 | 대한민국 | 173cm | 66kg

77
MF

윤도영

WEEKLY BEST 11

경력

대전(24~)

K리그 통산기록

K리그1 – 19경기 1득점 3도움

대표팀 경력

–

대전의 성골 유스. 대전 U-15에서 3관왕의 주역이었던 윤도영은 대전 U-18에서도 에이스로 활약했다. 전국구 유망주였던 윤도영은 2023년 U-17 아시안컵을 통해 세계로 무대를 넓혔다. 4골을 몰아넣은 윤도영은 같은 해 펼쳐진 인도네시아 U-17 월드컵에서도 맹활약을 펼치며, 유럽 스카우트의 눈길을 사로잡았다. 관심을 보인 구단엔 맨체스터시티도 있었다. 2024년 준프로 계약을 통해 대전 유니폼을 입은 윤도영은 초반 주로 B팀에서 뛰었다. 프로 적응기를 마친 윤도영은 14라운드 울산전에서 프로 데뷔전을 치렀다. 광주와의 29라운드에서는 데뷔골까지 넣었다. 최연소 출전, 최연소 득점 기록을 새로 쓴 윤도영은 시간이 지날수록 빼어난 모습을 보이며, 후반기 대전의 반등을 이끌었다. 토트넘으로 이적하는 등 센세이셔널한 활약을 펼친 양민혁에 살짝 가려졌지만, 2006년생이라는 점을 감안하면 분명 놀라운 활약이었다. 세밀한 플레이는 양민혁보다 낫다는 평가다. 윤도영은 올겨울 브라이턴, 애스턴빌라 등과 연결되며 뜨거운 관심을 받았다. 윤도영은 일단 K리그에서 자신의 가치를 입증하는 게 우선이라 했다. 2년 차 윤도영은 반드시 주목해야 할 신성이다.

	2024시즌 기록				
0	**909(19)** MINUTES 출전시간(경기수)	**1** GOALS 득점	**2** ASSISTS 도움	0	**1** WEEKLY BEST 11 주간베스트11

강점	타이밍을 뺏는 드리블, 창의적인 플레이	특징	유럽이 주목하는 재능, 이강인급 테크니션
약점	아직 영글지 않은 피지컬, 아쉬운 마무리 솜씨	별명	2006년생 K리거 4대 천황

정재희

1994년 4월 28일 | 31세 | 대한민국 | 174cm | 70kg

27 FW

정재희

③ WEEKLY BEST 11

경력

안양(16~18)
▷ 전남(19~20)
▷ 상주(20~21)
▷ 포항(22~24)
▷ 대전(25~)

K리그 통산기록

K리그1 – 89경기 20득점 6도움
K리그2 – 158경기 21득점 20도움

대표팀 경력

–

리그 최강의 특급 조커이자 스피드스타. 2016년 안양을 통해 K리그에 입성한 정재희는 첫해부터 특유의 스피드를 앞세워 빠르게 두각을 나타냈다. 안양 역사상 첫 구단 100경기 출전 선수가 되는 등 안양의 에이스로 떠오른 정재희에게 러브콜이 쏟아졌고, 2019년 전남으로 유니폼을 갈아입었다. 이적하자마자 도움왕을 거머쥐었고, 상무 입대 후에도 활약을 이어갔다. 2022년 포항을 통해 마침내 K리그1 무대를 밟은 정재희는 그간 쌓은 내공을 유감없이 발휘했다. 상승세를 이어가던 정재희에게 첫 시련이 닥쳤다. 2023년 햄스트링을 다친 정재희는 단 8경기 출전에 그쳤다. 절치부심한 정재희는 2024년 반등에 성공했다. 풀타임을 소화하지 못한 정재희는 슈퍼 서브로 변신했고, 투입할 때마다 폭발적인 스피드와 마무리 솜씨로 승부를 결정지었다. 포항과 계약이 만료되는 정재희를 향해 많은 팀이 관심을 보였다. 서울, 울산 등은 물론 일본에서도 러브콜을 보냈다. 그중 가장 적극적이었던 대전이 정재희를 품는 데 성공했다. 빠른 트랜지션을 강조하는 대전 전술상 정재희가 더욱 빛날 수 있다. 부상만 없다면 두 자릿수 득점도 기대할 만하다.

	2024시즌 기록				3
0	1,878(36)	8	3	0	**WEEKLY BEST 11** 주간베스트11
	MINUTES 출전시간(경기수)	GOALS 득점	ASSISTS 도움		

강점	K리그 최고 수준의 스피드, 탁월한 오프더볼 움직임	특징	코리아컵의 사나이 (MVP 2회)
약점	부족한 체력, 세밀한 컨트롤	별명	특급 조커

마사 Masatoshi Ishida

1995년 5월 4일 | 30세 | 일본 | 180cm | 78kg

7
FW

마사

WEEKLY ⑤ BEST 11

경력

교토상가(14~18)
▷J리그U-22(14~15)
▷사가미하라(16)
▷더스파쿠사츠(17)
▷아술클라로(18)
▷안산(19)
▷수원FC(20)
▷강원FC(21)
▷대전(21~23)
▷주빌로이와타(24)
▷대전(24~)

K리그 통산기록

K리그1 – 49경기 12득점 6도움
K리그2 – 96경기 38득점 10도움

대표팀 경력

–

"승격, 그거 인생 걸고 합시다!" 대전 팬들에게 마사는 특별한 선수다. 시작은 2021시즌이었다. 안산과의 경기 후 한국어로 한 인터뷰는 많은 울림을 줬다. 분명 좋은 전력이지만, 한 끗이 부족했던 대전은 인생을 걸고 싸우자는 마사의 한마디에 달라졌다. 결국 2022년 대전은 승격에 성공했다. 마사의 축구인생은 드라마다. 일본 고교 최고 유망주였던 마사는 프로 입성 후 실패를 거듭했다. J2리그에서도 자리를 잡지 못하던 마사는 한국에서 새롭게 거듭났다. 안산에서 가능성을 보인 마사는 수원FC를 승격시키며 주목을 받았다. 강원 유니폼을 입고 K리그1 무대에 입성했지만, 부상 등이 겹치며 제 몫을 하지 못했다. 좌절은 없었다. 대전은 그에게 또 한 번의 전기가 됐다. 대전에서 좋은 모습을 보인 마사는 활약을 인정받아 그토록 원하던 J리그1 주빌로로 이적했다. 하지만 설 자리는 없었다. 새로운 도전을 원한 그에게 행선지는 한 곳이었다. 대전으로 다시 돌아온 마사는 강등권에 있던 팀을 위기에서 구해냈다. 익숙지 않은 최전방 공격수로 나서 최고의 활약을 펼쳤다. 쓰러질 때까지 그라운드를 누비며, 대전을 사랑하는 일본인 선수, 대전 팬들이 마사를 아끼는 이유다.

	2024시즌 기록				
2	**1,119(15)** MINUTES 출전시간(경기수)	**6** GOALS 득점	**3** ASSISTS 도움	**0**	**5** WEEKLY BEST 11 주간베스트11

강점	뛰어난 축구지능, 탁월한 공간창출력	특징	한국어 패치 완료, 엄청난 프로페셔널
약점	전술에 따라 좌우되는 경기력	별명	낭만 마사, 가을 마사

박규현

2001년 4월 14일 | 24세 | 대한민국 | 183cm | 78kg
경력 | 울산(19~21) ▷ 베르더브레멘(21~23) ▷ 디나모드레스덴(22~24) ▷ 대전(25~)
K리그 통산기록 | 2025시즌 K리그1 데뷔
대표팀 경력 | 2경기

울산 유스 출신의 박규현은 연령별 대표를 두루 거친 수비 유망주였다. 그는 청운의 꿈을 안고 2019년 독일에서 프로 생활을 시작했다. 차근차근 성장하던 박규현은 이후 1부의 벽을 넘지 못하고 독일 하부리그를 오갔다. 잊히는 듯했던 박규현은 2022년 항저우아시안게임을 통해 국내 팬들에게 이름을 각인시켰다. 이후 A대표팀에도 발탁됐다. 독일에서 활로를 찾지 못한 박규현은 아시안게임에서 함께한 황선홍 감독의 부름을 받아 올해 대전 유니폼을 입었다. K리그는 첫 시즌이다. 왼쪽 풀백이 대전의 약점인 만큼 박규현의 역할이 중요하다.

		2024시즌 기록			-	강점	약점
5	0	1,402(19) MINUTES 출전시간(경기수)	0 GOALS 득점	0 ASSISTS 도움	WEEKLY BEST 11 주간베스트11	여러 포지션 소화 가능한 멀티플레이어	다소 떨어지는 공격력

■ 독일 3부리그 기록

하창래

1994년 2월 16일 | 31세 | 대한민국 | 188cm | 82kg
경력 | 인천(17) ▷ 포항(18~23) ▷ 상무(21~22) ▷ 나고야그램퍼스(24) ▷ 대전(25~)
K리그 통산기록 | K리그1 – 156경기 7득점 | K리그2 – 8경기
대표팀 경력 | –

지난 시즌 포항을 떠나 J리그1 나고야그램퍼스로 이적한 하창래는 초반과 달리, 갈수록 팀내 입지가 줄어들었다. 센터백이 귀한 K리그 팀들이 하창래에 러브콜을 보냈고, 대전이 임대로 하창래를 품었다. 포백을 더욱 공고히 하기 위한 황선홍 감독의 선택이었다. 인천, 포항을 거친 하창래는 김천에서 업그레이드에 성공했고, 전역 후 포항에서 최고의 모습을 보이며 K리그 정상급 센터백으로 자리매김했다. A대표팀에도 승선한 하창래는 압도적 피지컬에 스피드, 제공권 등을 모두 갖춘 만큼, 대전 수비에 큰 보탬이 될 전망이다.

		2024시즌 기록			-	강점	약점
7	0	1,754(24) MINUTES 출전시간(경기수)	3 GOALS 득점	0 ASSISTS 도움	WEEKLY BEST 11 주간베스트11	외국인 선수 못지 않은 피지컬	거친 플레이

■ 일본 J1리그 기록

강윤성

1997년 7월 1일 | 27세 | 대한민국 | 172cm | 65kg
경력 | 대전(16~18) ▷ 제주(19~21) ▷ 상무(22~23) ▷ 대전(23~)
K리그 통산기록 | K리그1 – 106경기 1득점 3도움 | K리그2 – 94경기 6득점 4도움
대표팀 경력 | –

좌우는 물론 측면과 중앙을 모두 소화할 수 있는 멀티 플레이어. 2017년 대전에서 데뷔한 강윤성은 제주, 김천을 거쳐 2023년 다시 대전으로 돌아왔다. 현 스쿼드에서 시티즌 시절을 경험한 유일한 선수다. 지난 시즌에는 부상이 겹치며 19경기 출전에 그쳤다. 세밀한 플레이는 아쉽지만, 엄청난 활동량을 바탕으로 한 저돌적 플레이는 강윤성만의 장점이다. 올 시즌은 일단 김문환-박규현, 좌우 풀백의 백업이 유력하지만, 다양한 포지션을 소화할 수 있는 만큼, 황선홍 감독의 선수단 운용에 큰 힘이 될 것으로 보인다.

		2024시즌 기록			-	강점	약점
2	0	1,560(19) MINUTES 출전시간(경기수)	0 GOALS 득점	0 ASSISTS 도움	WEEKLY BEST 11 주간베스트11	박지성 뺨 치는 활동량	부족한 세밀함

밥신
Victor Bobsin Pereira

2000년 1월 12일 | 25세 | 브라질 | 184cm | 74kg
경력 | 그레미우(21~22) ▷ 산타클라라(22~23) ▷ 대구(23~24) ▷ 대전(24~)
K리그 통산기록 | K리그1 – 39경기 2득점 1도움
대표팀 경력 | –

밥신은 브라질 연령별 대표를 두루 거친 유망주였다. 유럽 빅클럽의 러브콜을 받을 정도였다. 포르투갈 이적 후 부침 있는 모습을 보인 밥신은 2023년 여름 대구를 통해 K리그에 입성했다. 당시 등록명은 벨톨라. 잦은 부상으로 우려를 낳았던 밥신은 이내 클라스를 과시하며, 대구 중원의 핵으로 활약했다. 대구는 1년 임대였던 밥신의 계약 연장을 원했지만, 높은 몸값에 입맛을 다셨다. 대전이 기로에 섰던 밥신을 잡았다. 밥신은 빼어난 활약을 펼치며, 대전을 위기에서 구했다. 대전은 곧바로 완전이적을 통해 밥신을 품었다.

2024시즌 기록					3 WEEKLY BEST 11 주간베스트11	강점	약점
5	0	2,488(28) MINUTES 출전시간(경기수)	1 GOALS 득점	1 ASSISTS 도움		탁월한 볼배급 능력	느린 스피드

구텍
Vladislavs Gutkovskis

1995년 4월 2일 | 30세 | 라트비아 | 187cm | 87kg
경력 | 올림프스(11~13) ▷ 스콘토리가(13~15) ▷ 부르크베트니에치에차(16~20) ▷ 쳉스토호바(20~23) ▷ 대전(23~)
K리그 통산기록 | K리그1 – 13경기 2득점
대표팀 경력 | 49경기 11득점

라트비아 올해의 선수상만 두 번을 수상한 라트비아 최고의 선수지만, 대전 이적 후에는 유독 부상에 시달리고 있다. 2023년 여름 이적 후 3경기 만에 십자인대 파열로 쓰러졌고, 티아고가 떠나며 에이스 공격수로 나선 2024년에도 4경기 만에 부상으로 이탈했다. 이후 복귀했지만, 큰 활약은 보이지 못했다. 1년 6개월간 13경기 밖에 나서지 못한 역대급 유리몸이지만, 탁월한 신체능력을 바탕으로 한 포스트플레이나 연계능력, 헌신적인 플레이를 갖고 있어, 대전 팬들의 기대는 여전히 적지 않다. 새 시즌에는 주민규의 가세로 백업이 유력하다.

2024시즌 기록					2 WEEKLY BEST 11 주간베스트11	강점	약점
0	1	519(10) MINUTES 출전시간(경기수)	2 GOALS 득점	0 ASSISTS 도움		강력한 포스트플레이	유리몸

김인균

1998년 7월 23일 | 27세 | 대한민국 | 174cm | 66kg
경력 | 충남아산(20~21) ▷ 대전(22~)
K리그 통산기록 | K리그1 – 54경기 10득점 6도움 | K리그2 – 77경기 14득점 4도움
대표팀 경력 | –

K리그에서 가장 빠른 선수 중 하나다. 최고 시속이 36.63km/h에 달한다. 폭발적인 주력으로 상대 뒷공간을 허문 후 마무리하는 것은 김인균의 전매특허다. 양발 모두 잘 사용한다. 2021년 충남아산에서 영플레이어상을 수상한 후 2022년 대전으로 이적한 김인균은 특급 조커로, 고비마다 득점포를 가동하는 복덩이다. 2024년은 부상으로 다소 주춤했지만, 출전한 경기에선 확실한 임팩트를 남겼다. 올겨울 상무 입대를 노렸지만, 실패했다. 이로 인해 대전은 좌인균-우재희라는 역대급 '스피드 마스터' 좌우 윙어를 보유하게 됐다.

2024시즌 기록					1 WEEKLY BEST 11 주간베스트11	강점	약점
2	0	1,552(25) MINUTES 출전시간(경기수)	2 GOALS 득점	0 ASSISTS 도움		K리그 최고 수준의 스피드	아쉬운 위치선정

김승대

1991년 4월 1일 | 34세 | 대한민국 | 175cm | 64kg

경력 | 포항(13~15) ▷ 옌볜(16~17) ▷ 포항(17~19) ▷ 전북(19~22) ▷ 강원(20) ▷ 포항(22~23) ▷ 대전(24~)

K리그 통산기록 | K리그1 – 296경기 48득점 50도움

대표팀 경력 | 6경기 1득점

'라인 브레이커', 김승대의 별명이자 그의 플레이를 설명하는 단어다. 영리한 오프더볼 움직임으로 상대 배후를 무너뜨린다. 마무리 능력도 좋아, 기회가 오면 득점으로 연결한다. 정든 포항을 떠나 2024년 마사의 대체자로 대전 유니폼을 입은 김승대는 제한된 출전 기회 속 그래도 제 몫을 했다. 수원FC전에서 도움을 올리며 K리그1 역대 12번째 50호 어시스트 고지도 밟았다. 대전 2선에 실력 좋은 선수가 많아 작년 시즌보다는 출전 기회가 줄어들 수도 있겠지만, 그래도 여전히 중요한 베테랑이다. 두 골만 추가하면 K리그 50–50 클럽에 가입한다.

2024시즌 기록						2 WEEKLY BEST 11 주간베스트11	강점	약점
1	0	1,723(26) MINUTES 출전시간(경기수)	2 GOALS 득점	3 ASSISTS 도움			리그 최고의 라인브레이킹	포항 외 팀에서는 부진

김준범

1998년 1월 14일 | 27세 | 대한민국 | 176cm | 74kg

경력 | 경남(18~19) ▷ 인천(20~21) ▷ 김천(22~23) ▷ 대전(24~)

K리그 통산기록 | K리그1 – 121경기 10득점 8도움 | K리그2 – 14경기 1득점

대표팀 경력 | –

주로 3선에서 활용되던 김준범은 지난 시즌 후반기 황선홍 감독이 제로톱 카드를 꺼내며, 전방으로 위치를 바꿨다. 수비 시 탁월한 기동력을 앞세워 압박의 축이 되고, 공격 시에는 넓은 시야와 정확한 킥으로 템포를 올렸다. 필요하면 마무리까지 했다. 김준범의 활약 속 대전은 후반기 대도약에 성공했다. 연세대 재학 시절부터 주목받았던 김준범은 경남, 인천, 김천 등에서 뛰었지만, 애매한 모습을 보였다. 한 단계 위치를 올린 김준범은 공격적 재능을 폭발시키며, 포텐을 터뜨렸다. 대전 이적이 터닝포인트라 말하는 김준범은 새 시즌도 공격의 핵심이다.

2024시즌 기록						1 WEEKLY BEST 11 주간베스트11	강점	약점
1	0	1,324(18) MINUTES 출전시간(경기수)	4 GOALS 득점	3 ASSISTS 도움			많은 활동량을 앞세운 공격적 플레이	부족한 체력

최건주

1999년 6월 26일 | 26세 | 대한민국 | 176cm | 65kg

경력 | 안산(20~22) ▷ 부산(23~24) ▷ 대전(24~)

K리그 통산기록 | K리그1 – 15경기 1득점 2도움 | K리그2 – 129경기 15득점 6도움

대표팀 경력 | –

건국대 시절 음바페로 불렸던 최건주는 안산에서 프로 데뷔에 성공했다. 장기인 스피드는 프로에서도 통했다. 2022년 7골 3도움으로 두 자릿수 공격포인트에 성공한 최건주는 부산으로 이적한다. 부산의 핵심 공격수로 활약하던 최건주는 2024년 여름, U-23 대표팀에서 함께 했던 황선홍 감독의 부름을 받아 대전 유니폼을 입었다. 생애 처음으로 K리그1에 입성한 최건주는 강한 압박을 강조하는 대전식 축구에 빠르게 녹아들며 주전으로 활약했다. 정재희까지 가세하며 주전 경쟁이 더욱 치열해졌지만, 스피드와 활동량이라는 장점은 분명 경쟁력이 있다.

2024시즌 기록						4 WEEKLY BEST 11 주간베스트11	강점	약점
1	0	2,092(33) MINUTES 출전시간(경기수)	2 GOALS 득점	2 ASSISTS 도움			스피드를 앞세운 돌파력	부족한 결정력

22
DF

오재석

1990년 1월 4일 | 35세 | 대한민국 | 178cm | 76kg
경력 | 수원(10~11) ▷ 강원(11~12) ▷ 감바오사카(13~18) ▷ FC도쿄(19)
▷ 나고야그램퍼스(20) ▷ 인천(21~22) ▷ 대전(23~)
K리그 통산기록 | K리그1 – 133경기 3득점 8도움
대표팀 경력 | 4경기, 2012 올림픽

대전의 정신적 지주다. 지난 시즌 제주전 패배 후 "포기한 사람 있어? 없지?" 라며 고개 숙인 후배들을 깨웠다. 어찌보면 잔류의 숨은 공신이다. 오재석은 선수 시절 내내 바른 인성과 탁월한 리더십으로 유명했다. 전성기에 비해 운동능력은 떨어졌지만, 여전히 팀에서 가장 중요한 선수 중 하나다. 물론 경기력으로도 여전히 경쟁력이 있다. 나선 경기마다 탁월한 수비력을 보여줬다. 황선홍 감독도 오재석의 가치를 잘 알고 있다. 런던올림픽 동메달의 주역으로, 주로 일본에서 활약한 오재석은 대전에서 축구 인생의 아름다운 마무리를 꿈꾸고 있다.

		2024시즌 기록				강점	약점
1	0	1,243(21) MINUTES 출전시간(경기수)	0 GOALS 득점	1 ASSISTS 도움	1 WEEKLY BEST 11 주간베스트11	온화한 리더십	떨어진 스피드

28
DF

아론
Aaron Robert Calver

1996년 1월 12일 | 29세 | 호주 | 186cm | 76kg
경력 | 시드니(12~19) ▷ 웨스턴유나이티드(19~21) ▷ 퍼스글로리(21~22) ▷ 광주(22~23)
▷ 대전(24~)
K리그 통산기록 | K리그1 – 39경기 | K리그2 – 25경기 3득점 1도움
대표팀 경력 | –

아론은 지난겨울 변준수와의 트레이드로 대전 유니폼을 입었다. 스리백과 포백을 오간 아론은 막바지 부상이 장기화되며, 아쉽게 시즌을 마무리했다. 2022년과 2023년 광주에서 뛰며 보여준 훌륭한 경기력을 감안하면 분명 아쉬운 시즌이었다. 시즌 종료 후 대전이 하창래, 임종은 등 검증된 수비수들을 더하며 아론의 입지는 더욱 줄어든 모습. 팀을 떠날 수 있다는 이야기가 계속 나왔지만, 그만한 백업이 없다는 결론이 나며 결국 잔류하게 됐다. 센터백, 오른쪽 풀백, 수비형 미드필더 모두 가능한 자원인만큼, 쓰임새는 확실하다.

		2024시즌 기록				강점	약점
3	0	1,552(19) MINUTES 출전시간(경기수)	0 GOALS 득점	0 ASSISTS 도움	- WEEKLY BEST 11 주간베스트11	수비 전지역을 커버하는 멀티능력	아쉬운 대인방어 능력

44
MF

이순민

1994년 5월 22일 | 31세 | 대한민국 | 178cm | 73kg
경력 | 광주(17~18) ▷ 포천(18~20) ▷ 광주(21~23) ▷ 대전(24~)
K리그 통산기록 | K리그1 – 91경기 2득점 3도움 | K리그2 – 32경기 2득점
대표팀 경력 | 4경기

무명이었던 이순민은 광주에서 맹활약을 펼치며, 국가대표까지 승선, 일약 신데렐라로 떠올랐다. 지난겨울 울산, 전북 등의 러브콜을 뒤로 하고 거액에 대전 유니폼을 입은 이순민은 단숨에 조유민이 남기고 간 주장 완장까지 찼다. 대전의 기대치가 어느 정도인지 보여주는 대목. 하지만 부상과 부담으로 제 몫을 하지 못했다. 절치부심한 후반기, 밥신과 함께 중원에서 호흡을 맞춘 이순민은 특유의 왕성한 활동량을 바탕으로 한 엄청난 수비력을 보이며, 이름값을 해냈다. 올해도 이순민은 중원의 핵심이다. 부캐는 래퍼, '위로'라는 이름으로 활동하고 있다.

		2024시즌 기록				강점	약점
7	0	2,151(26) MINUTES 출전시간(경기수)	0 GOALS 득점	0 ASSISTS 도움	1 WEEKLY BEST 11 주간베스트11	진공청소기급 수비력	아쉬운 패싱력

70
MF

김현욱

2
WEEKLY BEST 11

김현욱

1995년 6월 22일 | 30세 | 대한민국 | 160cm | 61kg
경력 | 제주(17~18) ▷ 강원(19~20) ▷ 전남(20~22) ▷ 김천(23~24) ▷ 대전(24~)
K리그 통산기록 | K리그1 – 83경기 12득점 5도움 | K리그2 – 111경기 9득점 9도움
대표팀 경력 | –

작은 거인이라는 별명에서 알 수 있듯, 작지만 단단한 선수다. K리그 최단신 중 하나로, 피지컬에서 약점이 있지만, 이를 상쇄하고도 남을 기술을 갖고 있다. 2선 전 포지션을 소화할 수 있는 플레이메이커 유형의 선수로, 돌파력과 패싱력은 물론, 슈팅도 일품이다. 제주, 강원, 전남 등에서 뛴 김현욱은 지난 시즌 전반기 김천의 에이스로 활약했다. 전역 후 전남 복귀 대신 거액을 제시한 대전을 택했다. 비록 대전 이적 후 김천 시절의 경기력은 보여주지 못했지만, 서울전 한방은 확실히 대전 팬들에게 강한 인상을 남겼다.

		2024시즌 기록				**강점**	**약점**
4	0	1,615(27) MINUTES 출전시간(경기수)	6 GOALS 득점	1 ASSISTS 도움	2 WEEKLY BEST 11 주간베스트11	탁월한 기술	약한 피지컬

98
DF

안톤

2
WEEKLY BEST 11

안톤
Anton Krivotsyuk

1998년 8월 20일 | 27세 | 아제르바이잔 | 186cm | 76kg
경력 | 네프트치(17~21) ▷ 비스와프워츠크(21~23) ▷ 대전(23~)
K리그 통산기록 | K리그1 – 59경기 3득점 2도움
대표팀 경력 | 41경기 1득점

K리그 역사상 첫 아제르바이잔 출신 선수. 2023년 영입된 안톤은 단숨에 대전 수비의 중심으로 자리 잡았다. 빠른 스피드와 탁월한 예측 수비, 여기에 안정적인 빌드업과 오버래핑 능력까지, 안톤은 대전식 스리백의 핵으로 맹활약을 펼쳤다. 2024년 대전이 포백으로 전환한 후에도 마찬가지였다. 조유민이 이탈한 가운데서도, 포백의 중앙을 확실히 지켰다. 시즌 중 부임한 황선홍 감독 역시 안톤을 중용했다. 재계약에 성공한 안톤은 다시 한번 부주장을 맡았다. 하창래, 임종은의 가세에도 올 시즌 대전의 왼쪽 센터백은 여전히 안톤의 몫이다.

		2024시즌 기록				**강점**	**약점**
8	1	2,246(26) MINUTES 출전시간(경기수)	2 GOALS 득점	1 ASSISTS 도움	2 WEEKLY BEST 11 주간베스트11	축구지능을 바탕으로 한 예측 수비	경고 트러블

99
FW

천성훈

WEEKLY BEST 11

천성훈

2000년 9월 21일 | 25세 | 대한민국 | 191cm | 84kg
경력 | 아우크스부르크(19~21) ▷ 홈부르크(21~22) ▷ 인천(23~24) ▷ 대전(24~)
K리그 통산기록 | K리그1 – 40경기 8득점
대표팀 경력 | –

대건고 시절 유망주로 평가받은 천성훈은 아우크스부르크 유니폼을 입으며 주목을 받았다. 하지만 1군의 벽은 높았다. 임대를 전전하던 천성훈은 2023년 인천에 합류하며 반등을 노렸다. 선택은 주효했다. 연속골을 넣으며 차세대 스트라이커로 떠올랐고, U-23 대표팀에도 발탁됐다. 하지만 무고사가 돌아오며 입지가 눈에 띄게 줄어들었고, 설상가상으로 잦은 부상까지 겹쳤다. 2024년 여름 스트라이커를 찾던 대전의 러브콜에 새로운 도전에 나섰다. 첫 경기부터 골을 넣으며 화려하게 출발했지만, 이후 가라앉은 폼을 회복하지 못했다. 올 시즌 황선홍 감독과 선배 주민규로부터 많은 것을 배워야 한다.

		2024시즌 기록				**강점**	**약점**
0	0	1,062(22) MINUTES 출전시간(경기수)	2 GOALS 득점	0 ASSISTS 도움	 WEEKLY BEST 11 주간베스트11	장신 답지 않은 유연한 기술	높은 부상 빈도

전지적 작가 시점

박찬준이 주목하는 대전의 원픽!
주민규

잔류에 성공한 후 시즌 복기에 나선 황선홍 감독의 다음 시즌 해결책은 '원톱'이었다. 지난 시즌 마사가 제로톱을 성실히 수행했지만, 전방에서 확실하게 득점을 마무리 지어줄 수 있는 원톱에 대한 미련을 지울 수 없었다. 황선홍 감독은 당초 켈빈이나 아론을 정리하고 외국인 스트라이커를 영입할 생각이었지만, 계획을 수정했다. 그리고 선택한 선수가 '국대 스트라이커' 주민규였다. 주민규는 설명이 필요 없는 K리그 최고의 스트라이커다. 비록 지난 시즌 주춤했지만, 두 자릿수 득점을 담보할 수 있는 선수라는 점에서는 의심이 없다. 작년 최소 득점 4위였던 대전 입장에서는 득점력을 업그레이드 시켜줄 가장 확실한 자원을 더한 셈이다. 하지만 고민은 있다. 지난 시즌 대전이 보여준 팀의 색깔은 확실했다. 많은 활동량을 바탕으로 한 빠른 트랜지션과 과감한 전방 압박, 주민규에게 딱 맞는 옷은 아니다. 더욱이 대전 미드필드는 주민규에게 좋은 패스를 공급해 줄 수 있는 세밀한 선수가 많지 않다. 황선홍 감독은 주민규에 어울리는 새로운 전술을 연구 중인데, 이 결과물에 따라 대전의 성적이 결정될 전망이다.

지금 대전에 이 선수가 있다면!
이명재

오른쪽에는 대표급 자원인 김문환이 자리해 있다. 백업도 좋다. 오재석, 강윤성이 든든하게 뒤를 받칠 수 있다. 하지만 왼쪽은 다르다. 지난 시즌 임대로 데려온 이상민이 고군분투했지만, 박진성의 잦은 부상이 겹치며 고민이 많았다. 황선홍 감독은 겨울 이적시장이 열리자마자, 아시안게임 금메달을 합작한 박규현을 독일에서 데려왔다. 박규현은 왼쪽을 기반으로 다양한 포지션을 소화할 수 있다. 수비력 역시 뛰어난 선수지만 아직은 K리그에서 검증되지 않았다는 약점이 있다. 공격력도 다소 떨어진다는 평가다. 콤팩트한 축구를 강조하는 황 감독 입장에서 오른쪽과 밸런스를 맞춰줄 왼쪽 풀백의 존재는 절실하다. 그런 의미에서 황 감독이 지금 가장 입맛을 다시는 선수는 국가대표 주전 풀백으로 성장한 이명재가 아닐까. 이명재는 공수 밸런스가 좋은 데다. 이제는 경기 운영을 할 수 있을 정도로 플레이가 원숙해졌다. 황 감독은 실제로 이명재와 접촉했지만, 뜻을 이루지 못했다. 박규현이 기대만큼 해주는 수밖에 없다. 재능은 확실한 선수다. 황 감독과의 호흡만 잘 맞는다면 이번 시즌 대전의 왼쪽 수비는 걱정할 것이 없다.

아사니
김경민
변준수
김진호
최경록
박인혁
가브리엘
이민기
이강현
박정인
헤이스
박태준
문민서
유제호
권성윤
브루노
김한길
진시우
신창무
황재환
안영규
정지훈
강희수
안혁주
하승운

OUR PRIDE

광주FC

지치고 힘들어도 오뚝이처럼 일어서리, 우린 광주니까

광주FC

'신흥구단'의 이미지는 벗어던진 지 오래다. 2025년이 벌써 15번째 시즌이다. 짧다면 짧은 역사에는 희로애락이 모두 담겼다. 2010년 창단한 광주는 이승기, 나상호, 엄원상, 정호연과 같은 한국 축구의 미래를 끊임없이 배출했다. '믿고 쓰는 광주산'이라는 표현이 등장했다. 박진섭, 이정효와 같은 신흥 명장을 발굴한 것도 광주이기에 가능했다. 승강제 도입 후 어느 팀보다 많은 세 번의 강등과 승격을 경험했다. '승격이 우승보다 힘들다'는 축구계 격언을 무시하는 오뚝이 행보였다. 2020년 광주축구전용구장을 건립해 '내 집 마련'의 꿈을 이뤘지만, 여전히 열악한 훈련장과 부족한 시의 관심이라는 장애물에 가로막혔던 광주는 2023년 이정효 감독의 지휘 하에 구단 최고 성적인 K리그 3위를 달성하며 AFC 챔피언스리그 엘리트 진출권을 따내는 기적을 일으켰다. 심지어 처음 참가한 아시아 무대에서 3연승을 질주하는 깜짝 돌풍으로 '광주'라는 이름을 아시아 전역에 알렸다. 2025시즌도 여건이 녹록하지 않다. 하지만 광주이기에 무턱대고 평가절하하는 건 금물이다.

구단 소개

정식 명칭	광주시민프로축구단
구단 창립	2010년 12월 16일
모기업	시민구단
상징하는 색	노란색, 적갈색
경기장(수용인원)	광주축구전용구장 (10,007명)
마스코트	보니, 화니
레전드	이종민, 여름, 이으뜸, 정조국, 나상호 등
서포터즈	빛고을
커뮤니티	옐로우 블러드

우승

K리그	2회 (2019, 2022 – K리그2)
코리아컵(FA컵)	–
AFC챔피언스리그(ACL)	–

최근 5시즌 성적

시즌	K리그	코리아컵(FA컵)	ACL
2024시즌	9위	4강	–
2023시즌	3위	8강	–
2022시즌	1위 (2부)	16강	–
2021시즌	12위	3라운드	–
2020시즌	6위	16강	–

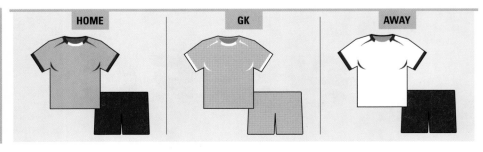

HOME   GK   AWAY

주축들이 떠났어도
정효볼은 계속된다

이정효	1975년 7월 23일 | 50세 | 대한민국	**K리그 전적** **76전 30승 16무 30패**

2024년 10월, '중립경기장'인 용인미르스타디움에서 열린 광주와 조호루다룰과의 AFC 챔피언스리그 경기 도중, 광주 기술 지역에 있던 이정효 감독은 중심을 잃고 자리에 주저앉았다. 경기장에 있는 선수들을 향해 끊임없이 샤우팅을 하던 중에 벌어진 일이다. '감독 이정효'가 어떤 인물인지를 상징하는 장면이다. 스타플레이어 출신이 아닌 이정효 감독은 지도자 입문 후 10년이 넘는 기다림 끝에 프로 감독에 올라 훈련장과 경기장에서 200%의 열정을 쏟아냈다. 훈련이 끝난 후에는 늦은 새벽까지 상대팀 전력을 분석했다. 2022년 광주 지휘봉을 잡아 3시즌 동안 쉼 없이 달린 결과물이 1부 승격, 구단 최고 성적(3위), AFC 챔피언스리그 진출권 획득, AFC 챔피언스리그 돌풍이다. 아쉬움 가득한 2024시즌을 마치고, 정효볼을 업그레이드하기 위해 영국으로 떠났다. 배움에는 끝이 없다.

선수 경력

부산

지도자 경력

아주대 감독	전남 수석코치	광주 수석코치	성남 수석코치	제주 수석코치	광주 감독(22~)

주요 경력

2022년 K리그2 우승	광주 리그 최고 성적(3위)	광주 첫 AFC 챔피언스리그 참가

선호 포메이션	4-4-2	3가지 특징	끊임없는 공격 전술 연구	선수 육성	벤치 샤우팅

STAFF

수석코치	코치	GK코치	피지컬코치	분석코치	전력분석관	트레이너	장비담당관	통역
마철준	조용태	신정환	김경도	박원교	육태훈	신용섭 김민식 고한슬	오동영	최혁순

2 0 2 4   R E V I E W

아디다스 포인트로 보는 광주의 2024시즌 활약도

'첫 꼿발이 개 꼿발'이었다. 개막 후 서울과 강원을 연파하며 우승을 향해 힘차게 항해를 시작했지만 3라운드부터 8라운드까지 내리 6연패 하며 선두에서 최하위로 날개 없이 추락했다. 핵심 공격수 아사니의 전반기 전력 배제, 에이스 엄지성의 유럽 진출, 가브리엘의 장기 부상으로 공격 2선에서 차이를 만들 선수가 확보되지 않았고, 정효볼은 위력을 잃었다. 2023시즌 리그 3위를 차지하며 구단 역대 최초로 AFC 챔피언스리그 진출권을 획득한 광주는 작년 리그에서 하위권 위기가 계속되는 가운데, 9월부턴 챔피언스리그 일정까지 소화했다. 광주는 9월 이후 단 2승에 그치는 부진을 벗어나지 못하고 리그를 잔류 마지노선인 9위로 끝마쳤다. 예상 밖 ACLE 선전은 고무적인 결과였다.

2024시즌 아디다스 포인트 상위 20명   ■ 포인트 점수

포지션 평점

FW	🔥🔥
MF	🔥🔥
DF	🔥🔥
GK	🔥🔥🔥

출전시간 TOP 3

1위	정호연	3,531분
2위	김진호	3,400분
3위	최경록	2,508분

득점 TOP 3

1위	가브리엘	7골
2위	이희균, 이건희	5골
3위	최경록, 아사니, 베카	3골

도움 TOP 3

1위	정호연, 가브리엘	5도움
2위	엄지성, 두현석	3도움
3위	최경록	2도움

주목할 기록

58.6 공을 지배한 정효볼, 점유율 전체 1위

118.6 '뛰고 또 뛴다' 광주 활동량 전체 1위

성적 그래프

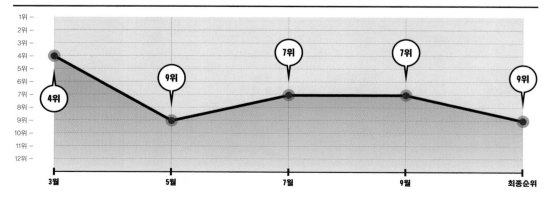

2025 시즌 스쿼드 운용 & 이적 시장 인앤아웃

IN

박정인_아일랜드
박인혁_당진
권성윤_부산
민상기_포항
헤이스_제주
유제호 진시우
_전북
황재환_울산

OUT

박태준_김천
베카_야마가타
두현석_임대
여봉훈 김승우
_충북청주
김경재_전남
허율 이희균
_울산
이준 정지용
_전남
이건희_제주
정호연_미네소타
이으뜸 빅톨
_계약종료

FW
박인혁　이재환　김윤호
정지훈　박정인　아시니　신창무
가브리엘　헤이스　오후성　황재환

MF
이강현　박태준　유제호
강희수　문민서　최경록

DF
브루노　변준수　진시우　곽성훈
안영규　민상기　이민기 ⓒ　권성윤
안혁주　조성권　김진호　김한길

GK
김경민　노희동　김동화　김태준

ⓒ 주장　■ U-22 자원

2024년 시즌 후 가장 큰 이슈는 다름 아닌 이정효 감독의 거취였다. 3년간 K리그의 신흥 명장으로 떠오른 만큼 국내외 복수 구단의 관심을 받았다. 특히 AFC 챔피언스리그 엘리트 리그 스테이지 1~3차전에 3연승을 질주하는 등 깜짝 선두에 오르며 이정효 축구가 한국 밖에서도 통용될 수 있음을 보여줬다. 하지만 이정효 감독은 숱한 루머 끝에 '광주 잔류'를 택하며 의리를 지켰다. 선장을 지킨 광주는 빠르게 새로운 팀 구상에 돌입했다. 정호연, 이희균, 허율, 이건희, 박태준, 두현석 등 주전 절반이 떠난 빈자리는 이정효 감독이 평소 눈여겨본 박인혁, 박정인, 헤이스, 유제호, 권성윤 등 가능성 있는 선수로 메웠다. 객관적 전력이 약화됐다는 평가를 피할 수 없지만, 수비라인에 큰 변화가 없고, 무엇보다 이정효 감독이 있으매 2025시즌도 기대해 볼만하다.

주장의 각오

이민기

"광주 원클럽맨에서 주장까지 하게 됐다. 지난 3년간 정말 많은 일이 있었는데, 이제 광주는 강팀으로서 자리를 잡아야 하는 시기다. 팬들에게 감동을 드릴 수 있도록 노력하겠다."

2 0 2 5 예 상 베 스 트 1 1

이적시장 평가

광주의 영입 포인트는 '가능성'과 '잠재력'이다. 즉시전력 자원을 영입하기 어려운 재정 여건 때문이다. 최고의 유망주로 평가받았던 박정인, 박인혁, 권성윤은 기회에 목마른 상태로 광주에 입성했고, 황재환, 유제호, 진시우는 포텐을 터뜨릴 곳으로 광주를 택했다. 2021~2022년 정호볼을 경험한 헤이스는 광주의 문제점인 창의성과 세트피스 공격을 강화할 자원으로 꼽힌다. 수원, 포항 출신 민상기는 수비진에 경험을 더한다. 중미 정호연과 박태준, '트윈 타워' 허율과 이건희의 공백을 새로운 영입생과 신인급 선수들이 얼마나 잘 메워주느냐가 관건이다. 수술을 마치고 돌아온 가브리엘이 합류할 경우, 새로운 영입과도 같은 효과가 있다.

저자 6인 순위 예측

• 김 성 원 •	• 윤 진 만 •	• 박 찬 준 •	• 김 가 을 •	• 김 대 식 •	• 이 현 석 •
8위_해도해도 너무 하네, 차·포·마 다 떼고 어떻게 하라는 건지. 유일하게 기댈 건 이정효 매직. 그 또한 지쳐 보이는 건 지나친 우려일까.	**9위**_주요 선수들의 이탈이 뼈아프다. 이 적료 30억원을 선수 영입에 쓸 수 있는 상황도 아니다. 2025 시즌 기대를 걸어야 하는 건 또또또 '이정효 매직'.	**8위**_차, 포에 상, 마 까지 빠졌지만, 장이 남았다. 어차피 광주의 본체는 이정효였다. 승부욕 강한 이 감독이 강등권까지는 가지 않을 것이다.	**7위**_핵심 오브 핵심 이 다 떠났다. 시즌 초반 ACLE 원정 일 정도 만만치 않다. 이번에도 믿을 건 결 국 '정효매직'인가.	**9위**_현 전력이라면 이정효 감독도 어렵 지 않을까. 이정효 감독의 이상향을 추 구하기엔 냉정히 너 무 약하다. 하지만 이정효 감독은 답을 찾을 것이다.	**10위**_정호볼의 손발 이 잘려 나간 모습. 전술이 서 말이라도, 구현할 선수가 있어 야 보배. 객관적 전 력이 떨어지는 점은 부정할 수 없는 사 실.

아사니　Jasir Fadil Asani

1995년 5월 19일 | 30세 | 알바니아 | 175cm | 67kg

7
FW

아사니

WEEKLY BEST 11

경력

바르다르(13~17)
▷스코페(17)
▷포베다(17)
▷파르티자니(17~21)
▷AIK(20)
▷키스바르다(21~23)
▷광주(23~)

K리그 통산기록

K리그1 - 46경기 10득점 3도움

대표팀 경력

20경기 5득점

현역 K리거가 '유럽 월드컵'으로 불리는 유로 대회에 출전하는 건 굉장히 드물다. 아사니는 알바니아 국가대표로 유로2024에 당당히 참가해 조별리그 3경기에 모두 선발출전했다. 이쯤 되면 '원래 잘했던 선수 아냐?'라고 생각할 수 있지만, 놀랍게도 아사니는 2023년 K리그에 입성한 이후 커리어가 180도 달라진 케이스다. 이정효 감독의 조련 아래 데뷔한 지 한 달도 지나지 않은 인천전에서 해트트릭을 폭발했다. 좁은 공간을 이용하는 영리한 움직임과 날카로운 왼발 킥 능력을 앞세워 단숨에 K리그 정상급 윙어로 자리매김했다. 아사니의 활약을 눈여겨보던 알바니아 대표팀이 28세의 아사니를 뒤늦게 발탁해 주력으로 활용하기 시작했다. 첫 시즌 7골 3도움을 폭발하며 광주의 3위 돌풍을 이끈 아사니는 두 번째 시즌이 유로 본선과 맞물린 탓에 컨디션 관리에 애를 먹으며 리그에서 13경기 출전에 그쳤다. 이정효 감독으로부터 공개적으로 꾸지람도 들었다. 하지만 AFC 챔피언스리그 무대에선 요코하마전 해트트릭을 포함해 6경기에서 7골을 넣는 놀라운 활약을 선보였다. 2025년에도 아사니의 활약이 계속된다면 광주가 붙잡기란 쉽지 않을 것이다. 벌써 중동의 오일머니가 아사니를 유혹하고 있다는 소문이 파다하다.

	2024시즌 기록				
1	**990(13)** MINUTES 출전시간(경기수)	**3** GOALS 득점	**0** ASSISTS 도움	1	**1** WEEKLY BEST 11 주간베스트11
강점	왼발 스페셜리스트, 자석 컨트롤		특징	AFC 챔피언스리그 엘리트 1호 해트트릭	
약점	밀착마크에 쥐약, 폼 관리		별명	알바니아 특급	

김경민

1991년 11월 1일 | 34세 | 대한민국 | 190cm | 78kg

1
GK

김경민

②
WEEKLY BEST 11

경력

제주(14~20)
▶ 부산(17)
▶ 포천시민(19~20)
▶ 이랜드(21)
▶ 광주(22~)

K리그 통산기록

K리그1 – 83경기 99실점
K리그2 – 82경기 73실점

대표팀 경력

–

골키퍼계의 인생역전 아이콘. 김경민은 2024년 11월 홍명보 축구대표팀 감독의 부름을 받아 국가대표 첫 발탁의 꿈을 이뤘다. 33세에 이룬 꿈같은 일. 2023년 불의의 사고로 아들을 먼저 떠나보내는 아픔을 겪은 김경민은 국가대표가 되겠다는 아들과의 약속을 기어코 지켰다. A매치 출전 기회를 잡진 못했지만, 태극마크를 달고 대표팀 일원으로 소집 일정을 소화했다는 것 자체로 오랜 무명 생활을 한 김경민에겐 값진 의미가 있었다. 2014년 제주에 입단한 김경민은 군대에 다녀오기 전까지 오랜 기간 눈물 젖은 빵을 먹었다. 서른을 기점으로 커리어에 꽃이 피기 시작했다. 2021년 이적한 이랜드에서 주전으로 도약한 김경민은 2022년 광주로 이적해 34경기 28실점에 달하는 놀라운 퍼포먼스를 발휘하며 광주의 승격을 뒷받침했다. 타고난 신체조건, 공중볼 처리, 선방, 빌드업 능력 등 뭣하나 빠지는 게 없는 김경민은 그해 K리그2 올해의 골키퍼로 선정됐고, 2023시즌 K리그1에서 0점대 방어율로 동갑내기 조현우의 아성에 도전했다. 2024시즌엔 팀의 부진 속 선방률이 다소 아쉬웠지만, AFC 챔피언스리그와 국가대표를 경험하며 한 단계 더 진화했다.

2024시즌 기록

1	3,631(36) 출전시간(경기수) MINUTES	100 SAVE 선방	45 LOSS 실점	1	2 WEEKLY BEST 11 주간베스트11
강점	발밑 안정감은 K리그 최상급, 고도의 집중력과 꾸준함	특징			오랜 무명 시절, 33세에 국대 발탁 '인생역전'
약점	2% 부족한 선방률, 2% 부족한 롱킥 정확도	별명			킹경민

변준수

2001년 11월 30일 | 24세 | 대한민국 | 190cm | 88kg

5
DF

변준수

WEEKLY BEST 11

경력

대전(20~23)
▶광주(24~)

K리그 통산기록

K리그1 – 38경기 3득점 1도움
K리그2 – 20경기 1도움

대표팀 경력

—

'괴물' 김민재를 연상케 하는 탄탄한 피지컬과 대인마크, 빌드업 능력을 두루 갖춘 '육각형 수비수'. 실전 경험을 더해 실수를 줄인다면, 차기 국가대표 센터백으로도 손색이 없다는 평가다. 이미 2022년부터 2024년까지 U-23 대표팀 주력으로 뛰며 '국대 코스'를 밟았다. 변준수는 지난 시즌 초에 4월 올림픽 예선을 겸한 U-23 아시안컵 멤버로서 중요도 높은 대회를 치르느라 소속팀에서 자리를 잡지 못했다. 2024시즌을 앞두고 아론과 트레이드로 광주 유니폼을 입은 변준수에겐 결코 유쾌한 상황은 아니었다. 하지만 이정효 감독은 안영규-포포비치 조합이 신통치 않자, 5월부터 변준수를 활용하기 시작했고 변준수가 수비 한 축을 담당한 이후로 수비진은 안정세를 찾았다. 부상으로 7월 한 달을 통째로 날리는 불운을 딛고 8월에 돌아와 남은 시즌 뒷문을 든든히 지켰다. 2023년까지 대전에서 백업 역할을 맡은 변준수는 다사다난한 2024시즌을 거치며 1부에 어울리는 수비수로 거듭났다. 2025년은 변준수에게 중요한 한 해가 될 전망이다. 광주는 객관적 전력 약화로 더 힘든 시즌을 예고하고 있다. 김경민과 함께 광주를 살리는 한편, 김경민처럼 국가대표팀에 대한 도전도 이어가야 한다.

2024시즌 기록				
6	**1,900(23)** MINUTES 출전시간(경기수)	**2** GOALS 득점	**1** ASSISTS 도움	0	**1** WEEKLY BEST 11 주간베스트11

강점	김민재가 떠오르는 피지컬, 몸 싸움, 볼 컨트롤	특징	헤딩 머신(2023~2024시즌 헤더로 3골), 완장이 어울리는 남자
약점	김민재가 되기엔 부족한 예측 수비, 안정감	별명	광주몬스터

김진호

2000년 1월 21일 | 25세 | 대한민국 | 178cm | 74kg

23
DF

김진호

WEEKLY BEST 11

경력

강원(22〜23)
▶광주(24〜)

K리그 통산기록

K리그1 – 87경기 5득점 5도움

대표팀 경력

—

2022년 혜성같이 등장한 김진호는 2년간 강원에서 활약했다. 일찍 군 복무를 마치고 20대 초반에 본격적으로 커리어를 쌓는 최근 트렌드대로 이른 입대를 고려했다. 그때, 이정효 감독이 러브콜을 보냈고, 평소 정효볼에 대한 호기심으로 가득 차 있던 김진호는 광주행을 결심했다. 이정효 감독과 김진호의 선택은 틀리지 않았다. 김진호는 주전 라이트백 두현석이 장기 부상에 빠진 상황에서 팀의 오른쪽 측면을 책임졌다. 광주 필드플레이어 중에서 정호연 다음으로 많은 출장시간을 기록하기도 했다. 패스 시도는 팀 내에서 두 번째, 리그 전체에서 6번째로 많았다. 중앙지역 패스도 전체 6위라는 건 측면 수비 위치에서 벗어나 패스 연결 과정에서 적극적으로 관여했다는 뜻이다. 경력 처음으로 AFC 챔피언스리그를 누비며 경험치도 쌓았다. 젊은 선수답게 시즌을 거듭할수록 플레이가 눈에 띄게 안정적으로 바뀌었다. 선수 인 앤 아웃이 많은 2025년, '신임 부주장' 김진호의 역할과 책임감은 더 늘어날 전망이다. 경기 기여도에 비해 공격 기여도가 낮다는 평가를 받는 김진호는 리그 정상급 풀백으로 거듭나기 위해선 두현석이 그랬던 것처럼 공수 겸장이 되어야 한다.

	2024시즌 기록				**1**
7	**3,400(36)** MINUTES 출전시간(경기수)	**0** GOALS 득점	**1** ASSISTS 도움	**0**	WEEKLY BEST 11 주간베스트11

강점	'三성' 기동성+성실성+안정성 장착	특징	제주(U-15) 유스 찍먹, 롤모델 리스 제임스
약점	공격 기여도	별명	진호네이터

최경록

1995년 3월 15일 | 30세 | 대한민국 | 176cm | 71kg

10
MF

최경록

WEEKLY BEST 11

경력

장크트파울리2(14~15)
▷장크트파울리(15~18)
▷카를스루어(18~23)
▷광주(24~)

K리그 통산기록

K리그1 – 34경기 3득점 2도움

대표팀 경력

–

현존 K리그에서 아스널의 '마르틴 외데고르'와 스타일이 가장 흡사한 선수를 꼽으라면 최경록이 아닐까. 타고난 축구센스와 천부적인 왼발 킥 능력을 장착해 공격 2선에서 공격을 조립할 수 있고, 볼 배급과 경기 조율 능력이 뛰어나 3선도 맡을 수 있다. 감독으로 하여금 다양한 공격 전술을 꾸리고, 경기장에 창의성을 불어넣어 줄 수 있는 '완소 플레이메이커'다. 최경록은 성남 유스 출신으로 십대의 나이에 독일 무대에 진출해 장크트파울리와 카를스루어 소속으로 대략 10년간 꾸준히 독일 2부리그를 누볐다. 목표로 삼은 분데스리가 데뷔 꿈은 아쉽게 이루지 못했다. 2024년, 스물아홉이 된 최경록은 늦게나마 K리그의 문을 두드렸다. 아주대 시절 감독과 선수로 연을 맺은 이정효 감독의 '페로몬'에 이끌려 광주에 입단해 34경기에 출전하며 성공적으로 안착했다. 키패스는 20개로 팀 내에서 두 번째였고, 크로스는 27개로 가장 많았다. 규정상 저연봉 신인 계약을 체결한 최경록은 리그에서 단연 최고의 가성비를 자랑했다. 1년 후 자유계약 신분을 얻은 최경록은 광주와 재계약을 체결하며 의리를 지켰다. 이미 검증을 마친 'K-외데고르'가 얼마나 무서워질지는 감히 상상이 안 간다.

	2024시즌 기록				
6	**2,508(34)** MINUTES 출전시간(경기수)	**3** GOALS 득점	**2** ASSISTS 도움	**0**	- WEEKLY BEST 11 주간베스트11
강점	번뜩이는 축구센스, 차이를 만드는 왼발	**특징**	차범근축구교실 출신, 병역 면제		
약점	부족한 피지컬과 활동량	**별명**	빛고을 패스마스터		

18 FW

박인혁

1995년 12월 29일 | 30세 | 대한민국 | 186cm | 80kg

경력 | 호펜하임(15~18) ▶ FSV프랑크푸르트(15~16) ▶ 코페르(16~17) ▶ 보이보다나(17~18) ▶ 대전(18~21) ▶ 전남(22) ▶ 고양해피니스(23) ▶ 당진시민(24) ▶ 광주(25~)

K리그 통산기록 | K리그1 – 135경기 24득점 6도움

대표팀 경력 | –

한때 대형공격수 재목이라는 평가를 받은 특급 유망주. 신태용 올림픽 대표팀 감독이 높이, 연계, 슈팅 등 박인혁의 다재다능함을 특히 높이 평가했다. 2015년 독일 호펜하임에 입단한 박인혁은 유럽에서 경쟁력을 발휘하지 못하고 겉돌았다. 2016년 리우올림픽 최종명단에서 탈락하는 아픔도 겪었다. 2018년 대전에 입단하며 K리그에 입성한 박인혁은 첫 시즌 2부에서 두 자릿수 공격포인트를 올렸지만, 해당 시즌이 지금까지 커리어 하이로 남을 정도로 상승세를 타지 못했다. 2023년 군 문제를 위해 잠시 K리그를 떠난 박인혁은 이정효 감독의 부름으로 처음 K리그1에 도전장을 내민다.

2024시즌 기록					강점	약점
-	-	- (16) MINUTES 출전시간(경기수)	15 GOALS 득점	ASSISTS 도움	WEEKLY BEST 11 주간베스트11	머리부터 발끝까지 온 몸이 무기	자기 관리, K리그1 경험

■ K4리그 기록

11 FW

가브리엘

Gabriel Henrique De Souza De Oliveira

2001년 10월 13일 | 24세 | 브라질 | 182cm | 80kg

경력 | 보타포구(21~22) ▶ 카넬라스(23) ▶ 광주(24~)

K리그 통산기록 | K리그1 – 33경기 7득점 5도움

대표팀 경력 | –

2024시즌 초반 가브리엘의 활약은 센세이션 그 자체였다. K리그 데뷔전에서 서울을 상대로 데뷔골을 터뜨리더니, 2라운드 강원전에서 멀티골을 뽑았다. 사이드라인을 파고드는 돌파와 적극적인 수비 가담은 광주 측면에 새로운 에너지를 불어넣었다. 가브리엘의 맹활약에 힘입어 2연승을 질주한 광주는 이때까지 '우승'을 머릿속에 그려 넣었다. 측면에서 시종일관 위협적인 모습을 보이던 가브리엘은 갑자기 찾아온 팀의 부진과 함께 존재감이 서서히 약해졌다. 첫 2경기에서 3골을 넣은 가브리엘은 남은 31경기에서 4골에 그치는 기록을 남겼다. 10월 이후론 부상으로 전력 이탈하며 아쉽게 시즌을 끝마쳤다.

2024시즌 기록					강점	약점
3	0	2,189(33) MINUTES 출전시간(경기수)	7 GOALS 득점	5 ASSISTS 도움	5 WEEKLY BEST 11 주간베스트11	탱크같은 돌파, 다부진 피지컬	부상 여파, 세밀함 부족

3 DF

이민기

1993년 5월 19일 | 32세 | 대한민국 | 175cm | 61kg

경력 | 광주(16~18) ▶ 상무(18~19) ▶ 광주(20~)

K리그 통산기록 | K리그1 – 142경기 3득점 6도움 | K리그2 – 37경기 1득점 1도움

대표팀 경력 | –

2016년 광주에 프로입단해 상무 시절을 제외하면 줄곧 광주 유니폼만 입고 뛴 '원클럽맨'. 입단 두 번째 시즌인 2017년 주전 풀백으로 자리매김했다. 팀이 강등된 상황에서 군 복무를 위해 잠시 자리를 비웠던 이민기는 2020년 광주로 돌아와 당시 구단 최고 성적인 리그 6위에 기여했다. 2021년 김호영 감독의 전폭적인 신뢰 속 붙박이 주전으로 뛰었다. 두 번째 강등 현장을 경험한 이민기는 팀에 남아 승격을 뒷받침했다. 활발한 움직임과 높은 전술 이해도를 바탕으로 정효볼에서도 핵심으로 자리매김했다. 2024시즌엔 부상으로 기여도가 낮았던 이민기는 2025년 주장이라는 새로운 중책을 맡았다.

2024시즌 기록					강점	약점
0	0	1,224(15) MINUTES 출전시간(경기수)	0 GOALS 득점	0 ASSISTS 도움	WEEKLY BEST 11 주간베스트11	양 풀백 소화, 기동성, 전술 이해도	부상 데미지, 높이

8
MF

이강현

1998년 7월 31일 | 27세 | 대한민국 | 181cm | 77kg
경력 | 부산교통공사(20) ▷ 인천(21~22) ▷ 광주(23~)
K리그 통산기록 | K리그1 – 77경기 4득점 2도움
대표팀 경력 | –

'승격'의 올바른 예. 인천 출신으로 인천에서 학창 시절을 보낸 이강현은 호남대 재학 중 프로의 문을 두드렸다. 마땅한 팀이 나오지 않아 K3리그 소속 부산교통공사에서 커리어 첫걸음을 뗐다. 2021년 이강현의 활약을 눈여겨본 인천이 러브콜을 보내며 마침내 프로에 입성했다. 수비형 미드필더와 센터백 포지션에서 강한 압박과 헌신적인 움직임을 뽐낸 이강현은 2023년 승격 후 중원 강화를 노리던 이정효 감독의 부름에 광주로 달려왔다. 호남대를 거친 이강현의 광주행은 운명이었는지도 모른다. 2024년 아쉬운 시즌을 보낸 이강현은 2025년엔 부주장을 맡아 정호연의 공백을 메울 예정이다.

		2024시즌 기록			-	강점	약점
0	0	554(13) MINUTES 출전시간(경기수)	1 GOALS 득점	0 ASSISTS 도움	WEEKLY BEST 11 주간베스트11	빨랫줄 중거리슛, 헌신적인 압박	공중볼 싸움, 세밀한 빌드업

13
FW

박정인

2000년 10월 7일 | 25세 | 대한민국 | 178cm | 70kg
경력 | 울산(19~20) ▷ 부산(21~23) ▷ 이랜드(23~24) ▷ 대전(24) ▷ 광주(25~)
K리그 통산기록 | K리그1 – 19경기 1득점 1도움 | K리그2 – 94경기 18득점 4도움
대표팀 경력 | –

한때 촉망받던 한국 축구 최고의 유망주. 스피드와 결정력, 축구 센스를 겸비했다는 평가를 받았다. 각급 청소년 대표를 거쳐 이강인, 오세훈 등과 함께 2022년 AFC U-23 아시아 챔피언십을 누볐다. 울산 유스 현대중–현대고를 졸업한 박정인은 2019년 19세의 나이로 울산 프로팀에 입성하며 기대를 키웠지만, 2년간 13경기에서 활약한 후 2021년 2부 부산으로 트레이드됐다. 첫 시즌 공격포인트 11개를 폭발하며 재능을 뽐냈지만, 거기까지였다. 점차 설 자리를 잃어가던 박정인은 이랜드, 대전을 거쳐 2025년 광주에서 새출발에 나선다. 이정효 감독은 잠자는 박정인의 재능도 깨울까?

		2024시즌 기록			-	강점	약점
1	0	298(6) MINUTES 출전시간(경기수)	1 GOALS 득점	0 ASSISTS 도움	WEEKLY BEST 11 주간베스트11	천부적인 축구 센스	실전 감각, 기복

17
FW

헤이스
Reis Silva Morais Isnairo

1993년 1월 6일 | 32세 | 브라질 | 175cm | 75kg
경력 | 레모(12) ▷ 아틀레치쿠고이아니엔시(12) ▷ 인테르나시오날(14) ▷ 아메리카나타우(15~16) ▷ 카시아스(17) ▷ 보아(17) ▷ 빌라노바(18) ▷ 크리시우마(19) ▷ 콘피안사(19~21) ▷ 광주(21~22) ▷ 제주(23~24) ▷ 광주(25~)
K리그 통산기록 | K리그1 – 94경기 16득점 12도움 | K리그2 – 39경기 12득점 4도움
대표팀 경력 | –

K리그에서 이미 검증을 끝마친 브라질 테크니션. 스피드가 다소 떨어진다는 지적이 있지만, 볼 키핑, 템포 조절, 킬 패스, 세트피스 킥에 탁월하다는 평가다. 공을 잡으면 상대 수비수들에게 짜증과 불편함을 안길 수 있는 선수. 2021년 광주에 입단하며 K리그와 첫 연을 맺었다. 30경기 4골 5도움, 임팩트는 강했다. 팀이 2부로 강등된 2022시즌에도 이정효 감독의 팀에서 12골 4도움을 기록하며 1부 승격에 핵심적인 역할을 했다. 누구보다 헤이스 '사용법'을 잘 아는 이정효 감독은 공격을 이끌 플레이메이커이자 에이스로 헤이스를 낙점, 희망찬 2025년을 꿈꾸고 있다.

		2024시즌 기록			2	강점	약점
1	1	1,867(28) MINUTES 출전시간(경기수)	4 GOALS 득점	2 ASSISTS 도움	WEEKLY BEST 11 주간베스트11	데드볼 스페셜리스트, 독창성	느린 스피드, 개인플레이

박태준

55 MF

1999년 1월 19일 | 26세 | 대한민국 | 175cm | 75kg
경력 | 성남(18~23) ▷ 안양(21) ▷ 이랜드(22) ▷ 광주(24~)
K리그 통산기록 | K리그1 − 61경기 4득점 1도움 | K리그2 − 71경기 2득점 9도움
대표팀 경력 | 6경기 1득점

시원시원한 중거리 슈팅이 일품인 미드필더. 풍생고 시절 공격수부터 수비수까지 다양한 포지션을 맡은 경험 덕분인지 전술 이해도가 높다. 까다롭기로 유명한 '정효볼'에도 금방 적응했다. 3선과 중원에서 공을 운반하는 역할에 치중했다. 특히 중앙지역 전진패스 성공률이 83.2%에 달해 이따금 공격을 지원사격했다. 2024년 5월 울산전에서 1골 1도움 원맨쇼를 펼치며 팀 승리를 이끈 활약이 백미다. 다만 국군체육부대에 합격해 4월에 자리를 비워야 한다. 그때까지 중원 싸움을 위해 몸을 아끼지 않는다는 각오다.

		2024시즌 기록			-	강점	약점
2	0	**1,832(27)** MINUTES 출전시간(경기수)	**2** GOALS 득점	**1** ASSISTS 도움	WEEKLY BEST 11 주간베스트11	탈압박, 대포알 중거리	압박, 적극성

문민서

88 MF

2004년 2월 18일 | 21세 | 대한민국 | 182cm | 74kg
경력 | 광주(24~)
K리그 통산기록 | K리그1 − 31경기 2득점
대표팀 경력 | −

구단 역대 처음으로 U-12, U-15, U-18팀을 거쳐 프로팀에 우선 지명된 광주 유스의 산물. 선배 정호연의 케이스대로 단국대에서 경험을 쌓은 뒤 2024년 광주 1군에 콜업됐다. '준비된 신인' 문민서는 빠르게 정효볼에 녹아들었다. 측면과 중앙을 가리지 않고 팀이 원하는 위치에서 감독이 원하는 롤을 수행했다. 아무리 22세 이하 선수여도 31경기 1,470분은 문민서에 대한 이정효 감독의 신뢰를 보여주는 숫자다. 나이는 여전히 문민서의 무기다. 2025시즌에도 22세 카드로 중용될 것이 확실시된다. 1년 차 때보다 더 나은 모습을 보여야 하는 건 문민서가 풀어야 할 숙제다.

		2024시즌 기록			-	강점	약점
0	0	**1,470(31)** MINUTES 출전시간(경기수)	**2** GOALS 득점	**0** ASSISTS 도움	WEEKLY BEST 11 주간베스트11	유틸리티 능력, 신인다운 패기	골 결정력, 크로스 정확도

유제호

14 MF

2000년 8월 15일 | 25세 | 대한민국 | 178cm | 68kg
경력 | 수원(22~24) ▷ 전북(24) ▷ 광주(25~)
K리그 통산기록 | K리그1 − 33경기 1득점 | K리그2 − 17경기
대표팀 경력 | −

정호연이 떠난 빈자리를 메워야 하는 중책을 안은 미드필더 중 한 명. 패스 연결고리, 공격 시 발점 역할을 두루 잘 해낸다는 평가를 받는다. 감독의 성향에 맞게 박스 투 박스 미드필더와 수비형 미드필더를 오갈 수 있다. 스타일상 4월 입대 예정인 박태준의 역할을 대신할 가능성도 있다. 대전 유스에서 성장한 '넥스트 황인범' 유제호는 2022년 대전이 아닌 수원에서 프로 경력을 시작했다. 첫 시즌 6경기, 두 번째 시즌 22경기를 뛰며 빠르게 자리를 잡아갔고, 2024년 7월에 팀 동료 전진우와 함께 전북으로 동반 이적했다. 그리고 반년 뒤 다시 광주에 둥지를 틀고 새로운 도전에 나섰다.

		2024시즌 기록			-	강점	약점
3	0	**193(5)** MINUTES 출전시간(경기수)	**0** GOALS 득점	**0** ASSISTS 도움	WEEKLY BEST 11 주간베스트11	패스 스킬, 경기 조율	압박 강도, 활동량

권성윤

2001년 3월 30일 | 24세 | 대한민국 | 174cm | 65kg
경력 | 서울(20~23) ▷ 대전코레일(23) ▷ 부산(24) ▷ 광주(25~)
K리그 통산기록 | K리그1 – 24경기 | K리그2 – 22경기 1득점 4도움
대표팀 경력 | –

권성윤은 서울 유스 오산중, 오산고 출신으로 K리그 유스 레벨에서 빼어난 실력으로 이름을 날렸다. '10번' 자리에서 상대 수비진을 뒤흔드는 게임체인저 유형이었다. 2020년 서울 프로팀에 합류했으나 프로의 벽은 높았다. 기술적인 측면에선 돋보였지만, 나상호와 같은 정상급 윙어를 넘어설 정도는 아니었다. 22세 카드도 후배 강성진에게 넘겼다. 2023년 3부 대전코레일, 2024년 2부 부산으로 연이어 임대를 떠났다. 부산에선 '풀백 권성윤'의 잠재력을 입증했다. 광주에서도 주로 공격적인 풀백 역할을 맡을 것으로 보인다.

2024시즌 기록					1 WEEKLY BEST 11 주간베스트11	강점	약점
0	1	1,432(22) MINUTES 출전시간(경기수)	1 GOALS 득점	4 ASSISTS 도움		공격수 출신 풀백, 축구센스	아쉬운 적극성, 수비력

■ K리그2 기록

안영규

1989년 12월 04일 | 36세 | 대한민국 | 185cm | 79kg
경력 | 수원(12~13) ▷ 기라반츠기타큐슈(13) ▷ 대전(14) ▷ 광주(15~18) ▷ 경찰축구단(16~17) ▷ 성남(19~21) ▷ 광주(22~)
K리그 통산기록 | K리그1 – 155경기 4득점 3도움 | K리그2 – 133경기 3득점 4도움
대표팀 경력 | –

K리그1과 K리그2를 통틀어 광주 유니폼을 입고 164경기를 뛴 '리빙 레전드'. 수원, 기타쿠슈, 대전을 거쳐 2015년 광주와 첫 연을 맺었다. 2019년 성남으로 떠나 3년간 활약한 뒤, 2022년 2부로 떨어진 광주로 이적해 1부 승격을 뒷받침했다. 그리고 2023시즌엔 광주의 최고 성적인 3위 달성에 일조하기도 했다. 풍부한 연륜이 바탕이 된 수비 리딩이 발군이고, 공중볼과 대인마크 능력도 두루 갖췄다. 상대 진영을 향한 송곳 전진패스도 일품이다. 이정효 감독이 누구보다 신뢰하는 수비수인 안영규는 젊은 자원이 즐비한 광주에서 팀의 기둥 역할을 하고 있고, 그의 옆에서 변준수가 무럭무럭 성장하는 중이다.

2024시즌 기록					- WEEKLY BEST 11 주간베스트11	강점	약점
3	1	2,109(26) MINUTES 출전시간(경기수)	0 GOALS 득점	0 ASSISTS 도움		안정적인 수비, 빌드업	나이로 인해 느려진 주력

김한길

1995년 6월 21일 | 30세 | 대한민국 | 178cm | 75kg
경력 | 서울(17~20) ▷ 전남(20~22), 상무(21~22) ▷ 광주(23~)
K리그 통산기록 | 120경기 6득점 5도움 | K리그2 – 11경기
대표팀 경력 | –

2017년 FC서울에 입단하며 기대감을 높였다. 윙어와 윙백, 풀백을 소화할 수 있는 날개 기대주였다. 하지만 시작부터 고광민, 윤석영의 벽에 부딪혔고, 서울에서 활약하던 시절 김진야까지 영입되면서 지나치게 거센 경쟁을 겪었다. 2020년 입단한 전남에서 자리를 잡지 못한 김한길은 군팀 김천에서 커리어 대반등을 이뤘다. 전역 후 2023년 광주에 입단한 김한길은 측면을 든든히 지키는 한편, 경력 최다인 3골을 터뜨리며 공격에도 기여했다. 2024시즌엔 출전 기회가 줄었지만, 양 측면을 누비는 왼발잡이라는 강점을 앞세워 2025년 반등을 꾀한다. 광주에서의 재도약을 꿈꾸며, 다른 팀들의 제안도 거절했다.

2024시즌 기록					WEEKLY BEST 11 주간베스트11	강점	약점
2	0	929(19) MINUTES 출전시간(경기수)	0 GOALS 득점	1 ASSISTS 도움		왼발잡이 반대발 윙어, 저돌적 돌파	2% 부족한 공격성과 수비력

20 DF

진시우

2002년 8월 5일 | 23세 | 대한민국 | 190cm | 80kg
경력 | 전북(24) ▶ 광주(25〜)
K리그 통산기록 | K리그1 – 3경기
대표팀 경력 | –

무려 190cm의 신장으로 '김민재 피지컬'을 지닌 '김민재 후배'로 불린다. 제공권과 일대일 대인 마크에 강점이 있다. 현대축구에서 수비수에게 요구하는 빌드업 능력도 갖췄다는 평가다. 2024년 전북과 프로계약을 맺고 리그 3경기를 경험했다. 수원 유스 출신으로 연세대 시절 종종 스트라이커로 출전했을 정도로 다재다능하다. 2024년 광주 공격수였던 허율이 임시로 센터백을 맡은 케이스처럼, 진시우가 최전방 공격수로 깜짝 출전해도 어색하지 않다. 다양한 아이디어를 경기장에 녹아내는 이정효 감독이라면 더더욱 그렇다.

2024시즌 기록				– WEEKLY BEST 11 주간베스트11	강점	약점
0	0	124(3) MINUTES 출전시간(경기수)	3 GOALS 득점	0 ASSISTS 도움	제공권, 일대일 마크	부족한 경험, 세밀함

40 FW

신창무

1992년 9월 17일 | 33세 | 대한민국 | 170cm | 70kg
경력 | 대구(14〜20) ▶ 상무(18〜19) ▶ 강원(21〜23) ▶ 광주(24〜)
K리그 통산기록 | K리그1 – 131경기 8득점 4도움 K리그2 – 52경기 1득점 1도움
대표팀 경력 | –

어린 나이에 타국 생활을 한 축구 여행자. 강원 철원 출신으로 대구에서 유년 시절을 보냈다. 중학생 시절 호주로 유학을 떠났던 신창무는 우석대 진학을 앞두고 일본으로 짧게 축구유학에 다녀왔다. 대구 유스였던 신창무는 2014년 대구 1군에 합류하며 프로의 꿈을 이뤘다. 윙어, 중앙미드필더, 윙백 등 다양한 포지션을 소화하고 왼발잡이라는 다재다능함으로 대구에서 자신만의 영역을 구축했다. 3번째 시즌인 2016년 주전으로 올라서 31경기에 출전했고 데뷔골까지 넣었다. 2021년 강원에 입단한 신창무는 2023년부터 광주에서 뛰고 있다. 2024년 최종전에서 2호 골을 넣으며 2025시즌을 기대케 했다.

2024시즌 기록				– WEEKLY BEST 11 주간베스트11	강점	약점
1	0	454(14) MINUTES 출전시간(경기수)	2 GOALS 득점	0 ASSISTS 도움	멀티 포지션, 날카로운 왼발	느린 스피드, 윙어 애매, 윙백도 애매

19 FW

황재환

2001년 4월 12일 | 24세 | 대한민국 | 170cm | 60kg
경력 | 울산(20〜24) ▶ 쾰른U-19(20) ▶ 쾰른II(20〜22) ▶ 부천(24) ▶ 광주(25〜)
K리그 통산기록 | K리그1 – 19경기 2득점 K리그2 – 12경기 1도움
대표팀 경력 | –

청소년 대표를 거친 유망주다. 공격 2선의 다양한 포지션에서 뛰며 창의적인 패스, 저돌적인 돌파 능력을 뽐내는 유형이다. 울산 유스 현대고에서 최고의 활약을 펼치며 19세의 나이에 울산 1군에 입성했다. 곧장 독일 쾰른으로 유학길에 오른 황재환은 쾰른 U-19, 쾰른 1군에서 경험을 쌓고 2022년 울산으로 돌아왔다. 2023시즌 K리그 11경기 2골로 팀의 리그 2연패에 기여했다. 하지만 쟁쟁한 선배들과의 경쟁에서 밀린 황재환은 2024시즌 2부 부천으로 임대를 떠났고, 근육 부상 등으로 인해 단 543분 출전에 그쳤다. 광주로 향한 황재환에게는 새로운 변화가 필요하다.

2024시즌 기록				– WEEKLY BEST 11 주간베스트11	강점	약점
0	0	543(12) MINUTES 출전시간(경기수)	0 GOALS 득점	1 ASSISTS 도움	창의성과 기동성 겸비	아쉬운 피지컬

■ K리그2 기록

전지적 작가 시점

김가을이 주목하는 광주의 원픽!
박정인

"박정인이 그동안 광주에서 보기 힘든 모습을 많이 보여줄 것 같다." 광주 주장 이민기는 개막 미디어데이에서 가장 기대가 되는 선수로 박정인을 꼽았다. 이민기가 언급한 '보기 힘든 모습'은 이정효 감독이 박정인을 영입한 이유다. 박정인은 '슈퍼 유망주' 청소년 대표팀 시절부터 톡톡 튀는 개성과 창의성으로 무장한 게임체인저로 평가받았다. 어디로 튈지 모르는 움직임과 독특한 템포는 플레이가 확일화됐다는 평가를 받는 대한민국 축구판에서 흔히 볼 수 있는 것은 아니었다. 하지만 한 살 아래인 이강인과 더불어 촉망받던 박정인은 지난 6년간 기대만큼 성장하지 못하며 서서히 대중의 기억 속에서 잊혀갔다. 부산 시절엔 2군으로 강등되기도 했다. 이번 시즌이야말로 변화가 필요한 시점이고, 선수 조련에 능한 이정효 감독을 만났다는 점은 박정인 커리어에 있어 커다란 호재이자 긍정적인 변곡점이 될 수 있다. 이정효 감독의 따끔한 가르침을 잘 이겨낸다면, 2024년 강원 이상헌처럼 포텐을 터뜨릴 수 있다. 2024 시즌 도중 엄지성을 떠나보낸 광주도 '야심작' 박정인이 대박을 터뜨리길 기대하고 있다.

지금 광주에 이 선수가 있다면!
황인범

허율도 없고, 이희균도 없고, 무엇보다 정호연이 없다. 정호연은 지난 3년간 정효볼의 중원을 맡았던, 아니 그 중원 그 이상을 도맡았던 미드필더. 정호연이 이정효였고, 이정효가 곧 정호연이었다. '행동대장' 정호연이 미국 미네소타의 오퍼를 받았을 때, 광주는 대체자를 고민할 수밖에 없었다. 현시점에선 다소 지나친 상상의 영역일지 모르지만, 당장 '국대 핵심'이자 정호연의 롤모델인 황인범이 네덜란드 생활을 정리하고 광주에 입단한다면 고민을 씻어낼 수 있지 않을까? 황인범은 정호연의 역할은 물론, 3선과 중원에서 공을 운반하고 직접 상대 진영까지 침투하는 움직임으로 수비진을 흔들 수 있고, 국가대표와 유럽 무대에서 얻은 풍부한 경험으로 광주의 중원 레벨을 리그 정상급으로 끌어올릴 수 있다. 게다가 딥라잉 플레이 메이커, 박스 투 박스 미드필더, 공격형 미드필더 등 6번부터 8번까지 모두 소화할 수 있기 때문에 다양하게 활용할 수 있는 정호연의 확실한 대체자다. 황인범의 오른발과 아사니의 왼발이면, 광주를 상대하는 팀 수비진에 공포 그 자체일 것이다.

이승우
송민규
박진섭
콤파뇨
송범근
홍정호
김영빈
김태현
김태환
김인성
보아텡
권창훈
한국영
김진규
안현범
이영재
티아고
전진우
에르난데스
안드리고
강상윤
성진영
박재용
한교원
이준호

전북현대모터스

'사생결단' 왕조 재구축을 향한 전북의 초록빛 도전

전북현대모터스

평범한 지방구단에서 K리그 최고의 구단으로 변모했다. 재활공장장 최강희 감독의 선임과 모기업의 화끈한 투자가 맞물려 누구도 넘볼 수 없는 우승 이력을 쌓았다. 2009시즌 첫 우승 후 역대 최다인 9개의 별을 달았다. 영입하는 선수 면면부터 최첨단 클럽하우스까지, '1강'은 늘 전북의 몫이었다. 2010년대 K리그는 한 단어 '전북 현대'로 깔끔하게 정리할 수 있을 정도다. 무너질 것 같지 않았던 전북 천하는 2022시즌부터 금이 가기 시작했다. 전북에 도전하던 울산 HD에 왕좌를 내준 후 전북은 다시 왕좌를 바라보지 못하고 있다. 김상식, 단 페트레스쿠, 김두현 감독 중 누구도 전북을 살리지 못했다. 2024시즌엔 구단 최초로 하위 스플릿으로 추락해 승강 플레이오프를 거친 끝에 가까스로 살아남았다. 전북은 말한다. 더 이상 물러설 때가 없다고. 절치부심한 전북은 프리미어리그 사령탑 출신 거스 포옛 감독을 야심 차게 선임하며 전북 왕조 재구축을 선언했다.

구단 소개

정식 명칭	전북 현대 모터스 FC
구단 창립	1994년 12월 12일
모기업	현대자동차
상징하는 색	녹색
경기장(수용인원)	전주월드컵경기장 (36,781명)
마스코트	나이티, 써치
레전드	최진철, 김도훈, 에닝요, 김상식, 이동국 등
서포터즈	매드그린보이즈
커뮤니티	에버그린

우승

K리그	9회 (2009, 2011, 2014, 2015, 2017, 2018, 2019, 2020, 2021)
코리아컵(FA컵)	5회 (2000, 2003, 2005, 2020, 2022)
AFC챔피언스리그(ACL)	2회 (2006, 2016)

최근 5시즌 성적

시즌	K리그	코리아컵(FA컵)	ACL
2024시즌	10위	32강	–
2023시즌	4위	준우승	8강
2022시즌	2위	우승	4강
2021시즌	1위	16강	8강
2020시즌	1위	우승	조별리그

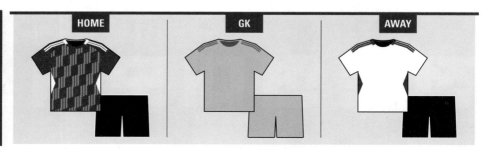

HOME   GK   AWAY

위기의 전북 살리기 위해 날아온
프리미어리그 출신 감독

거스 포옛 | 1967년 11월 15일 | 57세 | 우루과이

K리그 전적
-

세계 최고 리그인 프리미어리그 출신 감독이 K리그에 상륙했다. 대한민국 국가대표팀 사령탑으로도 거론됐던 포옛 감독이다. 한국행 의지가 매우 강했던 포옛 감독은 전북의 부활이라는 크나큰 임무를 받아들였다. "가장 중요한 건 승리"라며 우승을 향한 갈증을 느끼는 전북 팬들에게 어떤 선물이 제일 좋을지 알고 있다. 전북 역시 팀을 다시 정상화하기 위해 과감한 결정을 내렸다. 커리어가 조금씩 하락세를 타고 있었다는 점, K리그 무대는 처음이라는 점 등 여러 불안한 요소가 있지만, 프리미어리그 출신이기에 그 불안한 요소를 다 덮고도 남을 기대치가 있다. 전북이 자랑하는 스타 플레이어들을 어떻게 조련해서, 자신만의 색깔을 빠르게 구현할 수 있을지 궁금하다. 이름값만으론 역대 K리그 최고의 지도자인 포옛 감독의 지휘봉에 2025시즌 전북의 운명이 달렸다.

선수 경력

그레노블푸트	리버플레이트	레알사라고사	첼시	토트넘	스윈던타운

지도자 경력

스윈던타운 코치	리즈유나이티드 코치	토트넘 코치	브라이턴 감독	선더랜드 감독	AEK아테네 감독
레알베티스 감독	상하이선화 감독	보르도 감독	우니베르시다드카톨리카 감독	그리스 국가대표 감독	전북 감독(25~)

주요 경력

유럽축구연맹(UEFA) 컵위너스컵 2회 우승	코파아메리카 1995

선호 포메이션	4-3-3	3가지 특징	프리미어리그 출신 감독	K리그 첫 경험	능동적인 축구

STAFF

수석코치	코치	분석 코치	GK코치	피지컬코치	통역	전력분석관	키트 매니저	의무담당관
타리코	정조국	디에고	황희훈	파나요티스	김민서 표석환	이선구	이민호	지우반 김병선 이규열 노상근

2 0 2 4   R E V I E W

아디다스 포인트로 보는 전북의 2024시즌 활약도

불안한 시작에는 이유가 있었다. 왕조를 준비하는 울산에 도전장을 내밀었던 전북은 6경기 연속 승리를 거두지 못하면서 시즌을 시작했다. 전북은 곧바로 페트레스쿠 감독을 경질했다. 경질 효과로 2연승으로 거두면 반등에 성공하나 싶었다. 하지만 페트레스쿠 대체자 찾기도 늦어지면서 12경기 1승이라는 믿기지 않는 부진에 시달렸다. 조직력은 모래알처럼 흩어졌고, 초보적인 실수를 반복했다. 팬들의 야유는 점점 거세졌다. 시즌 중 김두현 감독이 소방수로 선임됐지만, 추락을 멈추지 못했다. 리그 막바지에 조금씩 살아나면서 강등은 면했지만 '결국은 우리가 이긴다' 정신으로 역사를 쓴 전북 라커룸에 패배 의식이 스며든 시간이었다.

2024시즌 아디다스 포인트 상위 20명　■ 포인트 점수

포지션 평점
FW 🔥🔥🔥🔥
MF 🔥🔥🔥🔥
DF 🔥
GK 🔥🔥

출전시간 TOP 3

1위	박진섭	2,528분
2위	이영재	2,475분
3위	티아고	2,099분

득점 TOP 3

1위	티아고	7골
2위	문선민, 송민규	6골
3위	전병관	5골

도움 TOP 3

1위	송민규	6도움
2위	이승우	4도움
3위	김진수, 안현범, 문선민	3도움

주목할 기록

| 5 | 2018년 대구(6장) 이후 단일 시즌 최다 퇴장 |
| 112.8 | K리그1 전체 활동량 꼴찌 |

성적 그래프

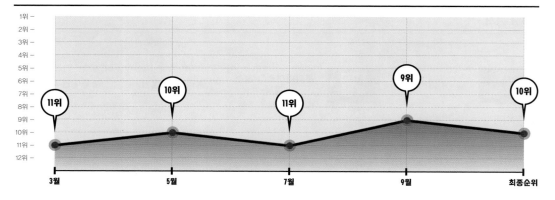

2025 시즌 스쿼드 운용 & 이적 시장 인앤아웃

IN

콤파뇨_텐진진먼후
송범근_쇼난벨마레
김영빈_강원
최우진_인천
강상윤 한교원
_임대복귀
황승준 김준영
윤현석 김민재
강현종 이재준
정상운_신인

FW

콤파뇨	티아고	송민규	이승우
박재용	전진우	에르난데스	한교원
김창훈	이준호	강현종	성진영	정상운

MF

이영재	보아텡	권창훈	한국영
김진규	강상윤	안드리고	진태호
한석진	윤현석	김민재	장남웅

DF

안현범	최철순	홍정호	김태환	이재준
김태현	연제운	김영빈	최우진	서정혁
김하준	김준영	황승준	김준영	박진섭 ⓒ

GK

| 송범근 | 김정훈 | 공시현 | 전지완 |

OUT

이수빈 전병관
_상무
이유현_강원
오재혁_제주
김진수 문선민
_FC서울
이재익_울산
유제호 진시우
_광주
정우재_대구
김준홍_DC유나이티드
이민혁_수원
이지훈_천안
박창우_부산
구자룡 박준범
김태양 강영석
이우연 황재윤
박채준 박시화
_계약종료

ⓒ 주장   ■ U-22 자원

구멍이 많지 않기 때문에 대대적인 변화를 주지 않았다. 전북은 부족한 포지션을 보강할 목적으로 콤파뇨, 송범근, 김영빈, 최우진 등을 영입하고, 임대생 강상윤을 다시 불러들였다. 무리한 세대교체를 위해 어린 선수만 영입하는 우를 범하지 않았다. 당장 반등하는 것이 중요한 시즌이기에 팀 전력에 즉시 보탬이 될 경험 있는 자원도 품었다. '재료'가 갖춰진 상황에서 어떤 요리를 내놓을지는 셰프 포옛에게 달렸다. 어느 포지션과 어떤 선수에게 '킥'을 줄 건지가 중요하다. 미드필더와 수비 포지션에 큰 고민은 없다. 백업 자원까지 넉넉하다. 공격진은 다르다. 지난 시즌 후반기 부진했던 이승우의 부활이 절실하다. 수원FC 시절의 퍼포먼스를 재현해 준다면 팀 공격은 힘을 받을 것이다. 콤파뇨와 이승우, 빅앤스몰 조합에 기대를 걸어보자.

주장의 각오

박진섭

"올 시즌은 우리 전북현대의 자존심을 회복하고, 팬들 앞에 당당히 다시 설 수 있는 시즌으로 만들겠다."

2025 예상 베스트 11

이적시장 평가

포옛 감독이 부임하면서 초대형급 영입을 기대했던 팬들에겐 다소 실망스러운 시간이었을지 모른다. 김준홍이 나간 자리에 송범근을 영입하고, 강원 김영빈, 인천 최우진을 품은 것 외에 뚜렷한 행보가 없었다. 하지만 개막을 앞두고 이탈리아 국가대표 발탁 경험이 있는 공격수 콤파뇨의 영입은 기대감을 키우기에 충분했다. 과거부터 전북은 듬직한 최전방 공격수가 있을 때 좋은 성적을 냈다. 티아고, 에르난데스, 안드리고 등 기존 외인들의 활약도 물론 중요하다.

저자 6인 순위 예측

• 김성원 •	• 윤진만 •	• 박찬준 •	• 김가을 •	• 김대식 •	• 이현석 •
3위_시행착오 걱정되지만 믿음가는 진중한 포옛 감독의 현실 접근. 전력이야 두 말하면 잔소리. 명가재건, 첫 출발이 중요해. K리그는 어렵다	**4위_**'빅네임' 거스 포옛 감독 선임으로 분위기를 바꾸고, 수문장 송범근 영입으로 불안요소 해결. 2024년이 아쉬웠던 이승우도 부활 '꿈틀꿈틀'.	**4위_**경험 많은 명장 포옛과 정상급 스쿼드의 만남. 이것만으로도 우승권이지만, 지난 시즌의 아픔과 상처를 모두 털어내기에는 시간이 필요해 보인다.	**5위_**포옛 감독님, 어서오세요! K리그는 처음이시죠? 어, 그런데 사령탑 외 선수 영입에선 기대했던 수준의 '빅 사이닝'은 NO.	**3위_**프리미어리그 출신 감독은 다를 수 있지 않을까. 강등 코앞까지 갔던 전북이지만 포옛 감독은 축구는 감독 놀음이라는 걸 보여줄 수 있을 것 같다.	**5위_**EPL 출신 거스 포옛과 K리그 명가가 의기투합. 이미 지난 시즌에도 압도적이었던 선수단 체급. 조용히 올라갈 일만 남았다.

이승우

1998년 1월 6일 | 27세 | 대한민국 | 169cm | 69kg

11 FW

이승우

WEEKLY BEST 11

경력

FC바르셀로나B(16~17)
▶엘라스베로나(17~19)
▶신트트라위던(19~21)
▶포르티모넨스(21)
▶수원FC(22~24)
▶전북(24~)

K리그 통산기록

K리그1 – 100경기 36득점 12도움

대표팀 경력

12경기
2018 월드컵

K리그 최고의 슈퍼스타 이승우는 2024시즌 수원FC에서 최고의 전반기를 보낸 후에 전북에 입성했다. 위기에 빠진 전북이 변화를 만들어보겠다는 과감한 선택이었다. 하지만 이승우는 전북으로 와서 스타로서의 시간을 보내지 못했다. 이승우가 주전으로 도약하지 못했기 때문이다. 김두현 감독은 전술적인 이유로 이승우를 중용하지 않았고, 이승우는 주로 조커로서만 활약하면서 시간을 보냈다. K리그 입성 후 커리어 하이를 만들 수 있었던 이승우의 2024시즌은 비교적 조용하게 마무리됐다. 전북의 강등권 탈출에 있어서 이승우는 크게 공헌한 카드는 아니었다. 이승우도 자신의 능력을 마음껏 발휘하지 못한 아쉬움을 공개적으로 토로하기도 했다. 전북도, 이승우도 2024시즌과 같은 2025시즌을 만들고 싶지는 않을 것이다. 관건은 포옛 감독과 이승우의 전술적인 조화다. 이승우는 틀에 갇힌 선수가 아니다. 미꾸라지처럼 풀어줄 때 제일 빛난다. 이승우를 중심으로 팀이 돌아갈 때 스타가 된다. 포옛 감독이 그런 이승우를 전술적으로 품어줄 수 있을까. 혹은 이승우가 팀을 위해 희생하면서 포옛 감독에게 맞출 수 있을까. 두 사람의 궁합만 잘 이뤄질 수 있다면 '대승우'의 모습을 전주성에서도 만나볼 수 있을 것이다.

2024시즌 기록

2	1,665(31) MINUTES 출전시간(경기수)	12 GOALS 득점	6 ASSISTS 도움	0	6 WEEKLY BEST 11 주간베스트11

강점	드리블, 골 결정력, 축구지능	특징	K리그 최고 스타성
약점	체력	별명	대승우

송민규

1999년 9월 12일 | 26세 | 대한민국 | 178cm | 72kg

10
FW

송민규

② WEEKLY BEST 11

경력

포항(18~21)
▶전북(21~)

K리그 통산기록

K리그1 - 169경기 38득점 24도움

대표팀 경력

13경기 1득점
2022 월드컵

2021년 거액의 이적료로 포항을 떠나 전북으로 왔을 때만 해도, 능력을 증명하지 못하는 느낌이었지만 2023시즌부터 전북의 에이스로 등극했다. 2024시즌이 시작하기도 전에 유럽 리그 이적설이 나오면서 전북을 떠날 것으로 예상됐지만, 송민규는 무너지는 전북의 에이스로 남았다. 특히 전반기 전북이 흔들리고 있을 때, 공격에서 홀로 중심을 잡아줬다. 티아고, 에르난데스를 비롯한 외국인 공격진이 모두 잠잠할 때, 송민규가 공격에서 고군분투했다. 전방으로 볼을 전진해 동료들에게 찬스를 만들어주고, 답답할 때는 직접 득점까지 터트려줬다. 송민규의 활약은 전북이 가지고 있던 최후의 보루 같은 느낌이었다. 후반기에는 연속된 부상으로 전반기만큼 활약하지는 못했다. 이제 송민규는 중앙에서 공을 잡고 마법을 부릴 때 제일 좋은 활약을 펼치는 선수가 됐다. 측면에서의 파괴력 역시 여전하다. 포옛 감독이 왔지만, 송민규가 공격진에서 갖는 비중이 달라지지는 않을 것이다. 오히려 커질 수도 있다. 송민규가 꾸준하게 활약할 때 전북의 순위표는 더 높은 곳으로 향할 수 있을 것이다. 유럽 진출에 대한 욕심도 있는 만큼 송민규를 위해서도 중요한 2025시즌이다.

2024시즌 기록				
4	2,120(29) MINUTES 출전시간(경기수)	6 GOALS 득점	6 ASSISTS 도움	0	2 WEEKLY BEST 11 주간베스트11

강점	킬러패스, 멀티 플레이어	특징	현대적인 윙어
약점	스피드	별명	송스타

박진섭

1995년 10월 23일 | 29세 | 대한민국 | 186cm | 79kg

4
DF

경력

안산(18~19)
▶ 대전(20~21)
▶ 전북(22~)

K리그 통산기록

K리그1 – 92경기 3득점 2도움
K리그2 – 116경기 14득점 3도움

대표팀 경력

6경기 1득점
2023 아시안컵

근 15년 동안 전북에서 제일 고생한 주장이 아닐까. 김진수가 주전에서 밀려난 후 주장으로서 역할을 하지 못할 때, 박진섭이 전북의 새로운 캡틴이 됐다. 박진섭 때문에 전북이 흔들린 것은 아니었지만 그가 느끼는 부담감은 상상을 초월했을 것이다. 최악의 전북을 이끈 주장이라고 보는 시선도 있겠지만 어떻게든 최악의 전북을 지탱한 주장으로 평가하고 싶다. 주전 파트너인 홍정호의 하락세, 이재익의 적응 실패, 백업 자원의 아쉬움 등으로 경기장 안에서도 고생했던 박진섭이다. 2025시즌에도 박진섭 주장 체제는 그대로 간다. 결국 팀이 흔들릴 때 구심점을 잡아줄 선수는 주장이다. 포옛 감독은 박진섭에게 그럴 능력이 있다고 믿고 있는 중이다. 경기장에서도 그렇다. 박진섭 없는 전북은 이제 상상하기가 어렵다. 김영빈이 영입됐지만 전북 수비진의 중심은 박진섭이다. 수비가 흔들리는 팀은 높은 곳을 바라볼 수 없다. 그래서 어깨가 더욱 무겁다. 새롭게 개편될 포옛 체제에서 박진섭이 후방에서 중심을 올바르게 잡아줘야 전북이 부활할 수 있다. 지능적인 수비와 미드필더 출신다운 패스 능력, 압도적인 공중볼까지 리그 최고 수준의 센터백이다.

	2024시즌 기록					
4	**2,731(29)** MINUTES 출전시간(경기수)	**0** GOALS 득점	**0** ASSISTS 도움	1	**1** WEEKLY BEST 11 주간베스트11	

강점	파이터형 센터백	특징	전북 주장
약점	스피드	별명	섭박

콤파뇨 Andrea Compagno   1996년 4월 22일 | 28세 | 이탈리아 | 195cm | 88kg

96
FW

콤파뇨

WEEKLY BEST 11

경력

카타니아(14~15)
▷듀에토리(15)
▷피네롤로(15~16)
▷아르헨티나아르마(16~17)
▷보르고세시아(17~18)
▷누오레세(18)
▷트레피오리(18~20)
▷크라이오바(20~22)
▷FCSB(22~24)
▷텐진(24)
▷전북(25~)

K리그 통산기록

2025시즌 K리그1 데뷔

대표팀 경력

—

지난 시즌 닥공의 포스를 잃어버렸던 전북이 거스 포옛 감독을 위해 콤파뇨를 데려왔다. K리그 내에서 제시 린가드 다음으로 선수 가치가 높은 것만 봐도 엄청난 빅네임을 전북이 품었다. 커리어는 대기만성형 선수에 가깝다. 이탈리아 4부리그인 세리에D에서 시작했다. 2018년 산마리노 리그로 이적하면서 두각을 나타내기 시작한 콤파뇨는 이적하자마자 리그 득점왕을 차지했다. 더 높은 무대인 루마니아로 도약한 콤파뇨는 2022-23시즌 도중에 루마니아 최고 명문 중 하나인 FCSB로 이적했다. 루마니아 리그 최고 폭격기가 된 콤파뇨는 2024년 중국 텐진으로 이적해서도 29경기 19골을 폭발했다. 2024시즌을 끝으로 텐진과 계약이 만료되자 전북이 러브콜을 보냈고, 콤파뇨는 포옛 감독과 함께 전북의 부활을 이끌 선봉장이 됐다. 195cm라는 거구에 축구 지능이 합쳐진 스트라이커다. 페널티박스 안에서 낙하지점을 정확하게 예측해 움직인 후 온몸으로 마무리할 수 있다. 특히 공중볼은 압도적이다. 전북이 콤파뇨에게 양질의 기회만 만들어준다면 충분히 득점으로 보답할 수 있는 선수다. 다만 발이 빠르지는 않고 민첩성이 떨어진다. 페널티박스 안에서는 존재감이 남다르지만, 페널티박스 바깥에서는 영향력이 떨어지는 유형이다.

■중국 리그 기록

2024시즌 기록				
3	**2,159(27)** MINUTES 출전시간(경기수)	**17** GOALS 득점	**1** ASSISTS 도움	0	WEEKLY BEST 11 주간베스트11

강점	득점력	특징	전형적인 9번 스트라이커
약점	기동력	별명	젊은 에두

송범근

1997년 10월 15일 | 27세 | 대한민국 | 196cm | 90kg

31
GK

송범근

WEEKLY　BEST 11

경력
전북(18~22)
▷쇼난(23~24)
▷전북(25~)

K리그 통산기록
K리그1 – 167경기 140실점

대표팀 경력
1경기
2022 월드컵, 2019 · 2023 아시안컵

전북의 영광을 이끌었던 송범근이 다시 전북으로 돌아왔다. 그는 2018시즌부터 2022시즌까지 5년 동안 전북의 최후방을 탄탄히 지켰다. 처음 주전으로 도약했을 때만 해도, 전북의 탄탄한 수비 덕을 본다는 평가를 받았지만 송범근의 진화는 시즌이 거듭될수록 멈추지 않았다. 대한민국 차세대 골키퍼라는 평가가 잘못되지 않았다는 걸 증명해냈다. 조현우라는 대한민국 최고의 골키퍼가 있어서 그의 활약이 다소 가려졌지만 송범근 역시 K리그 최고의 골키퍼로 인정받고 J리그로 진출했다. J리그에서 2시즌 동안 뛴 송범근은 다시 전북으로 돌아와 영광의 시기를 재현하고자 땀을 흘리고 있다. 골키퍼를 주요 선수로 뽑은 이유는 지난 시즌 김준홍이 전북에서 보여줬던 활약상이 워낙 뛰어났기 때문이다. 김준홍이 아니었다면 전북이 다이렉트 강등됐을 것이라는 평가가 나왔을 정도로 전북 수비는 실망스러웠다. 포옛 감독이 왔지만 수비가 단번에 달라지는 건 쉽지 않을 것이다. 뛰어난 골키퍼는 시즌 승점 15점을 벌어준다는 말처럼, 송범근이 이번 시즌 전북에 많은 승점을 벌어줘야 한다. 최근 국가대표팀에서도 차츰 멀어졌던 송범근이었기에 전북에서의 활약을 바탕으로 대표팀 재진입을 노릴 것이다.

■일본 J1리그 기록

2024시즌 기록			
0	**1,758(20)** MINUTES 출전시간(경기수)	**33** SAVE 선방	**25** LOSS 실점	**1** WEEKLY BEST 11 주간베스트11

강점	공중볼, 빌드업	특징	차세대 국가대표 골키퍼
약점	기복	별명	송붐

26 DF

홍정호

1989년 8월 12일 | 35세 | 대한민국 | 186cm | 84kg
경력 | 제주(10~13) ▶ 아우크스부르크(13~16) ▶ 쑤닝(16~19) ▶ 전북(18~19) ▶ 전북(20~　)
K리그 통산기록 | K리그1 – 222경기 9득점 6도움
대표팀 경력 | 42경기 2득점, 2011 아시안컵, 2014 월드컵

2021시즌 K리그 MVP에 오른 이후 홍정호는 계속해서 어려운 시간을 보내고 있다. 지난 시즌에도 홍정호는 팀에 원하는 만큼 도움이 되지 못했다. 지난 2시즌 동안에는 부상을 당한 후에 복귀해서도 곧바로 좋은 활약을 보여줬지만, 이제는 부상에서 돌아온 후 홍정호다운 수비력이 나오지 않고 있어 전북 팬들의 걱정이 크다. 나이로 인해 몸이 따르지 않는 게 제일 문제다. 2025시즌에는 박진섭, 김영빈에 이은 3순위 센터백으로 나설 것으로 예상되지만 100%의 홍정호는 여전히 K리그 최고 수준이다. 2025시즌에 명예 회복을 노린다.

		2024시즌 기록			1 WEEKLY BEST 11 주간베스트11	강점	약점
4	0	1,731(21) MINUTES 출전시간(경기수)	0 GOALS 득점	0 ASSISTS 도움		리더십	잦아진 부상

2 DF

김영빈

1991년 9월 20일 | 33세 | 대한민국 | 184cm | 79kg
경력 | 광주(14~17) ▶ 상무(18~19) ▶ 광주(19) ▶ 강원(20~24) ▶ 전북(25~　)
K리그 통산기록 | K리그1 – 277경기 14득점 3도움 | K리그2 – 27경기 1득점 1도움
대표팀 경력 | 1경기

파울루 벤투 감독의 눈은 틀리지 않았다. 강원 이적 후 센터백으로 포지션을 변경한 것이 신의 한 수가 됐다. 빌드업이 되는 왼발 센터백이 가진 메리트는 탁월했다. 김영빈은 강원에서 항상 꾸준한 활약을 보여주며 K리그 최고 센터백 중 한 명이 됐다. 현시점에서는 뚜렷한 단점이 없는 이상적인 센터백이다. 2024시즌 양민혁과 함께 강원 돌풍의 주역이 된 후, 전북의 부름을 받았다. 수비진 개혁을 진행 중인 전북에서 중요한 역할을 맡을 것으로 기대된다.

		2024시즌 기록			3 WEEKLY BEST 11 주간베스트11	강점	약점
5	0	2,346(25) MINUTES 출전시간(경기수)	1 GOALS 득점	0 ASSISTS 도움		빌드업	대인 수비력

77 DF

김태현

1996년 12월 19일 | 28세 | 대한민국 | 175cm | 71kg
경력 | 안산(18) ▶ 서울이랜드(19) ▶ 안산(20) ▶ 전남(21~24) ▶ 김천(23~24) ▶ 전북(24) ▶ 전북(25~　)
K리그 통산기록 | K리그1 – 26경기 2득점 | K리그2 – 141경기 3득점 7도움
대표팀 경력 | –

전북이 김태현을 영입했을 때만 해도, 부정적인 평가가 존재했다. 하지만 시즌이 끝난 후, 김태현은 보란 듯이 2024시즌 전북 최고의 영입 중 하나가 됐다. 김진수가 주전 경쟁에서 밀려난 후, 김태현이 왼쪽 풀백으로 낙점됐다. 김태현이 주전으로 등극한 후에 전북 수비진이 더 안정화되면서 전북의 K리그1 잔류에 큰 공을 세웠다. 김진수가 FC서울로 떠났기에 김태현은 차기 시즌에도 전북의 주전으로 나설 것이다. 포기하지 않는 수비와 왕성한 오버래핑을 통해 전북에 기여할 것으로 기대된다. 원래 우측 풀백이 주포지션인 건 비밀이다.

		2024시즌 기록			2 WEEKLY BEST 11 주간베스트11	강점	약점
5	0	2,581(28) MINUTES 출전시간(경기수)	2 GOALS 득점	0 ASSISTS 도움		멀티성, 체력	측면 파괴력

23 DF

김태환

1989년 7월 24일 | 35세 | 대한민국 | 177cm | 72kg
경력 | 서울(10~12) ▷성남(13~14) ▷울산(15~23) ▷상주(17~18) ▷전북(24~)
K리그 통산기록 | K리그1 – 408경기 22득점 55도움
대표팀 경력 | 30경기, 2022 월드컵, 2023 아시안컵

김태환의 2024시즌은 성공적이지 못했다. 정들었던 울산을 떠나 전북을 택하는 과정에서도 울산 팬들에게 미움을 받았던 김태환은 전북에서도 아직까지 완벽하게 사랑받지 못하고 있다. 주전 경쟁에서 우위를 만들어내지 못했고, 이는 국가대표팀과도 멀어지는 결과를 가져오고 말았다. 선발로 나서는 경기에서도 국가대표 풀백의 위용을 100% 발휘하지 못했다. 김태환의 독보적인 파괴력이 전북에서는 발휘되지 않았다. 하지만 치타처럼 상대를 물어뜯는 김태환이 이대로 물러날 리가 없다. 김태환의 2025년은 재기할 수 있는 시즌이 될 수 있을까.

2024시즌 기록						강점	약점
4	0	1,931(21) MINUTES 출전시간(경기수)	1 GOALS 득점	3 ASSISTS 도움	1 WEEKLY BEST 11 주간베스트11	왕성한 오버래핑	크로스

3 DF

최우진

2004년 7월 18일 | 20세 | 대한민국 | 175cm | 66kg
경력 | 인천(23~24) ▷전북(25~)
K리그 통산기록 | K리그1 – 31경기 1득점 5도움
대표팀 경력 | –

얼마 지나지 않아 대한민국의 왼쪽을 책임질 것이라고 평가받는 최우진이다. 2023년 인천에 입단한 최우진은 곧바로 가능성을 보여주면서 2024시즌부터 주전으로 활약했다. 인천의 미래가 된 최우진은 윙백으로 맹활약했고, 이를 토대로 국가대표팀까지 다녀왔다. 국가대표 풀백 김진수가 떠나면서 왼쪽 가용폭이 줄어든 전북은 과감하게 최우진을 영입하기로 결정했다. 현재와 미래를 동시에 바라본 선택이었다. 왼발의 정확도와 예측 불가능한 돌파력이 최대 장점이지만 전북에서 주전으로 도약하기 위해선 수비력 개선이 필요하다.

2024시즌 기록						강점	약점
1	0	1,715(26) MINUTES 출전시간(경기수)	0 GOALS 득점	4 ASSISTS 도움	1 WEEKLY BEST 11 주간베스트11	돌파력, 패기	수비력

19 MF

보아텡
Nana Boateng

1994년 5월 10일 | 31세 | 가나 | 180cm | 76kg
경력 | 맨체스터시티(12~17) ▷스트룀스고세(12~16) ▷콜로라도(17~19) ▷팔로세우라(20~21) ▷클루지(21~23) ▷전북(23~)
K리그 통산기록 | K리그1 – 34경기 1득점
대표팀 경력 | –

참으로 평가하기가 어려운 선수였다. 2024시즌 동안 그의 활약은 그야말로 극과 극이었다. 쓸데없는 거친 파울로 경기를 망친 적도 여러 차례였지만 후반기 들어서 한국영과 함께 뛰자 패스 능력을 다시 한번 유감없이 발휘해냈다. 전북 팬들 사이에서도 의견이 갈리는 선수다. 한국영이 확실한 주전으로 도약했고, 포옛 감독이 공격적인 미드필더 구성을 원하기에 보아텡의 쓰임새가 다소 애매해졌다. 그렇다고 매각하기엔 전북의 3선 숫자가 부족하다. 단점을 가릴 수 있는 활약만 해낼 수 있다면 다시 좋은 평가를 받을 선수다.

2024시즌 기록						강점	약점
5	2	1,335(21) MINUTES 출전시간(경기수)	0 GOALS 득점	0 ASSISTS 도움	– WEEKLY BEST 11 주간베스트11	시야	쓸데없는 퇴장

권창훈

1994년 6월 30일 | 31세 | 대한민국 | 174cm | 69kg
경력 | 수원삼성(13~16) ▷ 디종(17~19) ▷ 프라이부르크(19~21) ▷ 수원삼성(21~23)
▷ 김천(22~23) ▷ 전북(24~)
K리그 통산기록 | K리그1 - 142경기 21득점 10도움 | K리그2 - 8경기 2득점 1도움
대표팀 경력 | 43경기 12득점, 2016·2020 올림픽, 2022 월드컵

2024시즌 전북으로 이적하는 과정에서 수원 팬들의 비판을 받았다. 전북으로 이적해서도 경기를 뛰지 못해 왜 영입했냐는 비판을 받았지만 후반기에 돌아와 이름값을 해냈다. 한때 한국 축구 최고 크랙이었다는 걸 짧은 플레잉타임에도 증명해냈다. 후반기 조커로서 최고의 효율을 뽑아내며 전북의 잔류에 기여했다. 덕분에 부정적인 여론을 바꾸는 데 성공했다. 전북은 부활의 신호탄을 알린 권창훈과 재계약을 체결했다. 2025시즌 권창훈이 해야 할 일은 출전 시간을 늘리면서 2024시즌의 효율을 유지하는 것이다.

2024시즌 기록						2 WEEKLY BEST 11 주간베스트11	강점	약점
0	0	329(9) MINUTES 출전시간(경기수)	2 GOALS 득점	1 ASSISTS 도움			천재성	잦은 부상

한국영

1990년 4월 19일 | 34세 | 대한민국 | 183cm | 76kg
경력 | 쇼난벨마레(10~13) ▷ 가시와레이솔(14) ▷ 카타르SC(14~16) ▷ 알가라파(16~17)
▷ 강원(17~24) ▷ 전북(24~)
K리그 통산기록 | K리그1 - 176경기 6득점 8도움
대표팀 경력 | 41경기

2024시즌 전북을 구한 최고 일등 공신 중 한 명이다. 중원에서의 균형이 깨졌던 전북은 한국영을 영입한 뒤로 달라졌다. 전북으로 이적한 뒤에 리그에서 단 1경기를 제외하고 모든 경기를 소화했다는 것은 한국영의 중요성을 설명해 준다. 패스 실력은 이미 K리그 최고 수준의 미드필더였다. 성실한 움직임과 영리한 탈압박으로 전북에 정말로 필요했던 조각이라는 걸 입증했다. 한국영의 맹활약에 전북은 곧바로 재계약을 제안했고, 한국영 역시 고민하지 않고 전북의 손을 잡았다. 포옛 감독 체제에서도 한국영은 전북의 로드리처럼 활용될 것으로 예상된다.

2024시즌 기록						- WEEKLY BEST 11 주간베스트11	강점	약점
2	0	2,220(28) MINUTES 출전시간(경기수)	0 GOALS 득점	0 ASSISTS 도움			침착성, 패스, 탈압박	득점력

김진규

1997년 2월 24일 | 27세 | 대한민국 | 177cm | 68kg
경력 | 부산(14~22) ▷ 전북(22~) ▷ 김천(23~24) ▷ 전북(24~)
K리그 통산기록 | K리그1 - 77경기 8득점 7도움 | K리그2 - 138경기 21득점 12도움
대표팀 경력 | 8경기 2득점

김천에서의 상승세를 제대로 이어간 시즌이었다. 2023시즌 K리그2 베스트일레븐에 올랐던 김진규는 김천에서 마지막까지 제 몫을 다했다. 김천에서는 후방을 지휘하는 역할을 맡았다면 전북에서는 공격성을 유감없이 발휘했다. 김진규의 가세는 위기를 겪던 전북에게 큰 힘이 됐다. 승강 플레이오프를 포함한 16경기에서 4골 1도움을 터뜨리면서 단기간에 전북에 많은 승점을 벌어줬다. 2025시즌에도 김진규는 중원의 핵심 조각으로서 경기를 뛸 것이다. 공격형 미드필더부터 수비형 미드필더까지 뛸 수 있으며 측면까지도 커버할 수 있는 멀티 플레이어다.

2024시즌 기록						4 WEEKLY BEST 11 주간베스트11	강점	약점
4	0	2,659(31) MINUTES 출전시간(경기수)	4 GOALS 득점	3 ASSISTS 도움			공격 포인트 생산력	수비 범위

21 DF

안현범

1994년 12월 21일 | 31세 | 대한민국 | 178cm | 73kg
경력 | 울산(15) ▶ 제주(16~23) ▶ 아산(18~19) ▶ 전북(23~)
K리그 통산기록 | K리그1 – 195경기 23득점 16도움 | K리그2 – 62경기 8득점 5도움
대표팀 경력 | 1경기

2023시즌 도중에 전북 유니폼을 입은 안현범은 노쇠화되고 있는 전북의 선수단에 새로운 에너지를 불어 넣었다. 2024시즌에는 김태환과의 치열한 주전 경쟁이 예상됐지만 결국 안현범의 승리였다. 시즌 초 부상을 당했지만 5월부터 주전으로 도약한 후 10월 중순에 부상을 당할 때까지 주전 자리를 내주지 않았다. 최악의 시즌을 보낸 전북에서 그나마 꾸준한 활약을 보여준 선수 중 한 명이다. 안현범만의 투지와 에너지는 사라지지 않았다. 2025시즌에도 안현범의 투지는 전북의 우측을 지킬 예정이다.

		2024시즌 기록			1 WEEKLY BEST 11 주간베스트11	강점	약점
0	0	2,007(27) MINUTES 출전시간(경기수)	2 GOALS 득점	3 ASSISTS 도움		측면 파괴력	침착성

WEEKLY BEST 11

28 MF

이영재

1994년 9월 13일 | 31세 | 대한민국 | 177cm | 69kg
경력 | 울산(15~18) ▶ 부산(16) ▶ 경남(19) ▶ 강원(19~20) ▶ 수원FC(21~23) ▶ 김천(22~23) ▶ 전북(24~)
K리그 통산기록 | K리그1 – 224경기 28득점 31도움 | K리그2 – 30경기 2득점 4도움
대표팀 경력 | 5경기

2024시즌 전북이 야심 차게 영입한 K리그 정상급 미드필더다. 3선과 2선, 2선과 1선을 이어줄 수 있는 플레이메이커가 부족했던 전북에게 꼭 필요했던 영입이다. 하지만 이영재의 2024시즌은 기대에 비해 성공적이지 못했다. 수원FC와 김천에서 상승세를 타고 있던 이영재만의 장점을 발휘하지 못했다. 중앙에서 좋은 경기력을 선보이지 못해 여러 포지션을 겉돌면서 뛰다 보니 더욱 부진했다. 중원 밸런스가 무너진 팀의 문제도 있겠지만 이영재 스스로도 경쟁력을 입증하지 못했다. 포옛 감독 밑에서 반등해야 할 선수 중 하나다.

		2024시즌 기록			1 WEEKLY BEST 11 주간베스트11	강점	약점
4	0	2,651(36) MINUTES 출전시간(경기수)	4 GOALS 득점	1 ASSISTS 도움		경기 조율	떨어진 경기력

WEEKLY BEST 11

9 FW

티아고　Tiago Pereira da Silva

1993년 10월 28일 | 32세 | 브라질 | 190cm | 84kg
경력 | 아라리피나(12) ▶ 포르투지카루아루(12~14) ▶ 소코렝시(14~15) ▶ 코루리피(15~16) ▶ 자퀴펜시(16) ▶ 콘피안사(16) ▶ 캄피넨시클루비(17) ▶ 카디시야SC(17~18) ▶ 마링가(19) ▶ 아메리카지나타우(20) ▶ 포르탈레자(20~21) ▶ 알자발라인(21~22) ▶ 경남(22) ▶ 대전(23) ▶ 전북(24~)
K리그 통산기록 | K리그1 – 68경기 24득점 8도움 | K리그2 – 35경기 18득점 2도움
대표팀 경력 | –

티아고가 전북에서 이렇게 부진할 것이라고는 누구도 예상하지 못했다. 경남과 대전에서 미친 활약을 보여줬던 티아고는 전북이 우승을 위해 데려온 파격 영입이었다. 그런데 전북에서 전반기 내내 극심한 골 결정력 난조에 시달렸다. 전북의 하위권 추락의 원흉이었다. 다행히 후반기 들어서는 반등에 성공했다. 특히나 승강 플레이오프에서의 활약은 전북을 강등에서 구해냈다. 2025시즌이 중요해졌다. 2024시즌 전반기와 같은 부진이 이어진다면 전북은 티아고를 더 기다려줄 수 없다. 티아고 스스로 증명해야 할 2025시즌이다.

		2024시즌 기록			2 WEEKLY BEST 11 주간베스트11	강점	약점
4	0	2,302(34) MINUTES 출전시간(경기수)	9 GOALS 득점	1 ASSISTS 도움		골 결정력, 넓은 활동범위	2024시즌 기복

WEEKLY BEST 11

전진우

1999년 9월 9일 | 25세 | 대한민국 | 181cm | 69kg

경력 | 수원(18~24) ▷ 김천(19~21) ▷ 전북(24~)

K리그 통산기록 | K리그1 – 99경기 11득점 6도움 | K리그2 – 17경기 1득점 1도움

대표팀 경력 | –

14
FW

전진우

WEEKLY BEST 11

전진우의 잠재력이 얼마나 대단한지 증명한 2024시즌이었다. 수원에서도 점점 빛을 잃어가던 전진우를 영입했을 때, 전북 팬들의 반응 역시 부정적이었다. 그러나 전진우는 부정적인 시선을 긍정적으로 바꿔놓았다. 베테랑이 많았던 전북 공격에 부족했던 에너지를 채워준 선수가 전진우였다. 순간적인 폭발력이 살아있던 전진우의 가세는 전북의 경기 운영에 변주를 줄 수 있도록 만들어줬다. 무조건 자신이 해결해야 한다는 부담감을 내려놓은 전진우도 전북에 더 어울리는 모습이었다. 2025시즌에도 전북에서 적지 않은 역할을 맡을 것으로 기대된다.

2024시즌 기록						강점	약점
3	0	1,528(30) MINUTES 출전시간(경기수)	4 GOALS 득점	2 ASSISTS 도움	1 WEEKLY BEST 11 주간베스트11	에너지	골 결정력

에르난데스   Hernandes Rodrigues

1999년 9월 2일 | 26세 | 브라질 | 183cm | 75kg

경력 | 상카에타누(17~19) ▷ 그레미우(19~20) ▷ 전남(20) ▷ 경남(21~22) ▷ 인천(22~23) ▷ 전북(24~)

K리그 통산기록 | K리그1 – 55경기 12득점 11도움 | K리그2 – 63경기 21득점 8도움

대표팀 경력 | –

7
FW

에르난데스

WEEKLY BEST 11

2024시즌 전북에서 제일 실망스러웠던 선수다. 전북은 인천에 거액의 이적료를 지불하면서 에르난데스를 데려왔다. 폭발적인 드리블과 갑자기 터지는 슈팅력까지 가지고 있는 크랙형 선수다. 전북으로 와서 전주성의 세징야가 될 줄 알았지만 에르난데스는 K리그 입성 후 최악의 시즌을 보내고 말았다. 지난 시즌 전북의 위기를 만든 선수 중 하나였다. 경남과 인천에서 보여줬던 폭발력은 사라졌고, 부상에만 허덕이다가 시즌을 허비하고 말았다. 2025시즌에 반등하지 못한다면 전북은 에르난데스를 더 이상 데려가지 않을 가능성이 높다.

2024시즌 기록						강점	약점
1	0	678(14) MINUTES 출전시간(경기수)	2 GOALS 득점	2 ASSISTS 도움	- WEEKLY BEST 11 주간베스트11	드리블, 크랙 능력	기복, 집중력

안드리고   Andrigo

1995년생 2월 27일 | 29세 | 브라질 | 173cm | 70kg

경력 | 인테르나시오나우(14~19) ▷ 아틀레치쿠고이아니엔시(17) ▷ 세아라(18) ▷ 스포르트(18) ▷ 비토리아(19) ▷ 피게이렌시(19) ▷ 알라고아누(20~21) ▷ 과라니(21) ▷ 안양(22~23) ▷ 청두(23~) ▷ 전북(24~)

K리그 통산기록 | K리그1 – 15경기 3득점 2도움 | K리그2 – 47경기 13득점 12도움

대표팀 경력 | –

30
MF

안드리고

WEEKLY BEST 11

K리그 팬들에게 익숙한 정상급 2선 자원으로, 안양 시절에 보여준 활약이 워낙 뛰어났다. 지난 시즌 강등 위기에 빠진 전북이 중국 리그로 향했던 안드리고를 여름 이적시장을 통해 긴급하게 영입했다. 데뷔전부터 최고의 활약을 보여주면서 기대감을 품게 했다. 그러나 시즌 막판으로 갈수록 뚜렷한 활약상이 부족했다. 이번 시즌 우측 윙어 주전 자리로 나설 것으로 예상되지만 안드리고가 마땅치 않다면 전북은 다른 선수를 노릴 수도 있을 것이다. 스스로 전북 주전급 선수라는 걸 증명할 필요가 있다.

2024시즌 기록						강점	약점
0	0	997(15) MINUTES 출전시간(경기수)	3 GOALS 득점	2 ASSISTS 도움	2 WEEKLY BEST 11 주간베스트11	성실함, 어시스트 능력	측면 파괴력

전지적 작가 시점

김대식이 주목하는 전북의 원픽!
이승우

프리미어리그 출신 감독을 만난 이승우는 어떻게 달라질까. 이승우는 지난 시즌 수원FC에서 커리어 최고의 시즌을 보내다가 시즌 도중 전북으로 합류했다. K리그 슈퍼스타였던 이승우의 전북행이 이뤄지면서 전북이 반등할 것처럼 보였지만, 이승우와 전북의 만남은 마냥 행복하지 않았다. 이승우는 김두현 감독 체제에서 주로 후반 교체자원으로 뛰며 출전 시간에 대한 아쉬움으로 가득했다. 팀이 어려움에 빠질수록 이승우의 존재감은 점점 옅어졌다. 2025년은 다시 '축구스타 이승우'의 자존심을 되살려야 하는 해다. 이승우는 언제나 의심을 실력으로, 믿음으로 바꿔 놓았다. 외국인 농사가 마땅치 않은 전북에서 외국인 선수와도 같은 파괴력을 발휘할 수 있다. 자신의 판만 만들어진다면 K리그에서 이승우만큼 폭발력을 보여줄 수 있는 선수는 찾기 쉽지 않다. 이승우를 지도한 전임 감독들은 흔히 '이승우 사용법'이 있다고들 말한다. 어떻게 활용하느냐에 따라 기량 폭발 여부가 결정 난다는 것이다. 포옛 감독이 얼마나 빠르게 이승우 사용법을 익히느냐, 이승우와 어떤 궁합을 보이느냐가 중요하다.

지금 전북에 이 선수가 있다면!
조규성

원래 전북은 스트라이커 '맛집'이었다. 이동국, 김신욱, 에두, 구스타보 등 K리그 최고의 공격수들을 보유하면서 왕좌를 유지했다. 이 계보를 이어간 마지막 선수가 조규성이었다. 하지만 비판적인 시선까지 같이 담아 평가하면 조규성이 덴마크로 떠난 후로 전북의 스트라이커진은 '수준 미달'이었다. 지난겨울 과감하게 영입한 티아고는 결정적인 기회를 너무 많이 놓쳤다. 조규성처럼 성장할 것으로 기대했던 박재용 역시 아직은 껍질을 벗지 못하는 중이다. 스트라이커뿐만 아니라 2선 자원들도 결정적인 기회를 살리지 못하는 경우가 많았고, 결국 전북은 강등권까지 추락했다. 무에서 유를 창조하면서 팀에 승점을 확실하게 벌어다 줄 수 있는 스트라이커가 전북에 더욱 절실한 이유다. 콤파뇨가 K리그 첫 시즌이라는 점을 고려하면, 이미 녹색이 묻어있는 조규성 복귀가 간절하다. 포옛 감독은 후방에서 빌드업을 통해 풀어가는 스타일이기도 하지만, 때에 따라선 단순한 롱볼 공격을 시도한다. 제공권에서도 조규성은 탁월한 능력을 갖추고 있다. 득점력과 제공권을 가지고 있는 조규성 같은 스트라이커가 있다면 전북의 부활에 정말로 큰 힘이 될 것이다. 여기에 조규성이 가진 스타성은 덤이다.

세징야
라마스
카이오
황재원
오승훈
에드가
정치인
박대훈
오세이
요시노
이찬동
한종무
이용래
정우재
김진혁
장성원
최영은
정재상
박진영
이원우
권태영
이림
전용준
고재현
손승민

2002

대구FC

더 이상의 아픔은 없다. 똘똘 뭉친 'WE ARE DAEGU'

대구FC

대구FC는 K리그에서 모범으로 손꼽히는 시민구단이다. 국가 대표팀 사령탑 출신 조광래 대표이사가 팀을 이끈 이후로 발전에 발전을 거듭했다. 대구의 홈구장은 팬들의 뜨거운 함성으로 가득 찼다. 2024년 홈 경기에서 무려 13차례나 매진을 달성했다. 하지만 지난 시즌 제대로 자존심을 구기면서 팬들의 성원에는 부응하지 못했다. 2002년 태동한 대구는 2024년 최악의 시즌을 경험했다. 2017년 K리그1 무대로 올라선 뒤 처음으로 승강 플레이오프를 거쳐 생존에 성공했다. 두 번의 아픔은 없다는 각오다. 대구는 일찌감치 선수 구성을 마치고 호흡 맞추기에 온 힘을 쏟았다. '레전드' 세징야, 에드가와 재계약하며 '집안 단속'에 성공했다. 올해는 구단에 큰 변화도 있다. 홈구장 명칭을 대구iM뱅크PARK로 바꾸며 새로운 도전에 나선다. 박창현 감독과 선수들은 새출발하는 대구iM뱅크PARK에서 팬들에게 더 많은 기쁨과 웃음을 드릴 수 있도록 온 힘을 다하겠단 각오다.

구단 소개

정식 명칭	대구시민 프로축구단
구단 창립	2002년 10월 9일
모기업	시민구단
상징하는 색	하늘색, 감청색, 주황색
경기장(수용인원)	대구iM뱅크PARK (12,419명)
마스코트	빅토, 리카
레전드	이근호, 세징야 등
서포터즈	그라지예
커뮤니티	대구스토

우승

K리그	–
코리아컵(FA컵)	1회 (2018)
AFC챔피언스리그(ACL)	–

최근 5시즌 성적

시즌	K리그	코리아컵(FA컵)	ACL
2024시즌	11위	3라운드	–
2023시즌	6위	16강	–
2022시즌	8위	4강	16강
2021시즌	3위	준우승	16강
2020시즌	5위	16강	–

UNIFORM

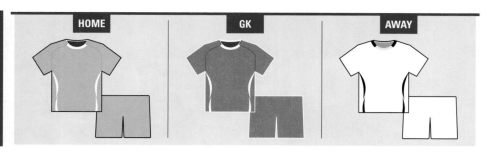

HOME　　　GK　　　AWAY

지옥에서 살아 돌아왔다,
이제는 팬에게 '행복' 전할 시간

박창현 | 1966년 6월 8일 | 59세 | 대한민국

K리그 전적
53전 16승 17무 20패

먼 길을 돌아 정식으로 프로 사령탑에 올랐다. 박창현 감독은 은퇴 뒤 청구고–한양대 등 모교의 지휘봉을 잡고 경험을 쌓았다. 2008년 '친정팀' 포항의 코치로 합류하며 프로의 문이 열리는 듯했다. 하지만 포항에서의 감독대행을 끝으로 다시 아마추어 지도자의 길을 걸었다. 그는 2024년 4월, 대구 14대 감독으로 프로에 복귀했다. 오랜만에 밟은 프로 무대는 쉽지 않았다. 박 감독은 어린 선수들을 적극 활용해 빠르고 공격적인 축구를 시도했다. 절반의 성공이었다. 박 감독은 우여곡절 속 승강 플레이오프(PO)를 통해 K리그1 생존에 성공했다. 두 번의 눈물은 없다. 박 감독은 지난 시즌의 아쉬움은 뒤로 하고, 부진의 이유를 분석하며 앞으로 나아갈 방향을 모색했다. 대구는 2025년 더 높은 곳을 바라본다. 잔류를 넘어 파이널A, 더 나아가 아시아 챔피언스리그(ACL) 티켓을 향해 달린다.

선수 경력

포항	전남

지도자 경력

한양대 코치	한양대 감독	포항 코치	포항 감독대행	정명고 감독	양천FC U-18 감독	홍익대 감독	대구 감독(24~)

주요 경력

1992년 K리그 베스트 11 공격수 출신 지도자

선호 포메이션	4-3-3	3가지 특징	K리그 사령탑 '베테랑' 라인	뒤늦게 잡은 프로 지휘봉	대구 수비 변화 시작점

STAFF

수석코치	코치	피지컬코치	GK코치	물리치료사	트레이너	전력분석관	통역	장비사
서동원	정선호	김성현	이용발	노현욱	박해승 이대균	박준철	이상민	김동규

2 0 2 4   R E V I E W

아디다스 포인트로 보는 대구의 2024시즌 활약도

시작부터 허덕였다. 대구 특유의 단단한 조직력, 상대의 허를 찌르는 '딸깍축구'는 찾아볼 수 없었다. 시즌 중반 감독이 바뀌는 사태가 발생했지만, 감독 교체란 초강수도 통하지 않았다. 대구는 2024시즌 내내 하위권을 맴돌았다. 시즌 중 기록한 최고 성적이 8위였을 정도다. 대구는 반전을 이루지 못했고, 결국 시즌을 최종 11위로 마무리하며 승강 플레이오프(PO) 무대로 추락했다. 승강 PO 무대조차도 쉽지 않았다. 충남아산을 상대로 1차전에서 한때 1-4로 밀리며 벼랑 끝에 섰다. 하지만 포기는 없었다. 대구는 마지막 순간 위력을 발휘했다. 대구는 1차전에서 3대4, 2차전에선 연장 접전 끝 3대1을 기록하며 K리그1에 살아남았다.

2024시즌 아디다스 포인트 상위 20명 ■ 포인트 점수

포지션 평점
FW / MF / DF / GK

출전시간 TOP 3

순위	선수	기록
1위	고명석	3,245분
2위	김진혁	3,073분
3위	황재원	3,071분

득점 TOP 3

순위	선수	기록
1위	세징야	11골
2위	요시노, 에드가	5골
3위	박용희, 정치인	3골

도움 TOP 3

순위	선수	기록
1위	세징야	8도움
2위	요시노, 정치인	3도움
3위	홍철, 황재원	2도움

주목할 기록

22.4 K리그1 12개 팀 가운데 가장 어린 평균 연령
44.4 점유율 최하위, 패스 횟수도 최하위

성적 그래프

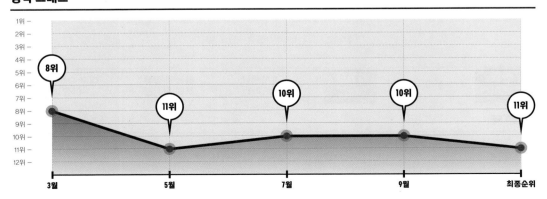

2025 시즌 스쿼드 운용 & 이적 시장 인앤아웃

IN

라마스_부산
박대훈_충남아산
정우재_전북
한종무_제주
김민준 성권석
박만호 이림
권태영_신인
이제욱 오세이
_자유계약

FW

에드가 라마스 세징야 ⓒ 권태영
전용준 고재현 정재상 박대훈 한서진
오세이 정치인 김민준 정은우 김민영

MF

요시노 이찬동 손승민
한종무 권광덕 김정현 이용래

DF

황재원 정우재 카이오 김진혁
이원우 장성원 정헌택 박재현
심연원 윤태민 이제욱 이 림
박진영 정윤서 김현준 성권석 유지운

GK

최영은 오승훈 한태희 박상영 박만호

OUT

이탈로_서울이랜드
홍철_강원
고명석_부리람
임지민 배수민
_안산
김영준_김포
바셀루스_도쿠시마
박세민 한지율
박용희 안창민
최민기 김민섭
_계약종료
박세진_입대

ⓒ 주장 ■ U-22 자원

선수단 구성에 파격적인 변화는 없다. 세징야와 에드가 등 주축 선수를 잡는 데 성공했지만, 일부 선수가 계약 만료로 팀을 떠났다. 대구는 라마스, 박대훈, 정우재, 한종무의 영입으로 빈자리를 채우는 데 성공했다. 하지만 딱 거기까지다. 스쿼드를 단박에 끌어올릴, 이른바 '빅 사이닝'은 없었다. 대구는 일찌감치 선수 구성을 마치고 호흡 맞추기에 돌입했다. 전략에 큰 변화가 예고돼 있다. 2025시즌엔 '대구=스리백' 공식이 깨질 것으로 보인다. 대구는 태국 치앙라이-치앙마이로 이어지는 동계전지훈련에서 4-3-3 포메이션을 집중적으로 점검했다. 또한, 수비형 미드필더의 수를 달리하며 다양한 전술을 준비했다. 선수단 변화가 크지 않은 만큼 다양한 전술, 단단한 호흡을 앞세워 2025년 반전을 예고했다. 타이트한 스쿼드로 인해 변수는 있다. 빡빡한 일정, 부상 우려 등을 얼마나 현명하게 이겨내느냐가 2025시즌 성공의 열쇠가 될 것이다.

주장의 각오

세징야

"항상 팀을 이끄는 책임감을 중요하게 여겨왔다. 이제 주장으로서 팀원들이 자신감을 갖고 경기에 임할 수 있도록 최선을 다하겠다. 2025시즌은 정말 모두가 하나 되어 더 강한 팀을 만들어가겠다."

2 0 2 5　예상　베스트　11

이적시장 평가

대구가 가장 공을 들인 부분은 '내부 단속'이었다. 세징야, 에드가, 오승훈, 김진혁, 장성원 등과 재계약하며 전력 누수를 최소화했다. 하지만 스쿼드를 고스란히 지키지는 못했다. 홍철, 고명석, 김영준, 바셀루스 등 일부가 계약만료로 팀을 떠났다. 대신 공격수 박대훈, 미드필더 라마스, 수비수 정우재 등을 영입해 빈자리 채우기에 나섰다. 또한, 입대를 앞둔 박세진 대신 22세 이하(U-22) 쿼터를 책임질 한종무도 품에 안았다.

저자 6인 순위 예측

• 김 성 원 •	• 윤 진 만 •	• 박 찬 준 •	• 김 가 을 •	• 김 대 식 •	• 이 현 석 •
10위_가까스로 생존했지만 올해도 잔류 싸움에 더 가까울 듯. 노쇠화에도 무시할 수 없는 세드가의 존재. 국내파가 조금만 더 잘해준다면…	11위_'연속성'은 중요하지만, 대체불가 선수들 나이듦이 문제. 페달을 밟아야할 시점에 현재 유지에 초점. 올해 세징야가 36살입니다만.	9위_이제는 정말 세드가의 에이징 커브를 걱정할 때다. 라마스도 좋았을 때보다는 내려왔다. 포백 변신이 변수지만, 전력이 좋아진 것은 아니다.	8위_그 어느 때보다 간절하다. 조직력 극대화에 힘을 쏟았다. 다만, 스쿼드의 한계는 분명. 일정, 부상 변수 등을 어떻게 관리하느냐가 관건.	12위_언제까지 세드가일 수는 없다. 강등 문턱에서 살아남은 팀인데 전력이 그대로. 대구 팬들도 강등만 피하길 바라고 있지 않을까.	12위_왕위계승이 필요한 시점. 승강 플레이오프에서 팀을 구한 세징야는 올해도 떡국 한 그릇을 먹었다. 대팍의 왕만으로 버티기엔 버거운 시즌.

세징야　Cesar Fernando Silva　　1989년 11월 29일 | 36세 | 브라질 | 177cm | 74kg

11
FW

C

WEEKLY BEST 11

세징야

경력

SC코린치안스(10)
▶우니앙바르바렌시(11~12)
▶CA브라간치누(12~16)
▶대구(16~)

K리그 통산기록

K리그1 – 226경기 88득점 58도움
K리그2 – 36경기 11득점 8도움

대표팀 경력

―

설명이 필요 없다. 세징야는 '대구의 왕', '대구의 심장'이다. 그는 지난 2016년 대구의 유니폼을 입고 K리그에 데뷔했고, 첫 시즌부터 강렬한 인상을 남기며 2017년 대구의 K리그1 승격을 이끌었다. 이후 줄곧 대구의 역사와 함께했다. 2018년 창단 첫 대한축구협회컵(현 코리아컵) 우승, 2019년 아시아챔피언스리그(ACL) 첫 진출 등 대구 '최초'의 현장엔 늘 그가 있었다. 세징야는 대구 유니폼을 입고 9시즌 동안 K리그 264경기에서 102골 66도움을 기록했다. 하지만 2024시즌 부침을 겪은 그는 잦은 부상 속 아쉬움을 남겼다. 결국 팀은 11위까지 추락했다. 해결사는 역시 세징야였다. 그는 충남아산과의 승강 플레이오프 1, 2차전에서 혼자 3골을 몰아넣으며 대구를 벼랑 끝 위기에서 구해냈다.) 세징야와 대구의 동행은 계속된다. 그는 이번 시즌을 앞두고 대구와 재계약했다. 세징야는 올해 팀의 에이스는 물론, 주장으로서 대구를 이끈다. 세징야의 영향력은 더욱 커진다. 문제는 그의 컨디션이다. 세징야가 세징야를 해낸다면 대구로선 더 이상 바랄 것이 없다.

2024시즌 기록

3	2,892(32) MINUTES 출전시간(경기수)	14 GOALS 득점	8 ASSISTS 도움	0	9 WEEKLY BEST 11 주간베스트11

강점	확실한 마무리 능력과 책임감	특징	대구의 살아있는 전설
약점	에이징 커브로 들어가는 길목, 잦은 부상	별명	대구의 왕, 대구의 심장

라마스   Pavan Lamas Bruno Jose

1994년 4월 13일 | 31세 | 브라질 | 178cm | 78kg

10
FW

라마스

⑦
WEEKLY BEST 11

경력

렉소에스FC(15~18)
▷산타클라라(18~21)
▷대구(21~22)
▷부산(22~24)
▷대구(25~)

K리그 통산기록

K리그1 – 35경기 3득점 2도움
K리그2 – 84경기 21득점 17도움

대표팀 경력

–

라마스가 돌아왔다. 대구는 올 시즌을 앞두고 라마스를 재영입했다. 라마스는 2021년 여름 이적 시장을 통해 대구의 유니폼을 입었다. 그는 세징야, 에드가와 함께 환상의 호흡으로 대구의 공격을 이끌어냈고, 이른바 '브라질 삼각편대'로 K리그를 흔들었다. 덕분에 대구는 2021년 파이널A 3위란 좋은 성적을 냈다. 이후 라마스는 2022년 여름 이적 시장을 통해 부산아이파크로 이적했다. 그는 부산에서 세 시즌 87경기에서 23득점 17도움을 남기며 최고의 기량을 선보였다. 라마스는 뛰어난 드리블, 정교한 패스, 경기 조율 능력을 갖춘 다재다능한 선수란 평가다. 특히 강력한 힘이 실린 킥과 찬스 메이킹 능력은 K리그에서 이미 검증됐다. 대구는 라마스 영입으로 더욱 창의적이고 다채로운 공격을 펼칠 수 있는 기반을 마련했다. 다시 돌아온 라마스는 "이곳에서 다시 아름다운 이야기를 만들어 가고 싶었다. 집으로 돌아오게 되어 매우 기쁘다. 최선을 다해 팀에 도움이 되겠다"라며 각오를 다졌다. 관건은 라마스의 K리그1 적응력이다. 한동안 K리그1 무대를 떠나있었던 만큼 빠르게 적응하는 것이 중요하다.

■K리그2 기록

2024시즌 기록				
0	3,619(37) MINUTES 출전시간(경기수)	9 GOALS 득점	9 ASSISTS 도움	0

| | | | | 7
WEEKLY BEST 11
주간베스트11 |

강점	찬스 메이킹 능력	특징	세징야-에드가 등 브라질 동료들과 '절친케미'
약점	K리그1 템포에 다시 적응해야 하는 시간	별명	(-)

카이오　Pinheiro Caio

1998년 3월 14일 | 27세 | 브라질 | 192cm | 89kg

4
DF

카이오

② WEEKLY BEST 11

경력

올랜도파이리츠(18~19)
▷카사피아(19~20)
▷아게다(20~21)
▷프론펜스(21~23)
▷화성FC(23~24)
▷대구(24~)

K리그 통산기록

K리그1 – 16경기 1득점

대표팀 경력

–

이런 복덩이가 따로 없다. 카이오는 2024년 여름 이적 시장을 통해 대구에 합류했다. 빠른 발과 제공권 장악능력이 장점으로 꼽힌다. 무엇보다 왼발을 주로 쓰는 중앙 수비수라는 점에서 특별함이 있다. 그는 안정적인 빌드업으로 공수 전반에 다양한 옵션을 부여한다는 평가를 받았다. 카이오는 한국에선 3부 리그 소속이던 화성FC에서 뛴 것이 전부였지만, 매우 빠르게 K리그1 템포에 적응했다. 부침이 없었던 것은 아니다. 카이오는 충남아산과의 승강 플레이오프 1차전에서 전반에만 3실점을 허용하며 혼쭐이 났다. 하지만 그는 2차전에서 안정적인 경기력으로 팀의 K리그1 잔류에 힘을 보탰다. 2025시즌 그의 역할은 더욱 중요해졌다. 대구는 기존 3-5-2 전술에서 4-3-3 포메이션으로의 변화를 예고했다. 또한, 카이오는 그동안 호흡을 맞췄던 일부 선수 대신 새 얼굴과 수비를 담당해야 한다. 무엇보다 카이오는 K리그 무대에서 처음으로 풀 타임에 도전한다. 카이오가 얼마나 든든하게 수비 라인을 지키느냐에 따라 대구의 희비도 갈릴 것으로 보인다.

2024시즌 기록

4	1,746(18) MINUTES 출전시간(경기수)	1 GOALS 득점	0 ASSISTS 도움	0	2 WEEKLY BEST 11 주간베스트11

강점	빠른 발과 공중 장악력	특징	왼발잡이 센터백
약점	새로운 포메이션 적응 시간	별명	복덩이

황재원

2002년 8월 16일 | 23세 | 대한민국 | 180cm | 73kg

2
DF

황재원

WEEKLY BEST 11

경력

대구(22~)

K리그 통산기록

K리그1 – 98경기 4득점 8도움

대표팀 경력

3경기

황재원의 축구 커리어에 '부침'은 없어 보였다. 그는 2022년 대구 유니폼을 입고 K리그에 데뷔한 뒤 줄곧 상승가도를 달렸다. 2022년 K리그 34경기, 2023년 K리그 33경기를 소화했다. 2023년 열린 항저우아시안게임에선 한국의 우승에 힘을 보탰다. 2024년에도 K리그 31경기에서 무려 3,071분을 뛰며 팀의 핵심으로 활약했다. 여기에 A대표팀 합류로 최고의 시간을 보내는 듯했지만, 그렇지 않았다. 그는 프로 인생에서 처음으로 강등 위기를 경험했다. 황재원은 당시의 아픔을 발판 삼아 한 단계 더 발전하겠단 각오다. 그는 올 시즌 대구 전술의 핵심이다. 4-3-3 전술에서 포백으로 경기에 나선다. 황재원 특유의 오버래핑, 정확한 킥을 앞세워 공격에서도 힘을 발휘해야 한다. 황재원의 장점을 극대화해야 한다. 무엇보다 그는 올 시즌 부주장으로 임명됐다. 10대 후반~20대 초반의 어린 선수들을 이끌 리더십을 발휘해야 한다.

2024시즌 기록

4	3,313(33) MINUTES 출전시간(경기수)	2 GOALS 득점	4 ASSISTS 도움	0	3 WEEKLY BEST 11 주간베스트11

강점	다양한 포지션 소화, 강력한 킥 능력	특징	대구 '밀레니얼 세대' 리더
약점	주춤했던 공격력 깨어날까	별명	대구의 보물

오승훈

1988년 6월 30일 | 37세 | 대한민국 | 192cm | 75kg

21
GK

오승훈

② WEEKLY BEST 11

경력

도쿠시마보르티스(10~12)
▶교토상가FC(13~14)
▶대전(15)
▶상주(16~17)
▶울산(18~19)
▶제주(19~21)
▶대구(22~　)

K리그 통산기록

K리그1 – 212경기 293실점
K리그2 – 25경기 20실점

대표팀 경력

–

2024년 시작은 좋지 않았다. 오승훈은 개막전에서 벤치를 지켰다. 하지만 이후 자신에게 주어진 기회를 놓치지 않았다. 대구의 안방마님으로 골문을 지켰다. 27경기에서 2,661분을 소화했고 클린시트(무실점) 4회를 기록했다. 올 시즌도 경쟁을 피할 순 없다. 그는 매 시즌 최영은과 주전 골키퍼 자리를 두고 경쟁하고 있다. 그 어느 때보다 '베테랑 파워'가 필요한 때다. 오승훈은 안정감 있는 선방 및 경기 조율에서 강점을 보인다. 특히 팀의 '형님 라인'으로 후배 선수들에게 귀감이 되며 높은 신뢰를 받고 있다. 그는 올 시즌을 앞두고 대구와 재계약했다. 오승훈은 "2024년 힘든 순간이 많았지만, 많은 도전과 배움을 통해 성장할 수 있었던 시간이었다. 그 과정에서 따뜻한 응원과 지지로 큰 힘이 되어주신 가족 같은 대구 팬 여러분과 구단에 진심으로 감사드린다. 골문을 지키는 데 있어 확실한 믿음을 드릴 수 있도록 최선을 다하겠다"라고 다짐했다. 오승훈이 대구의 뒷문을 든든하게 지켜준다면 팀에는 큰 힘이 될 것이다. 더 이상의 흔들림은 안 된다.

2024시즌 기록

2	2,903(29) MINUTES 출전시간(경기수)	89 SAVE 선방	43 LOSS 실점	0	2 WEEKLY BEST 11 주간베스트11

강점	풍부한 경험, 넓은 수비 범위	특징	베테랑으로서의 리더십
약점	한 번씩 휘청이는 흔들림	별명	대구의 안방마님

9
FW

에드가
Edgar Bruno Da Silva

1987년 1월 3일 | 38세 | 브라질 | 191cm | 87kg
경력 | 조인빌리EC(05~06) ▷ FC포르투(07~08) ▷ 바스쿠다가마(09~10)
▷ 비토리SC(10~12) ▷ 알샤밥(12~15) ▷ 알와슬(15~16) ▷ 아다나스포르(16~17) ▷ 대구(18~)
K리그 통산기록 | K리그1 – 159경기 49득점 19도움
대표팀 경력 | –

에드가의 장점은 명확하다. 압도적 높이에서 터져 나오는 헤더, 결정적 '한 방'은 대구의 큰 무기다. 무엇보다 팀을 위해 헌신하는 모습은 그라운드 안팎에서 모범이 된다. 다만, 1987년생으로 어느덧 30대 후반으로 접어든 나이는 슬프게도 약점이 아닐 수 없다. 그는 과거에 비해 눈에 띄게 느려진 스피드 탓에 팬들의 안타까움을 자아낸 바 있다. 하지만 대구는 여전히 그를 믿고 있다. 에드가는 2025시즌을 앞두고 대구와 재계약했다. 대구는 아직 에드가의 '해결사 본능'이 필요하다.

2024시즌 기록					3 WEEKLY BEST 11 주간베스트11	강점	약점
3	0	1,594(32) MINUTES 출전시간(경기수)	6 GOALS 득점	1 ASSISTS 도움		필요하면 꽂아주는 '한 방' 헤더	눈에 띄게 느려진 스피드

32
FW

정치인

1997년 8월 21일 | 28세 | 대한민국 | 182cm | 71kg
경력 | 대구(16~20) ▷ 김천(23~24) ▷ 대구(24~)
K리그 통산기록 | K리그1 – 82경기 7득점 5도움 | K리그2 – 27경기 5득점 1도움
대표팀 경력 | –

정치인이 확실히 달라졌다. 김천상무가 그의 축구 인생에 터닝포인트가 된 것은 확실하다. 정치인은 2024년 하반기 대구에서 공격의 주축이었다. 한 단계 업그레이드된 피지컬을 앞세워 공격의 강도까지 높였다. 그는 올 시즌 에드가, 정재상, 세징야 등과 '스리톱'으로 대구의 공격을 이끌어야 한다. 정치인은 2025년 다시 한번 시험대에 오른다. 2024년 후반기 보여준 강렬함을 계속 보여줄 수 있는지가 관건이다. 그에게 2025년은 프로 인생 '커리어 하이'의 기회가 될 수 있다.

2024시즌 기록					3 WEEKLY BEST 11 주간베스트11	강점	약점
3	0	2,381(31) MINUTES 출전시간(경기수)	5 GOALS 득점	4 ASSISTS 도움		탄탄한 피지컬	2% 부족한 경기수와 플레잉타임

19
FW

박대훈

1996년 3월 30일 | 29세 | 대한민국 | 178cm | 74kg
경력 | 대전(16~18) ▷ 천안시청(19) ▷ 충주(20~22) ▷ 충남아산(23~24) ▷ 대구(25~)
K리그 통산기록 | K리그2 – 87경기 16득점 12도움
대표팀 경력 | –

박대훈은 또 하나의 '인간승리 아이콘'이다. 2016년 대전에서 프로 데뷔한 뒤 천안시청 축구단, 충주시민 축구단 등 K4리그를 거쳤다. 2023년 충남아산 소속으로 K리그2 무대에 복귀하면서 존재감을 뽐냈다. 이제는 대구에 새 둥지를 틀고 당당히 K리그1 무대에 도전한다. 그는 탄탄한 체격과 빠른 발을 앞세운 날카로운 득점 능력을 갖췄다. 공격 전 포지션을 소화할 수 있는 멀티 플레이어인 만큼 대구 공격 전술의 다양성을 높일 수 있을 것으로 기대된다. 생애 첫 K리그1 무대에서 빠르게 적응하는 것이 숙제다.

2024시즌 기록					WEEKLY BEST 11 주간베스트11	강점	약점
0	0	1,311(24) MINUTES 출전시간(경기수)	7 GOALS 득점	5 ASSISTS 도움		또 한 명의 '인간승리' 아이콘	생애 첫 K리그1

■ K리그2 기록

28 FW

오세이

Isaac Osei

2005년 9월 13일 | 20세 | 가나 | 176cm | 73kg
경력 | 대구(25~)
K리그 통산기록 | 2025시즌 K리그1 데뷔
대표팀 경력 | –

오세이를 주목해야 할 이유는 명확하다. 그는 대구의 '홈그로운' 1호다. 한국프로축구연맹은 올 시즌 홈 그로운 제도를 새로 도입했다. 오세이는 가나 국적이지만 한국 축구 시스템 속에서 성장했다. 그 덕분에 외국인 쿼터가 아닌 국내 선수 쿼터로 그라운드를 밟을 수 있게 됐다. 오세이의 성공 여부에 따라 더 많은 홈 그로운 수혜자가 탄생할 수 있다. 그는 빠른 스피드와 뛰어난 1대1 돌파 능력을 갖췄고 양쪽 윙 포워드에서 모두 활약할 수 있는 멀티 자원이다 . 구단에선 공격적인 재능과 강한 자신감으로 팀의 새로운 공격 옵션이 되길 바라고 있다.

		2024시즌 기록				강점	약점
-	-	**-** MINUTES 출전시간(경기수)	**-** GOALS 득점	**-** ASSISTS 도움	- WEEKLY BEST 11 주간베스트11	멀티 윙 포워드	K리그는 처음이지?

5 MF

요시노

Kyohei Yoshino

1994년 11월 8일 | 31세 | 일본 | 180cm | 75kg
경력 | 도쿄베르디(13)▶산프레체히로시마(14~19)▶베갈타센다이(20~22)
▶요코하마FC(23)▶대구(24~)
K리그 통산기록 | K리그1 – 30경기 5득점 3도움
대표팀 경력 | –

요시노는 2024년 대구의 유니품을 입고 K리그에 첫 발을 내디뎠다. 기대 반 걱정 반이었다. 그는 J리그에서만 198경기를 소화한 베테랑이다. 하지만 예전 같은 '폼'이 아니란 우려가 있었다. 더욱이 K리그는 J리그와는 확연히 다른 무대였다. 요시노는 '베테랑의 힘'을 보여줬다. 그는 투지 넘치는 플레이로 대구의 중원을 장악했다. 기본적으론 수비형 미드필더지만 상황에 따라 센터백까지 소화 가능하여 쓰임새가 높다. 다만, 그는 팀 내 최고 수준의 '카드 수집가'다. 작년 받은 7장의 경고와 1장의 퇴장은 너무나 큰 리스크였다. 2025시즌 조금 더 영리한 플레이가 요구된다.

		2024시즌 기록				강점	약점
7	1	**2,692(32)** MINUTES 출전시간(경기수)	**5** GOALS 득점	**3** ASSISTS 도움	2 WEEKLY BEST 11 주간베스트11	센터백까지 소화 가능한 다재다능함	팀 내 최고 수준의 경고

8 MF

이찬동

1993년 1월 10일 | 32세 | 대한민국 | 183cm | 80kg
경력 | 광주(14~16)▶제주(17~20)▶상무(19~20)▶광주(21~22)▶촌부리(23~24)
▶대구(24~)
K리그 통산기록 | K리그1 – 142경기 5득점 2도움 | K리그2 – 35경기 1득점
대표팀 경력 | 2경기

한때 한국 축구를 이끌 재능으로 주목받았다. 프로에서는 다소 부침 있는 모습을 보였지만, 2024년 여름 대구로 이적하여 명예회복을 노렸다. 투지 넘치는 플레이로 대구 중원에 활력을 불어넣었고, 특히 충남아산과의 승강 플레이오프 2차전에서 결승골을 넣으며 대구 잔류의 일등공신이 됐다. 그는 2025시즌을 앞두고 대구와 재계약하며 동행을 이어가게 됐다. 이찬동에게 2025년은 기회의 시간이다. 투지와 헌신을 앞세워 다시 한번 대구 중원에 에너지를 더해야 팀과 자신이 함께 살 수 있다.

		2024시즌 기록				강점	약점
1	0	**339(10)** MINUTES 출전시간(경기수)	**1** GOALS 득점	**1** ASSISTS 도움	- WEEKLY BEST 11 주간베스트11	확실한 공수 연결고리	2024년 부족한 평균 출전 시간

30 MF

한종무

2003년 5월 2일 | 22세 | 대한민국 | 180cm | 67kg
경력 | 제주(22~24) ▷ 대구(25~)
K리그 통산기록 | K리그1 – 62경기 3득점 1도움
대표팀 경력 | –

올해 한종무의 역할은 명확하다. 그는 국군체육부대 입대가 예고된 박세진의 빈자리를 채워야 한다. 2003년생으로 22세 이하(U-22) 선수로 포함된다는 메리트도 있다. 한종무는 2022년 제주에서 데뷔한 이후 매 시즌 눈에 띄게 성장하는 모습을 보였다. 패스와 경기 조율, 과감한 공격 등에서 높은 점수를 받았다. 다만, 한종무는 출전 횟수에 비해 출전 시간이 적다. 더 많은 시간을 소화할 수 있는 체력과 능력이 필요하다. 그는 "젊은 에너지를 앞세워 중앙에서 누구보다 더 많이 뛰고, 부딪히고, 팀을 위해 싸워나가겠다"라고 다짐했다.

2024시즌 기록					1 WEEKLY BEST 11 주간베스트11	강점	약점
3	0	1,491(31) MINUTES 출전시간(경기수)	2 GOALS 득점	1 ASSISTS 도움		젊은 에너지, U-22 자원	소화 어려운 풀 시즌, 풀 타임

74 MF

이용래

1986년 4월 17일 | 39세 | 대한민국 | 175cm | 71kg
경력 | 경남(09~10) ▷ 수원(11~14) ▷ 경찰청(14~15) ▷ 수원(15~17) ▷ 치앙라이(18~20) ▷ 대구(21~)
K리그 통산기록 | K리그1 – 253경기 15득점 13도움 | K리그2 – 46경기 4득점 4도움
대표팀 경력 | 17경기, 2011 아시안컵

이용래를 두고 일각에선 '취업사기 피해자'란 우스갯소리가 나온다. 이용래는 2021년 '플레잉코치'로 대구에 합류했다. 하지만 지난 4시즌 동안 무려 99경기를 소화했다. 2024년 승강 플레이오프에서도 결정적 움직임으로 대구의 '생존'에 힘을 보탰다. 그는 팀의 '형님' 역할까지 톡톡히 해낸다. 그만큼 자기 관리를 잘했고, 긍정적인 경기력을 유지해 왔다는 의미다. 이용래는 2025시즌 해피 엔딩을 꿈꾼다. 선수로서 마지막일 수 있는 올 시즌, 이용래는 그라운드 안팎에서 베테랑의 노련미를 선보일 계획이다.

2024시즌 기록					- WEEKLY BEST 11 주간베스트11	강점	약점
1	0	525(18) MINUTES 출전시간(경기수)	0 GOALS 득점	1 ASSISTS 도움		풍부한 경험과 헌신	떨어지는 체력

3 DF

정우재

1992년 6월 28일 | 33세 | 대한민국 | 179cm | 70kg
경력 | 츠에겐가나자와(11~12) ▷ 성남(14) ▷ 충주험멜(15) ▷ 대구(16~18) ▷ 제주(19~22) ▷ 전북(23~24) ▷ 대구(25~)
K리그 통산기록 | K리그1 – 181경기 5득점 12도움 | K리그2 – 84경기 7득점 8도움
대표팀 경력 | –

정우재가 다시 한번 대구의 유니폼을 입는다. 그는 2016~2018년 대구와 함께 최고의 시간을 보냈다. 2016년 대구 합류 첫 시즌부터 주전으로 활약하며 팀의 K리그1 승격에 힘을 보탰다. 2018년엔 대구의 창단 첫 대한축구협회컵(현 코리아컵) 우승을 함께했다. 이후 제주–전북에서 뛰다 6년 만에 대구로 돌아왔다. 많은 경험이 쌓인 만큼 수비 라인에서 중심을 잡아줄 것으로 기대된다. 다만, 2024년 전북에서 출전 시간이 매우 적었다. 과거 영광을 재현하기 위해선 경기력과 경기 체력을 빠르게 끌어올려야 한다.

2024시즌 기록					- WEEKLY BEST 11 주간베스트11	강점	약점
1	0	440(11) MINUTES 출전시간(경기수)	0 GOALS 득점	0 ASSISTS 도움		풍부한 경험을 가진 베테랑	뚝 떨어진 경기 감각

김진혁

1993년 6월 3일 | 32세 | 대한민국 | 187cm | 78kg
경력 | 대구(15~) ▷ 상주(19~20) ▷ 대구(21~)
K리그 통산기록 | K리그1 – 223경기 20득점 5도움 | K리그2 – 11경기
대표팀 경력 | –

2025시즌을 앞두고 대구와 재계약하며 올해도 대구와의 동행을 이어간다. 김진혁은 2015년 대구에서 프로에 데뷔한 뒤 폭풍 성장했다. 그는 군 복무 기간 등을 제외하곤 줄곧 대구의 유니폼을 입고 뛰었다. 성실함과 헌신을 앞세워 대구의 주전 수비수로 자리 잡았다. 무엇보다 그는 상황에 따라서 최전방 공격수로도 활약할 수 있는 멀티형이다. 김진혁은 "팬 기대에 부응하고, 대구에 지속적으로 도움이 되는 선수로 남아 종신할 수 있도록 최선을 다하겠다"라고 다짐했다.

2024시즌 기록					1 WEEKLY BEST 11 주간베스트11	강점	약점
5	0	3,315(36) MINUTES 출전시간(경기수)	0 GOALS 득점	0 ASSISTS 도움		공격수까지 가능한 수비수	체력 관리가 필요한 시기

장성원

1997년 6월 17일 | 28세 | 대한민국 | 175cm | 70kg
경력 | 대구(18~)
K리그 통산기록 | K리그1 – 132경기 3득점 10도움
대표팀 경력 | –

장성원에게 2025년은 새 기회다. 그는 2018년 대구에 입단해 알토란 역할을 해왔다. 2021년부턴 4시즌 연속 '20+a' 경기를 소화했다. 특히 지난 시즌엔 31경기를 뛰며 프로 데뷔 후 가장 많은 기회를 잡았다. 장성원은 그동안의 활약을 인정받아 2025년 대구와 재계약했다. 올해는 팀의 수비 핵심으로 완전히 도약할 수 있는 기회다. 지난 시즌 평균 57분을 뛰었는데, 이 한계를 넘는 것이 올해의 숙제다. 이제 장성원은 작년의 실수를 반복하지 않고, 아시아 무대를 향해 나아가겠다는 다짐으로 뛴다.

2024시즌 기록					1 WEEKLY BEST 11 주간베스트11	강점	약점
3	0	2,299(33) MINUTES 출전시간(경기수)	2 GOALS 득점	0 ASSISTS 도움		양쪽 측면 모두 소화 가능	2% 아쉬운 주전의 자리

최영은

1995년 9월 26일 | 30세 | 대한민국 | 189cm | 78kg
경력 | 대구(18~)
K리그 통산기록 | K리그1 – 89경기 106실점
대표팀 경력 | –

더 이상 물러설 곳이 없다. 최영은은 2018년 대구에 합류할 때만 해도 큰 기대를 받았다. 그는 그라운드에서 그 누구보다 파이팅 넘치는 모습으로 팀에 에너지를 불어 넣었다. 하지만 들쭉날쭉한 경기력 탓에 주전 자리를 확실하게 굳히지 못했다. 결국 오승훈과 치열한 주전 경쟁을 피할 수 없는 상황이 됐다. 최영은은 2024년 개막전에서 선발 기회를 잡았지만, 그 기회도 제대로 살리지 못했다. 올 시즌은 안정감 있는 모습을 보이는 것이 관건이다. 위기를 곧 기회로 만드는 뒷심이 필요한 때다.

2024시즌 기록					- WEEKLY BEST 11 주간베스트11	강점	약점
1	0	1,163(12) MINUTES 출전시간(경기수)	33 SAVE 선방	14 LOSS 실점		열정의 화신, PK 선방 능력	경기력 기복

정재상

2004년 5월 25일 | 21세 | 대한민국 | 188cm | 83kg
경력 | 대구(24~)
K리그 통산기록 | K리그1 – 18경기 2득점
대표팀 경력 | –

정재상은 대학 시절 확실한 최전방 스트라이커였다. 뛰어난 피지컬, 넓은 시야를 바탕으로 한 공격 연계에서 긍정 평가를 받았다. 그는 2024년 대구에 입단한 뒤에도 번뜩이는 능력을 선보였다. 특히 전북 현대와의 원정 경기에서 패색이 짙던 후반 추가 시간 극적인 동점골을 넣으며 팬들의 눈을 사로잡았다. 정재상은 최전방은 물론이고 왼쪽 측면에서도 플레이가 가능하다. 상황에 따선 에드가의 자리는 물론이고 입대 예정인 고재현 자리까지 커버할 수 있다. 관건은 치열한 경쟁에서 살아남아 기회를 잡는 것이다.

		2024시즌 기록			1 WEEKLY BEST 11 주간베스트11	강점	약점
1	0	1,041(20) MINUTES 출전시간(경기수)	2 GOALS 득점	0 ASSISTS 도움		최전방 –윙 포워드 소화 가능	아직은 높은 프로의 벽

박진영

2002년 5월 13일 | 23세 | 대한민국 | 188cm | 85kg
경력 | 대구(24~)
K리그 통산기록 | K리그1 – 25경기 1도움
대표팀 경력 | –

2024년 대구에 혜성과 같이 등장한 대형 신인이다. 박진영은 데뷔 시즌 25경기에서 평균 83분을 소화했다. 시즌 초반 부상으로 잠시 이탈했지만, 복귀 뒤 팀의 주전 센터백으로 제 몫을 해냈다. 박진영은 뛰어난 발밑을 바탕으로 뒤공간 커버에 능하다는 평가다. 단단한 피지컬, 차분한 빌드업, 탈압박이 장기로 꼽힌다. 다만, 스피드가 아쉽다. 아직 경험이 부족한 탓에 잦은 실수를 하는 점도 보완이 필요한 부분이다. 센터백과 수비형 미드필더 모두 소화할 수 있다는 점은 경쟁에서 큰 힘이 될 것으로 보인다.

		2024시즌 기록			- WEEKLY BEST 11 주간베스트11	강점	약점
6	0	2,244(25) MINUTES 출전시간(경기수)	0 GOALS 득점	1 ASSISTS 도움		차분한 빌드업	느린 발

이원우

2003년 3월 16일 | 22세 | 대한민국 | 191cm | 80kg
경력 | 대구(22~)
K리그 통산기록 | K리그1 – 9경기
대표팀 경력 | –

이원우는 2022년 대구 입단 후 K리그, 아시아챔피언스리그(ACL) 등을 두루 경험했다. 2003년 생인 만큼 아직 U-22 카드라는 점도 매력적이다. 탄탄한 피지컬에 몸싸움도 두려워하지 않는다. 가끔 공격에도 가담해 기습 슈팅을 시도하기도 한다. 하지만 그는 지난 세 시즌 동안 K리그 9경기 출전이 전부다. 어느덧 프로 네 번째 시즌이다. 잠재력, 무궁무진한 재능이 아닌, 팀의 '즉시전력감'으로 한방을 터뜨려야 할 시간이 왔다.

		2024시즌 기록			- WEEKLY BEST 11 주간베스트11	강점	약점
0	0	134(3) MINUTES 출전시간(경기수)	0 GOALS 득점	0 ASSISTS 도움		아직은 U-22 카드	기대에 부응해야 할 때

전지적 작가 시점

김가을이 주목하는 대구의 원픽!
황재원

2002년생 황재원은 대구의 현재이자 미래다. 그는 2022년 데뷔 이후 매 시즌 30경기 이상을 소화하며 어린 나이임에도 불구하고 팀의 핵심 자원으로 일찌감치 자리 잡았다. 2025년엔 그라운드 안팎에서의 역할이 더욱 확대될 것으로 보인다. 황재원은 올해 부주장을 맡으며 처음으로 주장단에 이름을 올려, 주장 세징야와 또 다른 부주장 정치인과 함께 팀을 이끌 예정이다. 특히 대구는 어린 선수가 많은 팀이므로 20대 어린 선수들을 대표하는 리더로서 황재원의 모습이 기대된다. 그는 "부주장으로서 사명감과 책임감을 갖고 팀의 목표를 달성하기 위해 최선을 다하겠다. 더 열심히 해야 하는 역할인 만큼 대구를 위해 헌신하겠다"고 다짐했다. 황재원의 역할은 여기서 그치지 않는다. 그는 올 시즌 대구 전술의 핵심이다. 대구는 2025년 포메이션 변경을 예고했다. 그동안의 3-4-3 대형 대신 4-3-3 전술을 활용할 예정이다. 황재원은 오른쪽 윙백으로 수비는 물론, 사이드 공격의 시발점 역할까지 해낼 것으로 보인다. 황재원의 장점인 오버래핑과 활동량을 적극 활용하겠다는 계획이다.

지금 대구에 이 선수가 있다면!
고승범

그동안 대구가 보여줬던 장점 중 하나는 중원에서의 적극적인 움직임이다. 2025년엔 한종무, 요시노, 라마스 등이 중원을 조율하며 중원의 에너지를 이어갈 예정이다. 여기에 K리그 '활동량'에서는 절대 빠지지 않는 고승범(울산HD) 카드가 더해진다면 환상의 조합이 될 수 있다. 고승범은 2024년 울산 소속으로 28경기에 나서 팀의 사상 첫 K리그 3연패에 앞장선 팀의 핵이다. '3개의 폐'를 가진 듯한 왕성한 활동량을 바탕으로 한 그의 '중원 장악력'은 감독과 동료는 물론, 팬들의 극찬을 끌어냈다. 대구에 고승범이 있다면 중원에서의 에너지를 한 단계 끌어 올릴 수 있다. 더욱이 고승범은 미드필더 전 지역은 물론이고 상황에 따라서는 측면 공격수까지 다양하게 소화할 수 있어 활용도가 높다. 일각에서 그를 두고 '육각형 선수'라 부르는 이유다. 더욱이 고승범은 과거 대구에서 임대로 뛴 경험이 있어 팀에 대한 이해도까지 갖추고 있는 셈이다. 대구에 고승범이 있다면 중원에서의 안정감과 경쟁력은 물론 팀 전력이 한층 '업그레이드' 될 것이다.

이창용
모따
마테우스
김동진
김다솔
김영찬
박종현
김정현
야고
최성범
한가람
강지훈
에두아르도
김보경
문성우
이태희
리영직
토마스
채현우
주현우
이윤오
김민호
이민수
박정훈
최규현

FC안양

승격으로 핀 꽃봉오리, 잔류라면 더 아름다울 결말

FC안양

2013년 창단 이후 첫 승격의 역사, 안양이 꿈꾸던 첫 번째 목표가 이뤄졌다. 2019년, 2021년, 2022년 세 차례나 승격 플레이오프에서 고개를 숙였다. 차근히 밟아온 승격의 꿈은 단단한 안양을 만들었다. 이우형 디렉터가 자리 잡고, 감독으로서 첫 발을 내딘 유병훈의 준비된 행보는 상승세를 이끌었다. 2024년 4월부터 줄곧 지켰던 1위 자리를 끝까지 놓지 않았다. 승격이 끝이 아니다. 모든 승격팀의 다음 목표는 잔류다. 이루기보다 지키는 것이 더 중요하다. 2025년 1부리그에서 확실한 인상을 남기기 위해 필요한 자리를 채우며 치열한 겨울을 보냈다. 최전방에 2부 최고의 골잡이 모따를 데려오며 날카로운 창을 더했다. 에두아르도, 토마스까지 합류했다. 기존 안양 전력의 핵심인 마테우스, 야고와 함께 외인 라인을 구성한다. 이태희와 리영직 등 주축 선수들도 붙잡았다. 지난 시즌 막판 안양종합운동장은 K리그 어느 팀보다도 뜨거운 기쁨을 누렸던 장소다. 승격은 시작이다. 안양 팬들은 잔류라는 더 아름다운 결말을 기대한다

구단 소개

정식 명칭	안양 시민 축구단
구단 창립	2013년 2월 2일
모기업	시민구단
상징하는 색	보라색, 금색, 흑보라색
경기장(수용인원)	안양종합운동장 (17,143명)
마스코트	바티, 나리
레전드	주현재, 정민기, 김형진, 백동규, 주현우 등
서포터즈	A.S.U RED
커뮤니티	레드플레임

우승

K리그	–
코리아컵(FA컵)	–
AFC챔피언스리그(ACL)	–

최근 5시즌 성적

시즌	K리그	코리아컵(FA컵)	ACL
2024시즌	1위 (2부)	3라운드	–
2023시즌	6위 (2부)	2라운드	–
2022시즌	3위 (2부)	3라운드	–
2021시즌	2위 (2부)	16강	–
2020시즌	9위 (2부)	3라운드	–

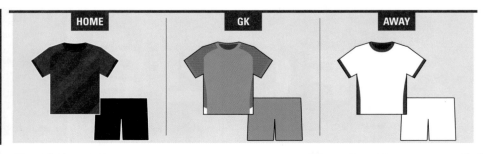

준비된 지도자가 만든 승격,
이젠 K리그1 실력 발휘 예고

유병훈 　|　1976년 7월 3일 | 49세 | 대한민국

K리그 전적	(*K리그2)
36전 18승 9무 9패	

유병훈 감독은 현역 시절부터 안양과 연이 깊었다. 안양의 전신이었던 고양KB에서 현역 생활을 마감했고, 곧바로 지도자 생활까지 시작했다. 유병훈 감독은 차분히 기량을 쌓았다. 안양과 아산, 서울이랜드와 U-19 대표팀까지 다양한 팀에서 코치로서 오랜 시간 경험을 더했다. 준비된 감독은 첫 시즌부터 증명에 성공했다. 첫 성과가 구단 역사상 첫 승격이다. 얻는 것보다 지키는 것이 더 어려운 법이지만, 승격을 이끈 저력은 엄청난 자산이다. 꽃봉오리 축구로 대표되는 자신만의 전술 색채까지 이미 보여줬다. K리그2와는 확연히 다른 K리그1 무대는 또 다른 시험대다. 1부에서도 증명한다면, 리그를 대표하는 젊은 명장으로 확실히 자리매김할 수 있다.

선수 경력

부산대우	고양KB

지도자 경력

고양KB 코치	안양 코치	아산무궁화 코치	서울이랜드 코치	U-19 대표팀 코치	안양 코치	안양 감독(24~)

주요 경력

2024년 K리그2 감독상

선호 포메이션	4-2-3-1	3가지 특징	꽃봉오리 축구	구단 첫 승격 이끈 준비된 지도자	형님 리더십

STAFF

수석코치	코치	GK코치	피지컬코치	전력분석관	트레이너	통역	팀매니저	장비관리사
김연건	주현재	최익형	김형록	김성주 정효인	서준석 황희석 신영재	전준형	노상래	주종환

2 0 2 4 　 R E V I E W

**아디다스
포인트로 보는
안양의
2024시즌
활약도**

2024년 안양의 가장 강력한 무기는 단연 마테우스였다. K리그2 최고의 선수로 평가하기에 전혀 부족함이 없을 정도로 그의 활약은 독보적이었다. 무려 51,265점으로 K리그2 최정상급 기량의 선수임을 증명했다. 마테우스의 곁을 시즌 후반부터 든든히 보좌한 야고도 높은 점수를 받았다. 수비의 활약 역시 승격의 원동력이었다. 김동진, 이태희를 비롯한 주전 풀백들이 팀 내 상위권에 올랐다. 중원에서는 베테랑 리영직과 김정현의 모습이 돋보였다. 다만 야고를 제외한 공격진의 기량이 두드러지지 못했다. 김운과 한의권 등 최전방에서 돋보여야 할 선수들의 활약상이 아쉬웠다. 2025시즌에 보완해야 할 부분이다.

FW
한의권 7,435 전체 190위
유정완 13,421 전체 113위
김운 15,592 전체 87위
최성범 11,011 전체 144위
채현우 9,356 전체 160위

MF
한가람 3,721 전체 269위
최규현 12,975 전체 118위
마테우스 51,265 전체 1위
김정현 26,551 전체 35위
홍창범 3,915 전체 266위
문성우 6,187 전체 219위

DF
야고 31,333 전체 21위
김동진 31,012 전체 23위
주현우 18,373 전체 69위
김영찬 11,550 전체 137위
이창용 18,826 전체 67위
이태희 27,852 전체 31위
리영직 21,990 전체 54위
박종현 8,717 전체 169위

GK
김다솔 27,592 전체 33위

2024시즌 아디다스 포인트 상위 20명　　■ 포인트 점수

포지션 평점

FW
🔥🔥🔥

MF
🔥🔥

DF
🔥🔥🔥

GK
🔥🔥

출전시간 TOP 3

1위	마테우스	3,169분
2위	이태희	3,101분
3위	김동진	2,970분

득점 TOP 3

1위	마테우스	7골
2위	야고	6골
3위	김동진	5골

도움 TOP 3

1위	마테우스	11도움
2위	야고	6도움
3위	김동진	3도움

주목할 기록

190	5월부터 11월까지, 장장 190일 동안 K리그2 선두 유지
35.9	승격의 동력이 된 철벽 수비, 기대실점 최소 1위

성적 그래프 (*K리그2)

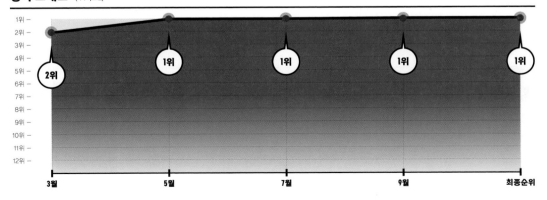

3월 2위 · 5월 1위 · 7월 1위 · 9월 1위 · 최종순위 1위

2025 시즌 스쿼드 운용 & 이적 시장 인앤아웃

IN

모따_천안
강지훈 황병근
_부산
에두아르도_그레미우
토마스_로다
김보경_수원삼성
김지훈 장정우
_신인

OUT

전승민_부산
야치다_교토상가
홍창범_성남
변준영_충남
유정완_세종
니콜라스_안용우
이재용 한의권
_계약종료

FW

모따 · 야고 · 박정훈
이동현 · 김운 · 장정우 · 채현우

MF

마테우스 · 김정현 · 최성범
한가람 · 이민수 · 최규현
에두아르도 · 김보경 · 문성우 · 전보민

DF

김민호 · 김지훈 · 이창용 ⓒ · 김영찬
박종현 · 강지훈 · 이상용 · 김동진
이태희 · 리영직 · 임승겸 · 주현우 · 토마스

GK

이윤오 · 김다솔 · 황병근 · 김성동

ⓒ 주장   ■ U-22 자원

승격팀에게 1부리그는 언제나 잔인하다. 지난 시즌 주전 멤버 중 1부 경험이 풍부한 선수가 부족하다. K리그2와 K리그1은 차원이 다른 무대다. 2부의 승격이 전쟁이라면, 1부 잔류는 벼랑 끝 사투다. 실리적인 판단을 바탕으로 이상적인 전술을 조금씩 찾아나가야 한다. 부족한 부분을 채워줄 외국인 선수를 데려와 최전방과 중원, 수비에 힘을 더했다. 선수단과 빠르게 녹아들어 합을 맞추는 것이 중요하다. 마테우스, 리영직과 김정현, 이태희, 김동진 등 지난 시즌 핵심 전력들이 1부에 잘 적응해야 안정적인 경기력을 유지할 수 있다. 역사상 처음으로 1부를 밟은 안양에게는 간절함이 있다. 하지만 간절함으로 모든 것을 이룰 수는 없다. 2024년보다 성장한 모습으로 1부라는 산을 올라야 한다.

주장의 각오

이창용

"우리가 염원하던 K리그1 승격에 성공했고, K리그1에 온 만큼 오래 살아남고 싶다. 감독님이 추구하고 원하시는 전술을 잘 캐치해서 준비하고 있다. 감독님이 특별히 더 강조하시는, 이른바 '좀비축구'를 구현할 수 있도록 저희 선수들 모두 잘 준비하겠다. 마지막으로 팬분들에게 작년보다 더 큰 기쁨을 줄 수 있도록 노력하겠다."

2 0 2 5 예 상 베 스 트 1 1

이적시장 평가

최선의 선택을 했다. 핵심 선수들과 재계약을 체결하고 다른 강팀들과의 전력 차이를 줄이고자, 외국인 선수 영입에 집중했다. 검증된 골잡이 모따를 데려왔다. 유병훈 감독의 최전방 고민을 확실히 덜어줄 수 있다. 베테랑이 많은 중원과 수비에는 에두아르도와 토마스를 더했다. 네덜란드 무대에서 이미 시즌을 소화하다가 합류한 토마스는 충분히 경기에 나설 수 있는 몸 상태라는 평가까지 나왔다. 부족한 경험은 베테랑 김보경으로 채웠고, 유정완의 빈자리를 대체할 수 있다. 중원 대부분 지역에서 활약하며 젊은 선수들에게 확실한 방향을 잡아줄 수 있는 영입이다. 경험과 무기를 더한 안정적인 선택이 돋보인다.

저자 6인 순위 예측

·김성원·	·윤진만·	·박찬준·	·김가을·	·김대식·	·이현석·
12위_1부를 2부로 판단하고 있는 건 큰 '착각'. 승격 후 안착한 제주, 대전, 광주, 김천과는 분명 결이 다른 데. 그래도 이변은 있으니.	**12위**_검증된 2부 골잡이 모따를 영입했지만, 그 외 업그레이드 요소는 딱히…. '2024 안양'으로 1부 잔류? 1부를 쉽게 보면 안돼!	**12위**_모따의 영입을 제외하면, 딱히 눈에 띄는 업그레이드 요소가 없다. 지난 시즌 승격의 주역들이 부상 경력이 많았다는 점도 안양의 불안 요소.	**12위**_꽃봉오리 시즌 2? K리그 무대는 만만치 않다. 겨울 이적 시장에서 보여준 '소극적 행보'로는 K리그1 경쟁이 쉽지 않다.	**11위**_그토록 기다려왔던 K리그지만 1부 리그는 냉혹하고, 현실은 차갑다. K리그2와 다르게, K리그1은 전력으로도 어느 정도 예상이 가능하다.	**9위**_모따, 토마스, 에두아르도 렛츠고, 새 외국인 선수들이 모두 잘 터지면 '꽃봉오리' 해피 엔딩 기대해 볼 수도. 1부 경험 부족한 선수단 적응이 변수.

이창용

1990년 8월 27일 | 35세 | 대한민국 | 180cm | 76kg

4
DF

C

이창용

④
WEEKLY BEST 11

경력

강원(13~15)
▷울산(15)
▷아산무궁화(16~18)
▷성남(19~21)
▷안양(22~)

K리그 통산기록

K리그1 – 121경기 5득점 2도움
K리그2 – 138경기 6득점 3도움

대표팀 경력

–

최고의 한 해였다. 안양의 주장으로서 맞이한 두 번째 시즌, 거침없는 상승세에 일조하며 구단 역사상 첫 승격을 이끌었다. 2024년 9월 부상으로 시즌 아웃됐음에도 공로를 인정받으며 K리그2 최고의 센터백에 등극했다. 지난 시즌 리그 최소실점 2위(36실점)를 기록할 수 있었던 수비의 중심이었기에 당연한 평가였다. 센터백치고 작은 키는 큰 약점이 아니다. 망설임 없이 상대 공격수를 압박해 공을 뺏어낸다. 빌드업에 기여할 수 있는 정확한 패스와 제공권도 갖췄다. 클리어링만 135회로 팀내 1위를 달성했다. 센터백 외에 수비형 미드필더로서 출전할 수 있는 활용 가치 또한 돋보인다. 가끔 경기 중 흔들리던 모습도 주장 완장을 차고 난 후 많이 사라졌다. 올 시즌은 구단 최초로 K리그1에서 완장을 차고 경기에 나선다. 다만 환호 속에서 마무리한 지난 시즌에 취해있을 시간이 없다. 2025시즌에도 유병훈 감독의 전술에는 이창용이 자리를 지켜줘야 한다. 수비가 흔들리면 언제든 무너질 수 있다. 도전자의 정신으로 K리그1에 임하겠다는 자세도 밝혔다. 새 무대에서 다시 피어오를 꽃봉오리의 중심은 올해도 이창용이다.

■K리그2 기록

2024시즌 기록				4
1	2,378(25) MINUTES 출전시간(경기수)	0 GOALS 득점	0 ASSISTS 도움	0
				WEEKLY BEST 11 주간베스트11

강점	숨 막히는 압박, 빌드업 패스, 리더십	특징	안양의 기둥
약점	가끔 나오는 실수, 시즌 아웃 여파	별명	창율 (이창용+푸욜)

모따   Bruno Rodrigues Mota

1996년 2월 10일 | 29세 | 브라질 | 193cm | 87kg

9
FW

모따

WEEKLY BEST 11

경력

고이아네시아(19)
▶빌라노바(19)
▶미라소우(19~20)
▶이투아누(20)
▶브루스키(21)
▶EC산호세(21)
▶캄보리우(22)
▶천안(22~24)
▶안양(25~)

K리그 통산기록

K리그2 – 70경기 26득점 6도움

대표팀 경력

–

K리그2 득점왕이 선봉장으로 나선다. 안양은 아직 경험해 본 적 없는 K리그1에 대항할 최고의 무기로 모따를 택했다. K3부터 차근히 밟아온 외국인 선수 성공 신화의 주인공이다. 2023년 천안이 리그 최하위에 머물 때에도 모따가 보여준 득점력은 모두를 놀라게 했다. 2024년 기량이 만개했다. 파트너 파울리뉴의 공백도 문제없었다. 16골 5도움을 터트리며 득점왕을 거머쥐었다. 중국에서 매력적인 제안을 건넸지만, 모따는 K리그1에서 증명하길 원했다. 자신에게 손을 내밀어준 안양행을 택했다. 단레이의 이탈, 니콜라스의 실패 이후 가장 필요했던 최전방 공격수 보강이었다. 강력한 수비수들을 상대로 확실한 득점원이 절실했다. 193㎝의 장신을 이용한 뛰어난 제공권은 기본이다. 동료를 활용한 연계 플레이와 최전방에서 압박을 통한 공간 활용 등 공격 여러 방면에서 두각을 나타낸다. 전지훈련에서부터 "득점하는 방법에 대해 자기만의 방법이 확실히 있다고 느껴진다. 연습에서도 슛 하나에 집중한다"라며 유병훈 감독의 칭찬이 쏟아졌다. 새로운 무대에서 살아남기 위해선 상대를 제압할 비장의 수가 필요하다. 모따는 그 한 방을 갖춘 선수다.

■K리그2 기록

	2024시즌 기록			
5	**3,140(35)** MINUTES 출전시간(경기수)	**16** GOALS 득점	**5** ASSISTS 도움	**1** **6** WEEKLY BEST 11 주간베스트11

강점	엄청난 슈팅 집중력, 골냄새 맡는 득점 본능, 탁월한 연계	특징	여러 팀을 겪으며 쌓은 적응 능력
약점	K리그은 초면입니다	별명	고공 폭격기

마테우스

Matheus Oliveira Santos　1997년 9월 28일 | 28세 | 브라질 | 177cm | 70kg

7
MF

WEEKLY　BEST 11
8

경력

산투스(17)
▷ 레드불브라질(18)
▷ 과라니(18)
▷ 폰치프레타(19)
▷ 오에스치(19~20)
▷ 브라지우데펠로타스(20)
▷ 아틀레치쿠고이아니엔시(21)
▷ 헤무(21~22)
▷ 아구아산타(22)
▷ 미라소우(22)
▷ 인테르나시오날레(23)
▷ 상베르나르두(23)
▷ 안양(24~)

K리그 통산기록

K리그2 – 36경기 7득점 11도움

대표팀 경력

—

명실상부 '안양의 에이스'였다. 브라질 무대에서 활약하던 사나이는 K리그2 무대에 합류하자마자, 자신의 진가를 선보였다. 두 경기에서 주춤한 것도 잠시, 곧바로 4라운드 이랜드와의 경기에서 멀티골을 터트리며 에이스의 등장을 알렸다. 팀이 흔들리고, 위기일 때면 언제나 가장 먼저 나섰다. 안양은 빠르게 마테우스를 붙잡았고, 영입 6개월 만에 재계약을 체결하며 타 구단의 관심을 차단했다. 시동 걸린 에이스의 질주는 계속됐다. 주간베스트11에만 8차례 선정되며 몰아치기보다 꾸준함에 집중했다. 그 결과, 마테우스는 36경기 7골 11도움, K리그2 MVP, 도움왕, 그리고 K리그2 베스트11 3관왕까지 달성하며 한국에서의 첫 시즌을 성공적으로 마쳤다. 마테우스는 공격형 미드필더와 중앙 미드필더, 윙어를 모두 소화하며 공격의 시발점이자 마침표로서 활약했다. 개인 기술보다는 성실함과 정확한 패스, 강력한 왼발 슈팅이 시선을 끌었다. 실력뿐만 아니라 팀에 대한 애정과 충성심도 크다. 지난 시즌 K리그에 곧바로 녹아들었던 모습을 생각하면 K리그1 적응도 어려운 숙제는 아니다. 안양 팬들 모두가 꿈꾸는 마테우스의 미래는 '안양의 세징야'가 아닐까.

■ K리그2 기록

2024시즌 기록

4	3,169(36) MINUTES 출전시간(경기수)	7 GOALS 득점	11 ASSISTS 도움	0	8 WEEKLY BEST 11 주간베스트11

강점	허점을 찌르는 창의적인 패스와 날카로운 킥	특징	K리그2 MVP, 전술의 중심
약점	K리그1 집중 견제 버틸 수 있을까	별명	안양의 별

김동진

1992년 12월 28일 | 33세 | 대한민국 | 177cm | 74kg

22
DF

김동진

④ WEEKLY BEST 11

경력

대구(14~17)
▷아산무궁화(18~19)
▷대구(19~20)
▷경남(21)
▷안양(22~)

K리그 통산기록

K리그1 – 45경기 1득점
K리그2 – 225경기 15득점 11도움

대표팀 경력

–

2022년부터 안양 상승세의 주역이었다. 프로 데뷔 이후 끈기로 버텨낸 재능이 안양에서 더욱 빛을 봤다. 2024시즌을 앞두고 K리그1 구단의 관심을 받기도 했지만, 김동진은 안양과 재계약을 체결했다. 그리고 안양과 함께 직접 1부로 올라갔다. 적극적인 오버래핑으로 공격적인 모습이 돋보인다. 주장 이창용이 부상으로 빠진 후, 부주장으로서 흔들릴 수도 있었던 팀을 수습하며, 활기찬 분위기를 이끌었다. 전술 변화를 주도한 키 역할도 했다. '윙동진'이라는 별명처럼 윙어로서 활약한 시간이 적지 않았다. 유정완이 부상으로 빠진 기간 동안, 안양의 날개는 제대로 기량이 터졌다. 윙백으로서 보여준 날카로움은 여전했다. 유병훈 감독은 포백과 스리백을 유동적으로 사용할 계획을 밝혔다. 풀백과 윙백을 모두 소화할 수 있는 그의 활약이 중요한 이유다. 공격에서도 비중이 커질 예정이다. 최전방에 193cm의 신장으로 엄청난 제공권을 갖춘 모따가 합류했다. 왼쪽에서 올라오는 정확한 크로스, 마무리하는 모따의 헤더가 안양의 주요 득점 루트 중 하나를 책임질 기회. 항상 아쉬운 평가를 받았던 수비마저 발전한다면 K리그1에서도 전혀 밀리지 않을 실력이다.

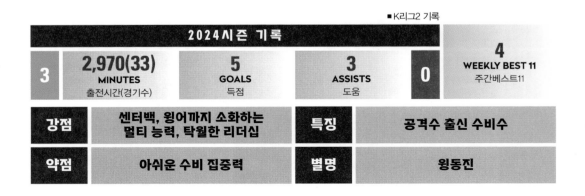

■K리그2 기록

2024시즌 기록					WEEKLY BEST 11
3	2,970(33) MINUTES 출전시간(경기수)	5 GOALS 득점	3 ASSISTS 도움	0	4 WEEKLY BEST 11 주간베스트11

강점	센터백, 윙어까지 소화하는 멀티 능력, 탁월한 리더십	특징	공격수 출신 수비수
약점	아쉬운 수비 집중력	별명	윙동진

김다솔

1989년 1월 4일 | 36세 | 대한민국 | 188cm | 80kg

31
GK

김다솔

④ WEEKLY BEST 11

경력

포항(10~14)
▷대전(15)
▷인천(16)
▷수원FC(17~18)
▷수원삼성(19~20)
▷전남(21~23)
▷안양(24~)

K리그 통산기록

K리그1 – 42경기 62실점
K리그2 – 130경기 140실점

대표팀 경력

－

5년 만에 1부 리그로 돌아왔다. 그의 위상은 완전히 달라졌다. K리그2 최고의 골키퍼로 인정받고, 다시 증명의 무대에 올랐다. 굴곡이 많았던 지난 날들이었다. 포항에서 프로 데뷔 후 잠재력만큼은 꾸준히 인정받았다. 다만 부상으로 주춤하고, 부진에 시달리며 한 팀의 수문장으로 자리 잡지 못했다. 수원FC에서 기회를 잡았다. 2018년 29경기 27실점이라는 맹활약으로 K리그2 베스트 골키퍼 후보에 오르며, 이듬해 K리그1 수원삼성에 입단했다. 1부는 쉽지 않았다. 실수와 부진이 겹치며 곧바로 자리를 뺏겼다. 2020년 한 경기도 출전하지 못하며 전남 이적을 택했다. K리그2에서 다시 기회를 노렸다. 출전 시간을 늘려가며 점차 반등했다. 관심을 갖고 지켜본 안양이 박성수의 대체자로 낙점했다. 이적은 성공적이었다. 35경기 35실점, 경기당 1실점밖에 내주지 않으며 안양의 뒷문을 든든하게 지켰다. 안정적인 경기 운영도 인상적이었다. 안양과 재계약을 체결하며 2025시즌도 주전 수문장을 맡게 됐다. K리그1에서 부진했던 지난 시간을 지워내겠다는 각오로 뜨거운 겨울을 보냈다. 이제 기량을 뽐내야 할 시간이 다가온다.

■K리그2 기록

2024시즌 기록				4
3	3,529(35) **MINUTES** 출전시간(경기수)	84 **SAVE** 선방	35 **LOSS** 실점	0 **WEEKLY BEST 11** 주간베스트11

강점	뛰어난 선방 능력, 농익은 경기 운영	특징	은퇴설을 반전시킨 노장 신화
약점	2시즌 연속 풀타임 주전 부담	별명	안양의 벽

5
DF

김영찬

김영찬

1993년 9월 4일 | 32세 | 대한민국 | 189cm | 84kg
경력 | 전북(13) ▷ 대구(13) ▷ 수원FC(14) ▷ 전북(15~17) ▷ 안양(18) ▷ 수원FC(19) ▷ 부천(20) ▷ 경남(21~23) ▷ 안양(24~)
K리그 통산기록 | K리그1 – 24경기 | K리그2 – 171경기 3득점 4도움
대표팀 경력 | –

'이경규 사위'라는 수식보다 오롯이 안양 승격의 주역으로서 빛났다. 김영찬은 이전에도 안양에서 좋은 기억이 있었다. 그가 2018년 주전으로서 첫 시즌을 보낸 구단이 안양이었고, 이후 전북, 대구, 수원FC, 부천, 경남 등을 거치며 두루 쌓아온 경험은 다시 돌아온 안양의 승격 과정에서 보탬이 되었다. 189cm의 탄탄한 신장으로 전쟁 같은 K리그2에서도 안정적인 제공권과 단단한 대인 수비를 선보였다. 개선해야 할 부분도 확실하다. 수비 시 강한 압박을 버텨낼 발밑 기술과 건강한 몸 관리는 K리그1에서 한 시즌을 완주하기 위해선 필수적이다.

2024시즌 기록					- WEEKLY BEST 11 주간베스트11	강점	약점
4	0	1,778(23) MINUTES 출전시간(경기수)	0 GOALS 득점	1 ASSISTS 도움		피지컬을 활용한 탄탄한 수비	아쉬운 부상 관리

■ K리그2 기록

6
DF

박종현

박종현

2000년 11월 24일 | 25세 | 대한민국 | 185cm | 78kg
경력 | 안양(22~)
K리그 통산기록 | K리그2 – 91경기
대표팀 경력 | –

안양에서 자라고, 안양이 키운 진짜 '성골 유스'가 K리그1 무대를 밟는다. 안양 유스인 안양공업고등학교 시절부터 두각을 나타냈고, 2022년 1군 합류까지 성공했다. 젊은 선수임에도 센터백과 수비형 미드필더를 능숙하게 소화할 수 있는 노련함이 돋보인다. 속도와 제공권, 수비 시의 센스 있는 위치 선정까지 갖췄다. 성장세도 뚜렷하다. 2024년 유병훈 감독 전술에 적응하며 패스와 공간 이해도 또한 높아졌다. 상대 압박에 힘들어하는 모습도 보였으나, 개선 여지가 충분하다. 그간 겪었던 K리그2와는 다른 1부 환경에 잘 적응하느냐가 변수다.

2024시즌 기록					2 WEEKLY BEST 11 주간베스트11	강점	약점
3	0	1,993(25) MINUTES 출전시간(경기수)	0 GOALS 득점	0 ASSISTS 도움		수비진의 젊은 에너지	압박 대처는 아직 미숙

■ K리그2 기록

8
MF

김정현

김정현

1993년 6월 1일 | 32세 | 대한민국 | 185cm | 74kg
경력 | 오이타(12~15) ▷ 광주(16~17) ▷ 성남(18~19) ▷ 부산(20~22) ▷ 안양(22~)
K리그 통산기록 | K리그1 – 47경기 5득점 1도움 | K리그2 – 129경기 9득점 4도움
대표팀 경력 | –

유리몸이라는 오명을 씻어내고, 안양의 진공청소기로 거듭났다. 성실함에서는 밀린 적이 없었다. 그는 몸을 던지는 허슬 플레이와 중앙, 수비를 가리지 않는 활약으로 안양의 강력한 중원을 만들었다. 장점이었던 패스와 경기 조율 능력은 여전했고, 항상 발목을 잡았던 부상 문제도 극복했다. 2024년 K리그 입성 후 가장 많은 경기인 33경기를 소화했다. 새 파트너인 에두아르도, 리영직과 함께 주전으로 활약할 예정이다. 2024년 안양 공식 채널의 개그맨을 자처하며 팬들을 웃게 한 주인공이기도 하다. 안양을 잔류로 이끌어 또 한번 팬들을 웃게 할 준비가 됐다.

2024시즌 기록					3 WEEKLY BEST 11 주간베스트11	강점	약점
6	0	2,736(33) MINUTES 출전시간(경기수)	2 GOALS 득점	2 ASSISTS 도움		몸을 던지는 허슬 플레이, 하드 워커	나이와 함께 찾아오는 체력 부담

■ K리그2 기록

야고
Yago Cesar Da Silva

1997년 5월 26일 | 28세 | 브라질 | 170cm | 65kg
경력 | 아틀레치쿠파라나엔시(16~17) ▷주벤투지(17) ▷아틀레치쿠파라나엔시(18)
▷로부스(18~19) ▷파코스데페레이라(19~20) ▷이투아누(20) ▷쿠이아바(20)
▷아틀레치쿠파라나엔시(21) ▷알라고아누(21) ▷과라니(22) ▷이투아노(23) ▷안양(23~)
K리그 통산기록 | K리그2 – 64경기 12득점 13도움
대표팀 경력 | –

'슈퍼 크랙'의 부진은 오래 가지 않았다. 2023년 야고는 조나탄이 떠난 시즌 도중에 안양에 합류해 단숨에 에이스로 올라섰다. 브라질리언 특유의 유연함과 기술이 돋보였다. 빡빡한 견제에 어려움을 겪기도 했으나, 야고의 슈팅과 패스는 날카로웠다. 2024시즌에서는 희비가 엇갈렸다. 기대에 비해 전반기 전술에 적응하지 못하며 자취를 감췄다. 여름 이적시장에서 떠날 것이라는 전망까지 나왔지만, 잔류를 택하고 다시 본모습으로 돌아왔다. 슈퍼 서브로서 활약한 야고는 크랙 자체였다. 공간을 넓게 사용하는 K리그1에선 더 나은 기량을 보여줄 여지가 충분하다.

		2024시즌 기록			5 WEEKLY BEST 11 주간베스트11	강점	약점
3	0	2,187(33) MINUTES 출전시간(경기수)	6 GOALS 득점	6 ASSISTS 도움		슈퍼 크랙의 결정력, 탁월한 오프 더 볼	전·후반기 다른 경기력, 기복

■K리그2 기록

최성범

2001년 12월 24일 | 24세 | 대한민국 | 173cm | 68kg
경력 | 안양(23~)
K리그 통산기록 | K리그2 – 25경기 2득점 3도움
대표팀 경력 | –

반복되는 부상으로 아쉽게 마쳤던 2023년, 최성범은 조금 더 채워진 모습으로 돌아왔다. 2024년 유병훈 감독의 히든카드로 자리 잡았다. 수비를 제압하는 주력과 뛰어난 전술 이해도는 안양이 경기가 풀리지 않는 상황에서 그를 찾게 되는 이유다. 잠재력 있는 젊은 선수로서 팀에서 꾸준히 기회를 받으며 성장 중이다. 리그 15경기 2골 2도움으로 적재적소에 공격포인트까지 쌓았다. 유사시에 중앙 미드필더까지 소화할 수 있기에 활용 가치가 높다. 2025시즌에는 준주전급 선수로 도약해야 더 많은 기회를 거머질 수 있다.

		2024시즌 기록			1 WEEKLY BEST 11 주간베스트11	강점	약점
1	0	755(15) MINUTES 출전시간(경기수)	2 GOALS 득점	2 ASSISTS 도움		탁월한 주력, 전방압박을 통한 역습	K리그1 미검증

■K리그2 기록

한가람

1998년 2월 9일 | 27세 | 대한민국 | 177cm | 70kg
경력 | 오버노일란트(17~21) ▷슈포르트프로인트로테(21~22) ▷레덴(22~23)
▷안양(24~)
K리그 통산기록 | K리그2 – 8경기
대표팀 경력 | –

독일 무대에서 쌓은 경험이 터져야 할 시기다. 유럽축구연맹 라이선스 B까지 취득한 독특한 이력은 축구에 대한 애정을 짐작게 한다. 몸으로 뛰는 것에 그치지 않고 그라운드에서의 전체적인 그림까지 고민하는 선수다. 넓은 영역에서 축구를 바라보는 시각을 가졌다. 축구에 대한 높은 이해도는 안정감과 더불어 수비 가담 시점, 정확한 공 배급 능력의 밑바탕이 됐다. 다만 출전 시간이 많지는 않았다. 2025시즌은 안양의 부주장직을 맡게 되어 책임감까지 더해졌다. 올해는 한 차원 성장한 중앙 미드필더로서 리더십과 경기력, 두 마리 토끼를 모두 잡아야 한다.

		2024시즌 기록			– WEEKLY BEST 11 주간베스트11	강점	약점
1	0	542(8) MINUTES 출전시간(경기수)	0 GOALS 득점	0 ASSISTS 도움		헌신적인 수비, 몸을 사리지 않는 플레이	아쉬운 피지컬

■K리그2 기록

17 MF

강지훈

1997년 1월 6일 | 28세 | 대한민국 | 177cm | 64kg
경력 | 강원(18~20) ▷ 상무(20~21) ▷ 강원(22~24) ▷ 부산(24) ▷ 안양(25~)
K리그 통산기록 | K리그1 – 69경기 3득점 3도움 | K리그2 – 33경기 2득점 2도움
대표팀 경력 | –

강원도를 뒤흔들던 '소양강 아자르'가 왔다. 청소년 대표팀 시절부터 공격적인 돌파가 돋보였던 선수다. 데뷔 이후 꾸준히 몸담았던 강원이지만, 2022년 상무에서 돌아온 후 좀처럼 팀에서 자리를 잡지 못했다. 2024년 황문기가 확실한 주전으로 도약하자, 부산으로 둥지를 옮겨 반등을 노렸다. 크로스는 아쉽지만, 꾸준히 출전할 수 있는 체력과 활동량은 증명했다. 안양에선 승격의 주역 이태희가 확실한 주전이기에 많은 출전 시간을 기대하긴 어렵다. 출전 시간을 늘리기 위해선 부단한 노력이 필요하다.

		2024시즌 기록			- WEEKLY BEST 11 주간베스트11	강점	약점
3	0	1,623(19) MINUTES 출전시간(경기수)	0 GOALS 득점	1 ASSISTS 도움		윙, 윙백 모두 뛰는 멀티 자원	잦은 실수

■ K리그2 기록

21 MF

에두아르도　　　　　　Eduardo Jacinto de Biasi

1997년 1월 9일 | 28세 | 브라질 | 186cm | 86kg
경력 | 크리시우마(15~21) ▷ 아마이(22~23) ▷ 샤페코엔시(24)
▷ 그레미우노보리존치노(24) ▷ 안양(25~)
K리그 통산기록 | 2025시즌 K리그1 데뷔
대표팀 경력 | –

K리그1에 돌입하는 안양이 브라질산 엔진을 새롭게 장착했다. 공들여 데려온 외국인 선수 중 한 명이다. 프로 데뷔 이후 브라질 리그에서만 활약했다. 기술과 개인 능력의 정점인 브라질에서 빌드업과 활동량으로 한자리를 확실히 차지한 저력이 돋보인다. 테크닉이 부족하다는 의미는 아니다. 중원에서의 연계, 창의적인 패스, 세심한 컨트롤, 모두 합격점을 받았다. "안양에 도움이 되도록 좋은 모습을 보여주겠다"라는 다짐은 꼭 이뤄내야 할 목표다. 안양이 K리그1 중원과 격차를 좁힐 카드가 될 수 있다.

		2024시즌 기록			- WEEKLY BEST 11 주간베스트11	강점	약점
7	0	2,168(30) MINUTES 출전시간(경기수)	0 GOALS 득점	0 ASSISTS 도움		왕성한 활동량, 중원의 살림꾼	공격 가담은 글쎄

■ 브라질 리그 기록

24 MF

김보경

1989년 10월 6일 | 36세 | 대한민국 | 176cm | 72kg
경력 | 오이타(10) ▷ 세레소오사카(11~12) ▷ 카디프시티(12~14) ▷ 위건(15) ▷ 마츠모토야마가(15)
▷ 전북(16~17) ▷ 가시와레이솔(17~18) ▷ 울산(19) ▷ 전북(20~22) ▷ 수원(23~24) ▷ 안양(25~)
K리그 통산기록 | K리그1 – 184경기 30득점 35도움 | K리그2 – 14경기 1득점
대표팀 경력 | 38경기 4골, 2010·2014 월드컵

지금 안양에 가장 필요한 도움을 줄 수 있는 선수다. K리그1 최우수선수까지 뽑혔던 김보경은 안양에 없는 K리그1 DNA를 심어줄 수 있는 베테랑 중의 베테랑이다. 태극마크를 달고 월드컵 무대를 누비기도 했고, 잉글랜드 프리미어리그까지 밟아봤다. 경험과 노하우에서는 그를 따라올 선수가 많지 않다. 김보경에게도 안양행은 도전이다. 수원삼성이 강등된 2024년에는 기회를 거의 잡지 못했다. 마지막 불꽃이 될 수 있는 팀으로 안양을 택했다. 붙박이 주전으로 활약하긴 어려우나, 경기에서 흐름을 풀어줄 수 있는 선수로서 여전히 가치가 높다.

		2024시즌 기록			1 WEEKLY BEST 11 주간베스트11	강점	약점
0	0	686(14) MINUTES 출전시간(경기수)	1 GOALS 득점	0 ASSISTS 도움		K리그1 MVP의 바이브	거스를 수 없는 세월의 흐름

■ K리그2 기록

문성우

28 MF

2003년 5월 15일 | 22세 | 대한민국 | 183cm | 74kg
경력 | 안양(23~)
K리그 통산기록 | K리그2 – 48경기 5득점
대표팀 경력 | –

포지션 변경을 통해 프로에서 길을 찾았다. 수비형 미드필더로서 강점이 부족했지만, 강력한 슈팅과 공격에서의 번뜩임이 있었다. 데뷔 후 6라운드 만에 터트린 데뷔골이 이를 증명했다. 2003년생이라는 어린 나이에도 저돌적이고 영리한 움직임이 돋보였다. 윙어로 자리를 옮긴 후 유병훈 감독이 교체로 기용할 수 있는 유틸리티 자원으로서 경험치를 쌓았다. 약점으로 지적됐던 돌파도 2024년에는 개선의 여지를 남겼다. 다만 여전히 많은 출전 시간을 받기엔 부족하다. 활용도가 높아지기 위해선 더 성장해야 한다.

2024시즌 기록						강점	약점
0	0	**506(17)** MINUTES 출전시간(경기수)	**2** GOALS 득점	**0** ASSISTS 도움	**1** WEEKLY BEST 11 주간베스트11	캐논 슈터, 다재다능한 포지션 소화력	부족한 스피드

■ K리그2 기록

이태희

32 DF

1992년 6월 16일 | 33세 | 대한민국 | 181cm | 66kg
경력 | 성남(15~17) ▷ 상무(18~19) ▷ 성남(19~21) ▷ 대구(22) ▷ 안양(23~)
K리그 통산기록 | K리그1 – 152경기 6득점 14도움 | K리그2 – 81경기 2득점 5도움
대표팀 경력 | –

왼쪽에 김동진이 있었다면, 오른쪽은 이태희가 책임졌다. 2024년 안양의 후방이 단단해진 비결 중 하나였다. 2023년 보여줬던 기복은 찾을 수 없었다. 무려 3,101분을 소화하며 수비수 중 가장 많은 출전 시간을 기록했다. 유병훈 감독도 쉽게 뺄 수 없을 정도로 존재감이 컸다. 매 경기마다 베테랑다운 수비 센스와 엄청난 활동량, 미드필더 수준의 패스를 선보였다. 외국인 선수와의 일대일 수비에서도 쉽게 밀리지 않는다. K리그에서 더 괴물 같은 선수들을 마주해야 한다. 새로운 환경에서 경기력을 유지할지가 안양의 수비 시스템과 직결된다.

2024시즌 기록						강점	약점
4	0	**3,101(36)** MINUTES 출전시간(경기수)	**2** GOALS 득점	**2** ASSISTS 도움	**-** WEEKLY BEST 11 주간베스트11	여전한 체력과 단단해진 수비	가끔씩 사라지는 존재감

■ K리그2 기록

리영직　　Yong Jik RI

37 DF

1991년 2월 8일 | 34세 | 북한 | 189cm | 75kg
경력 | 도쿠시마보르티스(13~14) ▷ V파렌나가사키(15~16) ▷ 카마타마레사누키(17) ▷ 됴코베르디(18~19) ▷ 류큐(20~22) ▷ 이와테(23) ▷ 안양(24~)
K리그 통산기록 | K리그2 – 29경기 3득점 1도움
대표팀 경력 | 23경기 1골

역대 5번째 북한 대표팀 출신 K리거. 센터백에서 수비형 미드필더로 자리를 옮겨 안양의 중원을 책임졌다. 프로 데뷔 후 줄곧 일본 무대에서 활약했고, 안양 이적은 도전이었다. 개막 직전 합류했기에 적응할 시간이 부족했지만, 곧바로 전술에 녹아들었다. 센터백과 수비형 미드필더를 두루 소화할 수 있는 수비 실력과 패스 재능을 과시했다. 후방에서 뻗어나가는 정확도 높은 킥은 안양의 주요 빌드업 경로였다. 이적도 거론됐지만, 재계약을 체결하며 2025년은 전지훈련부터 안양과 함께했다. 올 시즌도 안양의 경기력에서 지분이 클 전망이다.

2024시즌 기록						강점	약점
8	0	**2,571(29)** MINUTES 출전시간(경기수)	**3** GOALS 득점	**1** ASSISTS 도움	**3** WEEKLY BEST 11 주간베스트11	단단한 수비력, 안정적인 빌드업 구심점	잦은 경고 수집

■ K리그2 기록

토마스

Thomas Oude Kotte

55 DF

1996년 3월 20일 | 29세 | 네덜란드 | 184cm | 78kg
경력 | 엑셀시오르(19~22) ▷ 벤쉬셀(22~23) ▷ 텔스타(23~24) ▷ 로다(24~25)
▷ 안양(25~)
K리그 통산기록 | 2025시즌 K리그1 데뷔
대표팀 경력 | −

수비진 변화의 핵이다. K리그1에서 새로운 공격수들을 상대할 안양의 방패로 토마스를 택했다. 압도적인 피지컬은 아니다. 그러나 속도와 힘, 유연함으로 상대를 제압한다. 왼발에서 뻗어나가는 킥도 정확하다. 수비 범위와 빌드업 과정에서 안정감도 부족하지 않다. 유병훈 감독은 전지훈련 합류 후 "당장 경기에 나가도 될 수준의 퍼포먼스를 보여줬다. 기대 이상이다"라고 평가했다. 관건은 피지컬이 중요한 K리그에 얼마나 잘 적응하는지다. 변수보다 상수에 가까운 활약을 펼쳐준다면 안양의 잔류 일등 공신도 꿈꿀 수 있다.

		2024시즌 기록			-	강점	약점
2	0	1,760(20) MINUTES 출전시간(경기수)	2 GOALS 득점	0 ASSISTS 도움	WEEKLY BEST 11 주간베스트11	강력하고 정확한 패스, 영리한 수비 센스	K리그1 적응 여부

■ 네덜란드 리그 기록

채현우

71 FW

2004년 8월 19일 | 21세 | 대한민국 | 178cm | 74kg
경력 | 안양(24~)
K리그 통산기록 | K리그2 − 26경기 3득점
대표팀 경력 | −

이우형 디렉터가 직접 발굴한 유망주다. 상지대학교 1학년을 마치고 안양과 자유 계약으로 프로에 뛰어들었다. 곧바로 2024시즌 4라운드에서 선발 데뷔전까지 치렀다. 어린 나이에도 적지 않은 경기를 소화하며 경험을 축적했다. 신인에게 기회를 주는 것도 어렵지만, 신인이 기회를 잡기도 쉽지 않다. 채현우는 그 어려운 일을 해냈다. 적재적소 타이밍에 투입되어 재빠른 몸놀림, 살신성인의 플레이로 유병훈 감독의 마음을 사로잡았다. 강점인 패스와 밸런스를 활용한 드리블, 결정력이 더 성장한다면, 장차 주전 경쟁까지도 기대할 수 있다.

		2024시즌 기록			1	강점	약점
0	1	1,138(26) MINUTES 출전시간(경기수)	3 GOALS 득점	0 ASSISTS 도움	WEEKLY BEST 11 주간베스트11	톡톡 튀는 몸놀림, 공격적인 잠재력	아직은 부족한 노련함

■ K리그2 기록

주현우

99 DF

1990년 9월 12일 | 35세 | 대한민국 | 173cm | 67kg
경력 | 광주(15~17) ▷ 성남(18~19) ▷ 안양(20~)
K리그 통산기록 | K리그1 − 103경기 4득점 11도움 | K리그2 − 193경기 6득점 24도움
대표팀 경력 | −

팀의 주장이기도 했던 주현우는 여전히 중심을 잡아주는 베테랑이다. 2020년 임대 후, 2021년 안양으로 완전 이적해 도움왕과 함께 K리그2 최고의 수비수로 올라섰다. 안양에서만 벌써 6번째 시즌을 앞두고 있다. 안양 역대 최다 출장 기록 가장 위에 이름이 적혀있다. 2024시즌 연속 경기 출장 기록을 160경기로 마감했다. 철저한 자기 관리로 포지션을 가리지 않고 제 몫을 다하며 어린 선수들에게도 귀감이 됐다. 6년 만에 돌아온 K리그1에서 그의 경험이 다시 빛날 예정이다.

		2024시즌 기록			3	강점	약점
2	0	2,094(31) MINUTES 출전시간(경기수)	0 GOALS 득점	2 ASSISTS 도움	WEEKLY BEST 11 주간베스트11	수비, 중원, 공격 가리지 않는 멀티성	속일 수 없는 나이

■ K리그2 기록

전지적 작가 시점

이현석이 주목하는 안양의 원픽!
모따

승격팀의 패기에 날카로운 창을 달았다. 안양은 구단 역사상 첫 승격이라는 기쁨에 만족하지 않고, 2부 최고의 공격수를 품어 1부 리그를 더욱 철저히 준비하고 있다. 유병훈 감독은 지난 시즌 팀의 상승세에도 불구하고, 단 레이가 떠난 후부터 꾸준히 최전방에 대한 아쉬움을 드러냈다. 니콜라스의 활약은 아쉬웠고, 김운도 확실한 대체자가 될 수 없었다. 최전방이 부진하니 득점력도 떨어졌다. 승격이라는 엄청난 성과에도 안양은 51골에 그쳤고, 리그 최다득점 5위라는 성적을 받았다. 나쁘지 않았지만, 좋다고 이야기하기 어려웠다. 1부에서는 더욱 부족함이 드러날 수 있다. 공을 들여 데려온 선수는 2부 득점왕 모따다. 큰 키를 앞세운 뛰어난 제공권과 골 결정력, 동료를 활용한 연계 플레이와 최전방 압박을 통한 공간 장악력 등이 돋보인다. 여기에 슈팅에 대한 집중력과 자신만의 득점 방식도 갖췄다는 평가가 따른다. 엄청난 유혹이었던 중국 진출 대신 한국에 남은 모따도 1부에서 자신의 득점력을 증명하길 원한다. 모따의 골이 2부에서만큼 터져준다면, 안양은 이번 시즌에도 돌풍의 주인공이 될 수 있다.

지금 안양에 이 선수가 있다면!
고승범

최소실점 2위에 빛났던 수비, 모따, 마테우스가 함께 이끌 공격진에 비해 안양의 불안감을 키우는 지점은 바로 중원이다. 지난 시즌 활약이 부족했던 건 아니다. 수비형 미드필더로서 자리를 지킨 리영직과 김정현의 활약은 안양의 중심을 굳건하게 만든 원동력 중 하나였다. 단단한 수비력과 안정적인 패스로 2부 중원을 휩쓸었다. 하지만 1부는 다르다. 경기 템포와 압박 수준부터 차이가 있다. 2부에서의 경기 경험만으로는 온전히 버텨내기 어려울 수 있다. 2022년 승격한 대전과 광주도 주세종, 이순민이라는 중원의 핵심이 있었기에 1부에서 자리를 지킬 수 있었다. 고승범이 1부에서 쌓아온 경험과 중원에서의 안정감은 독보적이다. 공격, 수비, 활동량, 슈팅, 패스 등 능력을 두루 갖췄다. 울산 이적 후 K리그1 베스트11에도 뽑히며 기량을 인정받았다. 중원 대부분 지역에서 활약할 수 있고, 유사시에 윙백까지도 소화할 정도로 다재다능한 멀티 자원이다. 최규현, 최현우 등 안양 중원의 미래인 젊은 선수들에게도 큰 힘이 될 수 있다. 승격팀이 위기에서 흔들리지 않으려면 안정적인 중원은 필수다.

CHAPTER 2

K LEAGUE 2
CLUB REPORT

인천유나이티드

사상 첫 강등이라는 큰 위기,
이제 파검 군단은 승격만 바라본다

구단 소개

정식 명칭	인천 유나이티드 프로축구단
구단 창립	2003년 12월 30일
모기업	시민구단
상징하는 색	파란색, 검은색
경기장(수용인원)	인천축구전용경기장 (20,356명)
마스코트	유티
레전드	임중용, 김이섭, 전재호, 라돈치치, 무고사 등
서포터즈	파랑검정
커뮤니티	인천네이션

우승

K리그	-
코리아컵(FA컵)	-
AFC챔피언스리그(ACL)	-

최근 3시즌 성적

시즌	K리그	코리아컵(FA컵)	ACL
2024시즌	12위	8강	-
2023시즌	5위	4강	조별리그
2022시즌	4위	3라운드	-

UNIFORM

HOME

GK

AWAY

감독 소개

윤정환
1973년 2월 16일 | 52세 | 대한민국

K리그 전적
136경기 51승 44무 41패

'꾀돌이' 윤정환 감독이 다시 한번 승격 신화의 주인공이 될 기회를 잡았다. 현역 시절부터 돋보였던 윤 감독의 지략은 지도자로서도 꾸준히 증명됐다. 첫 감독직을 맡았던 일본 사간도스에서 자신만의 전술로 승격이라는 역사를 만들었다. 인천에 필요한 승격 DNA가 윤정환 감독에게는 있다. 지난 시즌 강원에서 보여준 실리적인 축구와 선수단을 사로잡는 부드러운 카리스마는 다시 도약하기 위한 인천의 중심을 잡아줄 예정이다.

예상 베스트 11

FW · 4-4-2
- 9 무고사
- 27 김보섭

MF
- 11 제르소
- 5 이명주
- 7 김도혁
- 14 바로우

DF
- 32 이주용
- 20 델브리지
- 4 김건희
- 47 김동민

GK
- 1 민성준

2025 시즌 프리뷰

구단 역사상 첫 강등이라는 위기에 놓인 인천은 극복 의지를 확실히 드러냈다. 득점왕 무고사를 붙잡고, 핵심 자원 제르소도 팀에 남겼다. 여기에 이미 K리그에서 검증된 자원인 바로우를 데려왔다. 공격진은 단연 2부에서 최강이다. 베테랑 신진호, 김도혁, 이명주와 신인 박승호, 김현서의 경쟁력은 확실하다. 수비에선 유망주 최우진이 떠났지만, 이주용, 민경현 등 대체 자원이 있기에 공백이 크지 않다. 변수는 부상이다. 지난 시즌 주축들이 부상으로 빠진 시기들이 적지 않았다. 'K리그1 올해의 감독' 윤정환 감독이 원하는 대로 시즌이 흘러간다면, 승격 최전선은 인천의 자리다.

주장의 한마디

이명주

"올 시즌 목표는 단 하나, 승격이다. 주장으로서 선수들과 더 많이 소통하고 이야기 나누며 목표를 이룰 수 있도록 최선을 다하겠다. 많은 응원 부탁드린다."

충남아산FC

**'넥스트 이정효' 배성재와 함께하는
닥공, 돌풍 시즌2 렛츠고!**

구단 소개

정식 명칭	충남아산 프로축구단
구단 창립	2020년 2월 7일
모기업	시민구단
상징하는 색	파란색, 노란색
경기장(수용인원)	이순신종합운동장 (17,789명)
마스코트	뷩뷩이, 티티
레전드	박세직 등
서포터즈	아르마다(ARMADA)

우승

K리그	–
코리아컵(FA컵)	–
AFC챔피언스리그(ACL)	–

최근 3시즌 성적

시즌	K리그	코리아컵(FA컵)	ACL
2024시즌	2위 (2부)	2라운드	–
2023시즌	10위 (2부)	3라운드	–
2022시즌	6위 (2부)	3라운드	–

UNIFORM

HOME

GK

AWAY

감독 소개

배성재

1979년 7월 1일 | 46세 | 대한민국

K리그 전적
2025시즌 K리그2 감독 데뷔

'제2의 이정효는 바로 나!' 대전 소속 수비수로 프로를 경험했다. 부상으로 일찍 선수 생활을 마감한 이후 지도자의 길로 들어섰다. 태국과 고등 무대, K4리그에서 배성재만의 점유율 중심 공격 전술을 갈고 닦았다. 2024년 충남아산 수석코치로 부임해 톡톡 튀는 전술 아이디어로 팀의 깜짝 준우승을 뒷받침했다. 이젠 선장의 역량을 보여줄 때다.

예상 베스트 11

FW 3-4-3
98 강민규 / 9 김종민 / 7 데니손
MF
14 이학민 / 24 박세직 / 28 손준호 / 17 김주성
DF
4 장준영 / 13 김영남 / 47 이은범
GK
18 신송훈

2025 시즌 프리뷰

갈림길에 섰다. 2024시즌 K리그2 준우승으로 승강 플레이오프를 밟은 '돌풍' 시즌2를 찍느냐, 아니면 평범한 중위권 시민구단으로 돌아가느냐. 지난 시즌 충남아산의 행보를 돌아보면 섣부른 예측은 금물이다. 변수는 산재했다. 김현석 감독이 돌연 전남으로 떠나고, 프로팀 지도 경험이 없는 배성재 감독이 지휘봉을 맡았다. 핵심 자원인 주닝요, 박대훈, 강준혁 등이 1부로 홀연히 떠났다. 2부에서 검증된 김종민, 김영남, 박세진과 유망주 김정현, 최현웅 등의 고른 활약이 중요한 시점이다. 대형 영입인 국대 출신 손준호는 물길을 바꿀 수 있다. 여기에 새로운 외인 미사키, 아담, 세미르 중 한 명이 대박을 터뜨려줘야 팀이 힘을 받는다.

주장의 한마디

박세직

"2024년 충남아산의 돌풍은 팬 응원 덕분이었다. 이번 시즌은 먹이를 물어 뜯는 수리부엉이처럼 공격적인 축구로 팬분들께 승격을 안겨드리겠다."

서울이랜드FC

**암흑기 끝은 이랜드,
이제 남은 것은 승격뿐**

구단 소개

정식 명칭	서울이랜드 프로축구단
구단 창립	2014년 4월 14일
모기업	이랜드그룹
상징하는 색	진청색, 황금색, 푸른색
경기장(수용인원)	목동종합운동장 (15,127명)
마스코트	레울, 레냥
레전드	김영광, 김재성 등
서포터즈	누에보, 군청

우승

K리그	–
코리아컵(FA컵)	–
AFC챔피언스리그(ACL)	–

최근 3시즌 성적

시즌	K리그	코리아컵(FA컵)	ACL
2024시즌	3위 (2부)	3라운드	–
2023시즌	11위 (2부)	16강	–
2022시즌	7위 (2부)	2라운드	–

UNIFORM

HOME

GK

AWAY

감독 소개

김도균

1977년 1월 13일 | 48세 | 대한민국

K리그 전적
183경기 70승 39무 74패

김도균 감독은 지난 시즌 삼고초려 끝에 서울이랜드 지휘봉을 잡았다. 감독들의 무덤이라던 이랜드에서 김도균 감독은 살아남았다. 비록 아쉽게 승격에는 실패했지만, 이랜드를 창단 최고 성적인 3위로 이끌었다. 수원FC 시절부터 보여준 화끈한 공격축구로 무장한 김도균 감독은 젊은 선수들을 중용하며 체질 개선에 성공했다. 2년 계약을 맺은 김 감독은 올해를 승부처로 여기고 있다. 목표는 승격이다.

예상 베스트 11

2025 시즌 프리뷰

서울이랜드는 지난 시즌 외국인으로 크게 재미를 보지 못했다. 오스마르를 제외하고, 전원 교체를 택했다. 고심 끝에 에울레르, 아이데일, 페드링요, 이탈로를 영입했다. 전체적으로 지난 시즌 선수들보다는 수준이 높다는 게 내부 평가다. 여기에 고민이었던 골키퍼, 풀백진에 노동건, 김주환, 김현우 등을 영입했다. 가장 믿을 구석은 젊은 선수들이다. 지난 시즌 맹활약을 펼친 서재민, 백지웅, 변경준 등이 한층 성장한 만큼, 전체적으로는 전력이 업그레이드된 모습이다. 지난 시즌 오랜 기간 이어진 암흑기를 끊어낸 이랜드는 기세를 몰아 한 단계 더 도약을 꿈꾸고 있다.

주장의 한마디

김오규

"작년의 연장선상에 있다고 생각한다. 목표는 똑같다. 아직 도착 지점에 가지 못했으니, 올해는 가봐야 하지 않을까. 올해는 자신이 있다. 주장으로 팀을 잘 이끌어보겠다."

전남드래곤즈

'가물치와 함께'
2025년엔 승격 '올인!'

구단 소개

정식 명칭	전남드래곤즈 프로축구단
구단 창립	1994년 12월 16일
모기업	POSCO
상징하는 색	노란색, 검은색, 보라색
경기장(수용인원)	광양축구전용구장 (10,073석)
마스코트	철룡이, 주주
레전드	노상래, 이종호, 김도근, 김태영 등
서포터즈	미르

우승

K리그	–
코리아컵(FA컵)	4회 (1997, 2006, 2007, 2021)
AFC챔피언스리그(ACL)	–

최근 3시즌 성적

시즌	K리그	코리아컵(FA컵)	ACL
2024시즌	4위 (2부)	3라운드	–
2023시즌	7위 (2부)	16강	–
2022시즌	11위 (2부)	16강	–

UNIFORM

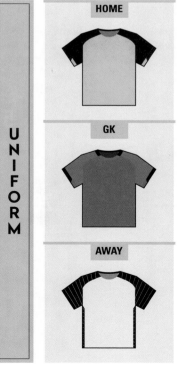

HOME

GK

AWAY

감독 소개

김현석
1967년 5월 5일 | 58세 | 대한민국

K리그 전적
39경기 18승 2무 12패

(*K리그2)

2024시즌 충남아산에서 가물치의 프로 감독 첫 도전은 성공적이었다. 누구도 승격권이라고 평가하지 않던 충남아산을 리그 2위로 이끄는 대이변을 연출했다. 승강 플레이오프에서 대구를 끝내 넘지 못해 아쉬울 따름이었다. 전남은 충남아산에서 보여준 김현석의 지도력을 높이 평가했다. 전남의 전력은 리그 상위권 수준이기에 김현석 감독의 축구가 잘 이식된다면 전남의 승격은 불가능하지 않을 것이다.

예상 베스트 11

2025 시즌 프리뷰

지난 시즌의 전력에서 더욱 업그레이드가 됐다. 전남의 문제는 수비였는데 수비진을 확실하게 개선하기 위해 K리그1 출신 선수를 대거 영입했다. 레안드로, 호난 등을 영입하면서 공격 강화도 이뤄냈다. 전력만 본다면 리그 우승권 팀으로 평가받아도 이상하지 않다. 관건은 김현석 감독의 축구가 얼마나 빠르게 팀에 녹아들 수 있느냐다. 충남아산도 지난 시즌 초반에는 김 감독의 축구가 곧바로 경기장에서 제대로 구현되지 않아 고전했다. 다이렉트 승격을 노린다면 초반부터 그런 고비가 없어야 한다.

주장의 한마디

발디비아

"모두가 염원하는 K리그1 승격이라는 목표를 이룰 수 있도록 노력하겠다. 올해는 서포터즈 미르를 비롯한 팬들과 함께 아주 특별한 시즌이 될 것이라 생각한다. 함께하면 누구보다 강할 것이다. 용의 전사들과 함께 K리그1으로 승천하겠다."

부산아이파크

조성환 2년 차 시즌은 다르다,
달라야 한다

구단 소개

정식 명칭	부산아이파크 프로축구단
구단 창립	1979년 11월 22일
모기업	HDC
상징하는 색	빨간색, 흰색, 회색
경기장(수용인원)	구덕운동장 (12,349석), 부산아시아드주경기장 (53,769석)
마스코트	똑디, 해라
레전드	김주성, 정용환 등
서포터즈	P.O.P(Pride Of Pusan)

우승

K리그	4회 (1984, 1987, 1991, 1997)
코리아컵(FA컵)	1회 (2004)
AFC챔피언스리그(ACL)	1회 (1985-86)

최근 3시즌 성적

시즌	K리그	코리아컵(FA컵)	ACL
2024시즌	5위 (2부)	3라운드	-
2023시즌	2위 (2부)	3라운드	-
2022시즌	10위 (2부)	3라운드	-

UNIFORM

HOME

GK

AWAY

감독 소개

조성환

1970년 10월 16일 | 55세 | 대한민국

K리그 전적
321경기 120승 94무 107패

현역 시절 누구보다 성실했던 선수는 지도자로 변신한 이후에도 누구보다 꾸준히 성과를 내고 있다. 2000년대 초반 전북 코치로 경력을 시작해 22년 차가 된 조성환 감독은 2017년 제주를 리그 준우승으로 이끌었고, 2020년 인천 지휘봉을 잡아 인천의 기적과도 같은 잔류를 이끌었다. 2022시즌엔 깜짝 리그 4위로 팀에 AFC챔피언스리그 티켓을 선물했다. 2024시즌 도중 부산을 맡아 새로운 도전에 나선 조성환 감독은 플레이오프 진출로 2025시즌에 대한 기대감을 키웠다.

예상 베스트 11

2025 시즌 프리뷰

익숙한 것과의 결별을 택했다. 2024년 K리그2 플레이오프 전부터 새 시즌 구상에 나선 덕에 빠르게 스쿼드를 재정비했다. 공격 핵심 라마스와 수비핵 이한도가 떠난 자리를 새 얼굴로 채웠다. 마냥 어려 보이던 페신, 조위제가 중심을 잡아줘야 하는 위치로 올라설 정도로 평균 연령이 전년 대비 확 낮아졌다. '스리백 전문가' 조성환 감독식 '공격적이고 빠른 템포 전술'을 이행할 선수를 속속 영입했고, 동계 훈련 때 조직력 강화에 힘썼다. 젊은 에너지로 무장한 조성환호에 새롭게 승선한 외국인 선수와 윙백이 얼마나 폭발적인 활약을 펼치느냐가 중요하다.

주장의 한마디

장호익

"프로 데뷔 후 첫 이적에 이어 주장이라는 중요한 역할까지 맡게 되어서 부담감도 있고 책임감도 막중하다. 팀원을 하나로 뭉치는 것에 중점을 두고자 한다. '승격' 목표를 반드시 이룰 수 있도록 최선을 다하겠다."

수원삼성블루윙즈

두 번의 좌절은 없다,
'무조건 승격' 외치는 수원 삼성

구단 소개

정식 명칭	수원 삼성 블루윙즈 축구단
구단 창립	1995년 12월 25일
모기업	제일기획
상징하는 색	블루, 화이트, 레드
경기장(수용인원)	수원월드컵경기장(43,168명)
마스코트	아길레온 패밀리
서포터즈	프렌테 트리콜로
주요 레전드	서정원, 이병근, 박건하, 이운재, 곽희주, 고종수, 염기훈 등
서포터즈	프렌테 트리콜로

우승

K리그	4회 (1998, 1999, 2004, 2008-K리그1)
코리아컵(FA컵)	5회 (2002, 2009, 2010, 2016, 2019)
AFC챔피언스리그(ACL)	2회 (2001, 2002)

최근 3시즌 성적

시즌	K리그	코리아컵(FA컵)	ACL
2024시즌	6위 (2부)	16강	–
2023시즌	12위	8강	–
2022시즌	10위	8강	–

HOME

UNIFORM

GK

AWAY

감독 소개

변성환

1979년 12월 22일 | 46세 | 대한민국

K리그 전적
22전 9승10무3패

(*K리그2)

2024년 5월, 파랑이 묻지 않은 변성환 감독의 선임은 수원 출신 위주의 감독을 영입하는 '리얼 블루' 기조를 유지하던 수원의 변화구였다. U-17 대표팀 사령탑을 맡아 톡톡 튀는 전술로 잠재력을 인정받은 변성환 감독은 부임 후 11경기 연속 무패를 이끌었다. 막판 뒷심 부족으로 목표로 삼은 승격에 실패했지만, 후방 빌드업을 중심으로 주도권을 쥐는 변성환표 전술은 '가능성'을 선물했다. 2025시즌엔 오직 승격을 위해 더욱 실리적인 축구를 펼친다는 각오다.

예상 베스트 11

FW / 4-3-3
- 74 브루노 실바
- 70 세라핌
- 9 일류첸코

MF
- 8 박상혁
- 10 강현묵
- 6 최영준

DF
- 23 이기제
- 4 레오
- 12 권완규
- 32 정동윤

GK
- 21 양형모

2025 시즌 프리뷰

'이를 악물었다'라는 표현이 적당할까. 아쉽게 플레이오프 진출에 실패한 수원은 12월 초 일찌감치 새 시즌을 위한 훈련에 돌입했다. 2024시즌을 복기하며 안정감과 파괴력이 부족하다고 판단, 척추라인을 새롭게 구축하고 측면 자원을 보강했다. K리그1에서만 거골을 넣은 베테랑 골잡이 일류첸코, 검증된 수비형 미드필더 최영준, '넥스트 마토' 자리를 노리는 브라질 센터백 레오를 품었다. 이미 서울이랜드 소속으로 실력을 인정받은 테크니션 브루노 실바, 돌파 능력이 뛰어난 세라핌을 데려와 공격진의 다변화를 꾀했고, 에너지를 장착한 풀백 정동윤, 산전수전 겪은 센터백 권완규를 영입하며 경험을 더했다. 백업까지 든든하다. 승격을 위한 '재료'는 모두 완비된 상태다.

주장의 한마디

양형모

"수원의 전설로 불리는 것도 좋지만, 그보다는 수원을 위해 헌신했던 선수로 기억되고 싶다."

김포FC

외인의 힘+적토마의 리더십,
다크호스 그 이상을 노린다

구단 소개

정식 명칭	김포FC 프로축구단
구단 창립	2013년 1월 29일
모기업	시민구단
상징하는 색	초록색, 금색, 하얀색
경기장(수용인원)	김포솔터축구장 (10,037명)
마스코트	포수, 포미
레전드	이상욱, 박경록, 루이스 등
서포터즈	골든크루

우승

K리그	–
코리아컵(FA컵)	–
AFC챔피언스리그(ACL)	–

최근 3시즌 성적

시즌	K리그	코리아컵(FA컵)	ACL
2024시즌	7위 (2부)	8강	–
2023시즌	3위 (2부)	16강	–
2022시즌	8위 (2부)	3라운드	–

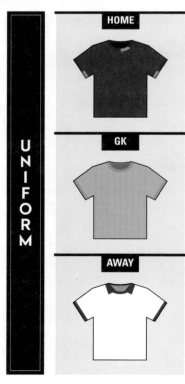

UNIFORM

HOME

GK

AWAY

감독 소개

고정운
1966년 6월 27일 | 59세 | 대한민국

K리그 전적
151경기 53승 44무 54패

(*K리그2)

최고의 현역 시절을 보낸 고정운 감독은 지도자 변신 후 좌절을 거듭했다. 2020년 당시 K3리그에 있던 김포와의 만남은 운명이었다. 2023년 김포를 3위까지 이끄는 기적을 연출하며 마침내 지도자 인생에 꽃을 피웠다. K리그2 올해의 감독상도 당연히 그의 몫이었다. 주축들이 빠져나가며 새판을 짠 2024시즌에도 고정운식 벌떼 축구는 여전히 위력적이었고, 매력이 있었다.

예상 베스트 11

2025 시즌 프리뷰

지난 시즌 김포는 주축들의 이탈로 어쩔 수 없이 재창단 수준의 변화를 택할 수밖에 없었다. 시행착오가 불가피했던 지난 시즌과 달리, 올 시즌은 기본 뼈대는 유지가 됐다. 김포는 루이스, 브루노, 플라나, 채프만, 기존의 외국인 4총사와 함께 하기로 일찌감치 결정했다. 여기에 중원에서 경기를 풀어줄 외인으로 디자우마를 더했다. 외인으로 척추를 완성한 김포는 살을 붙여줄 젊고 빠른 검증된 자원들을 대거 영입했다. 지난 시즌과 비교해 한층 업그레이드된 모습이다. 고정운 감독의 여전한 지도력을 감안하면, 김포는 충분히 다크호스가 될 수 있다.

주장의 한마디

최재훈

"올 시즌도 팀의 주장을 맡게 되어 영광스럽고 큰 책임감을 느낀다. 팀을 하나로 만들며 더 강한 팀이 되도록 선수들을 이끌고 팬들의 기대에 부응하도록 노력하겠다."

부천FC1995

스몰클럽,
유쾌한 반란에 도전한다!

구단 소개

정식 명칭	부천FC1995
구단 창립	2007년 12월 1일
모기업	시민구단
상징하는 색	빨간색, 검은색, 금색
경기장(수용인원)	부천종합운동장 (34,456명)
마스코트	헤르, 보라
레전드	닐손주니어 등
서포터즈	헤르메스

우승

K리그	–
코리아컵(FA컵)	–
AFC챔피언스리그(ACL)	–

최근 3시즌 성적

시즌	K리그	코리아컵(FA컵)	ACL
2024시즌	8위 (2부)	16강	–
2023시즌	5위 (2부)	2라운드	–
2022시즌	4위 (2부)	8강	–

UNIFORM

HOME

GK

AWAY

감독 소개

이영민

1973년 12월 20일 | 52세 | 대한민국

K리그 전적
222경기 80승 65무 77패

(*K리그2)

이영민 감독은 부천FC의 최장수 사령탑이다. 스몰클럽 특성상 스쿼드의 한계 속에서도 안정적인 경기력으로 꾸준한 성적을 냈다. 무엇보다 매 시즌 어린 재능을 발굴해 반짝 빛나게 했다. 그동안 조현택 안재준 서명관 등을 성장시켰다. 수비수 출신답게 특히 수비수 육성에 전문가라는 평가다. 부천 사령탑으로 어느덧 다섯 번째 시즌이다. 이제는 플레이오프, 그 이상의 성적을 향해 달려야 한다.

예상 베스트 11

2025 시즌 프리뷰

부천은 팀 사정상 매 시즌 선수 이탈이 불가피하다. 2025시즌도 마찬가지다. 하지만 지난 시즌 핵심으로 뛰었던 공격수 바사니를 잡는 데 성공했다. 바사니는 2024년 35경기에서 11골 7도움을 폭발했다. 여기에 브라질 출신 멀티 플레이어 티아깅요, 콜롬비아 출신 양발잡이 스트라이커 몬타뇨 등을 영입하며 스쿼드를 강화했다. 이예찬, 홍기욱, 김원준 등 재능 있는 어린 선수들도 품에 안으며 '유쾌한 반란'에 도전한다.

주장의 한마디

한지호

"올해도 주장을 맡게 됐는데, 그만큼 좀 더 큰 책임감을 느끼면서 올 시즌 목표를 이루고 싶고 더 좋은 성적을 낼 수 있도록 선수들과 소통하면서 주장으로서 최선을 다하겠다."

천안시티FC

2025년 새로운 돌풍을 준비하는
펩태완과 천안

구단 소개

정식 명칭	천안시민 프로축구단
구단 창립	2008년 1월 9일
모기업	시민구단
상징하는 색	천안 스카이블루, 블랙
경기장(수용인원)	천안종합운동장 (26,000명)
마스코트	호랑이
레전드	–
서포터즈	제피로스

우승

K리그	–
코리아컵(FA컵)	–
AFC챔피언스리그(ACL)	–

최근 3시즌 성적

시즌	K리그	코리아컵(FA컵)	ACL
2024시즌	9위 (2부)	3라운드	–
2023시즌	13위 (2부)	3라운드	–
2022시즌	10위 (3부)	2라운드	–

UNIFORM

HOME

GK

AWAY

감독 소개

김태완

1971년 6월 1일 | 54세 | 대한민국

K리그 전적
265경기 91승 68무 106패

김천상무 시절 '펩태완'이라고 불렸던 전술가. 김천을 나와 처음으로 군팀이 아닌 일반 프로팀을 이끌고 있다. 천안은 이제 막 프로 무대에 입성한 팀이기에 좋은 성적을 기대하긴 어려웠지만, 그럼에도 김태완 감독의 지도력은 빛났다. 9위로 어느 정도의 성과를 챙겼다. 그는 선수가 좋은 활약을 할 수 있도록 경기장 안팎의 환경을 잘 조성하기에 이번 시즌에는 더 높은 순위가 기대된다. 다만 전력이 크게 보강되지 않은 점은 김태완 감독도 걱정스러울 것이다.

예상 베스트 11

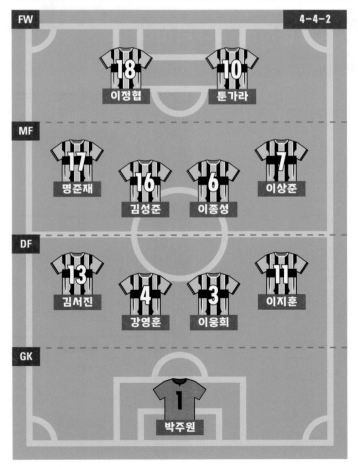

2025 시즌 프리뷰

K리그2 득점왕을 수상하고 안양으로 떠난 모따의 전력 공백이 걱정이다. 국가대표 스트라이커 출신 이정협을 데려왔지만 이정협은 득점에 특화된 9번이 아니다. 확실하게 득점 볼륨을 높여줄 수 있는 공격수가 영입된 것이 아니기에 김태완 감독이 어떻게 모따의 공백을 채울 것인지가 이번 시즌의 관건이 될 것으로 예상된다. 지난 시즌처럼 전성기가 지난 베테랑들과 젊은 유망주 위주로 이적시장을 진행했다. 베테랑들이 경험을 발휘하면서 유망주들을 이끌고 가면 다행이지만 부상이 생기거나 기량을 발휘하지 못하면 천안은 흔들릴 수 있다.

주장의 한마디

이웅희

"작년은 아쉬움을 남긴 한 해였다. 그런데도 팬들이 보내주신 열정과 성원에 감사했다. 올 시즌도 마찬가지로 다 같이 힘을 합쳐서 모두가 소망하는 더 높은 곳으로 갈 수 있도록 하겠다. 선수들도 더 책임감을 가지고 준비할 것이다."

충북청주FC

물어뜯는 축구,
'피라냐' 충북청주를 기대하시라

구단 소개

정식 명칭	충북청주 프로축구단
구단 창립	2023년 1월 3일
모기업	SMC엔지니어링
상징하는 색	진청색
경기장(수용인원)	청주종합경기장 (16,280명)
마스코트	차바, 레오니
레전드	–
서포터즈	울트라스 NNN

우승

K리그	–
코리아컵(FA컵)	–
AFC챔피언스리그(ACL)	–

최근 3시즌 성적

시즌	K리그	코리아컵(FA컵)	ACL
2024시즌	10위 (2부)	16강	–
2023시즌	8위 (2부)	3라운드	–
2022시즌	–	–	–

UNIFORM

HOME

GK

AWAY

감독 소개

권오규

1983년 12월 3일 | 42세 | 대한민국

K리그 전적
41전 9승 18무 14패

(*K리그2)

권오규 감독은 1983년생으로 2025년 K리그 현장을 누비는 K리그1, K리그2 지도자 중 가장 어리다. 김포의 고정운 감독과는 무려 17살 차이가 난다. 젊음은 권오규 감독의 무기다. 강한 압박으로 상대를 물어뜯는 피라냐 축구, '4S 축구'(SMART, SPACE, SPEED, STRONG)와 같은 색다른 아이디어가 그의 머릿속에 가득 차 있다. 2023년과 2024년 감독대행으로 충북청주를 이끌며 시행착오를 겪어본 것도 강점이다. 어리다고 무시하면 큰 코 물어뜯길 수도!

예상 베스트 11

2025 시즌 프리뷰

김명순, 윤민호, 베니시오와 같은 주력 자원이 떠났다. 열악한 시민구단에서 매년 반복되는 레퍼토리, 예상했던 바다. 일찌감치 2025시즌 충북청주 정식 사령탑으로 내정된 권오규 감독은 '안 되는 것'에 매달리기보단 '되는 것'에 에너지를 쏟았다. 경기 출전에 목마르거나, 변화가 필요한 조수혁, 최성근, 홍준호, 여봉훈, 지언학, 여승원 등을 영입했다. 외국인도 싹 물갈이했다. 객관적 전력상 플레이오프권으로 분류하기 어렵다는 평가지만, 충북청주는 2023시즌 8위, 2024시즌 10위를 하는 저력을 선보였다. 피라냐의 이빨만 건재하다면 돌풍을 기대해도 좋을 것이다.

주장의 한마디

김병오

"저희 팀의 플레이 스타일을 명확하게 보여드릴 것이며, 이기는 축구를 하겠다."

안산 그리너스 FC

'가장 밝은 별' 시리우스처럼
이관우가 빛낼 안산

구단 소개

정식 명칭	안산그리너스 축구단
구단 창립	2017년 2월 21일
모기업	시민구단
상징하는 색	청록색, 노란색, 진청색
경기장(수용인원)	안산 와~스타디움 (35,008명)
마스코트	포수, 다니, 로니
레전드	장혁진, 이인재, 송주호, 이승빈, 김영남 등
서포터즈	베르도르

우승

K리그	–
코리아컵(FA컵)	–
AFC챔피언스리그(ACL)	–

최근 3시즌 성적

시즌	K리그	코리아컵(FA컵)	ACL
2024시즌	11위 (2부)	3라운드	–
2023시즌	12위 (2부)	3라운드	–
2022시즌	9위 (2부)	3라운드	–

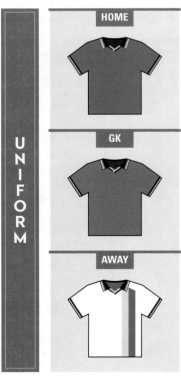

UNIFORM

HOME

GK

AWAY

감독 소개

이관우
1978년 2월 25일 | 47세 | 대한민국

K리그 전적
12경기 3승 5무 4패

(*K리그2)

K리그에서 가장 밝게 빛나던 별 '시리우스' 이관우 감독이 K리그로 돌아왔다. 지도자 생활을 착실하게 걸었다. 유소년 지도자로 시작해, 수원FC 수석코치, U-19 대표팀 코치까지 다양한 경험을 쌓았다. 청주대학교를 맡아 지도력을 입증하던 2024년 8월, 안산 지휘봉을 잡았다. 개성 넘치는 전술 아이디어로 최하위를 벗어났다. 첫 풀타임 시즌인 2025년, 열악한 환경을 딛고 지도력을 입증한다는 각오다.

예상 베스트 11

2025 시즌 프리뷰

사실상 리빌딩에 가까운 엄청난 변화를 택했다. 주장 김영남을 시작으로 지난 시즌 팀내 최다 출전을 기록했던 최한솔, 최전방을 책임진 김도윤, 이외에도 김재성, 이지승 등 주축 선수가 대거 이탈했다. 외국인 선수를 새로 영입하며 '새 팀' 구축에 힘썼다. 경남에서 K리그2를 경험한 사라이바를 데려왔고, 최전방에는 브라질 출신 루안을 더했다. 어린 선수들을 대거 자유계약으로 영입하며 미래를 위한 계획도 세웠다. 극적인 도약을 기대하긴 어렵다. 경쟁력을 보여주는 것이 현실적인 목표다.

주장의 한마디

이승빈

"올 시즌 팀에 어린 선수들이 많은데, 팀 전체가 한마음으로 뭉쳐 더 강하게, 높이 도약하는 시즌을 만들어 나가겠다. 어떤 순간에도 최선을 다하며 함께 나아가는 안산이 되겠다."

경남FC

더 이상 후회는 없다,
'NEW 경남' 이을용 체제 시작

구단 소개

정식 명칭	경남도민 프로축구단
구단 창립	2006년 1월 17일
모기업	도민구단
상징하는 색	빨간색, 노란색, 검은색
경기장(수용인원)	창원축구센터 (15,071명)
마스코트	군함이, 경남이
레전드	말컹, 윤빛가람 등
서포터즈	더로즈 유나이티드

우승

K리그	1회 (2017 – K리그2)
코리아컵(FA컵)	–
AFC챔피언스리그(ACL)	–

최근 3시즌 성적

시즌	K리그	코리아컵(FA컵)	ACL
2024시즌	12위 (2부)	16강	–
2023시즌	4위 (2부)	2라운드	–
2022시즌	4위 (2부)	8강	–

UNIFORM

HOME

GK

AWAY

감독 소개

이을용
1975년 9월 8일 | 50세 | 대한민국

K리그 전적
22경기 6승 7무 9패

이을용 감독이 새 도전에 나선다. 그는 현역 시절 한국을 대표하는 미드필더로서 K리그를 넘어 유럽 무대에서도 활약했다. 은퇴 뒤 강원FC 코치를 시작으로 청주대학교 코치, FC서울 코치 및 감독 대행, 제주 수석 코치 등을 역임했다. 하지만 프로에서 정식으로 지휘봉을 잡는 건 처음이다. 그는 '한 발 더 뛰는 축구', '공격적인 축구'를 앞세워 다시 한번 강해진 경남을 만든다는 각오다.

예상 베스트 11

4-1-3-2

FW: 9 카릴, 90 이중민
MF: 21 이시헌, 7 송시우, 70 폰세카
DF: 88 헤난 / 18 신승민, 2 박재환, 5 김형진, 17 이준재
GK: 1 고동민

2025 시즌 프리뷰

경남은 2024년 13개 팀 가운데 12위에 머물면서 자존심을 단단히 구겼다. 시즌 중 감독이 바뀌는 초유의 사태까지 발생했다. 더 이상의 후회는 없다는 각오다. 2025시즌을 앞두고 대대적 개편에 나섰다. 감독과 코칭스태프만 바뀐 것이 아니다. 마테우스, 헤난, 카릴 등을 영입하며 외국인 선수 진영부터 새롭게 꾸렸다. 여기에 송시우, 이중민, 조영광, 김선호, 류원우 등 전 포지션에 걸쳐 스쿼드를 강화했다. 기존 선수와 새 선수가 얼마나 빠르게 호흡을 맞추느냐가 키포인트다.

주장의 한마디

박원재

"이을용 감독님과 함께 팀이 더욱 젊고 활기차게 변화하고 있다. 주장으로서 선수들을 하나로 묶어 강한 '원 팀'을 만들겠다. 지난 시즌의 아쉬움을 딛고, 올 시즌은 선수단이 하나되어 승리의 기쁨을 나누고, 강한 모습을 보여드리겠다."

성남FC

'두 번의 굴욕은 없다'
반등을 위한 까치의 날갯짓

구단 소개

정식 명칭	성남시민 프로축구단
구단 창립	1989년 3월 18일
모기업	시민구단
상징하는 색	검은색, 하얀색
경기장(수용인원)	탄천종합운동장 (16,146명)
마스코트	까오, 까비
레전드	신태용, 신의손, 김상식, 고종운 등
서포터즈	블랙리스트

우승

K리그	7회 (1993, 1994, 1995, 2001, 2002, 2003, 2006)
코리아컵(FA컵)	3회 (1999, 2011, 2014)
AFC챔피언스리그(ACL)	2회 (1995, 2010)

최근 3시즌 성적

시즌	K리그	코리아컵(FA컵)	ACL
2024시즌	13위 (2부)	8강	–
2023시즌	9위 (2부)	16강	–
2022시즌	12위	16강	–

UNIFORM

HOME

GK

AWAY

감독 소개

전경준
1973년 9월 10일 | 52세 | 대한민국

K리그 전적
121경기 42승 42무 37패

(*K리그2)

추락의 추락을 거듭하는 성남은 돌고 돌아 전경준 감독을 데려왔다. 하지만 전경준 감독 밑에서도 무승의 늪에서 벗어나지 못했다. 전경준 감독에게도 자존심이 많이 상했을 시간이었다. 구단 외적인 풍파가 끝나지 않아 어려운 시간이 예상되는 2025시즌이지만, 전경준 감독에게 포기란 없다. 팀의 전력이 약할 때 필요한 건 바로 지도자의 능력. 전경준 감독은 상대 분석에 있어서는 인정을 받은 사령탑이기에 성남을 경쟁력 있는 팀으로 만들 수 있다.

예상 베스트 11

2025 시즌 프리뷰

지난 시즌 폭풍 영입을 하면서 전력 상승을 이뤄냈지만 성남의 전력은 순위가 보여준다. K리그2 꼴찌다. 선수 영입이 아무런 힘이 되지 않았다는 이야기다. 이번 여름 이적시장에서는 팀에 도움이 되지 않았던 자원을 대거 정리한 후에 어린 재능 영입에 주력했다. 많이 뛰는 축구를 선호하는 전경준 감독의 축구 완성도를 높이기 위한 움직임으로 보인다. 다만 팀의 전력을 확실하게 올려줄 선수 영입은 없었다. 에이스가 누구인지 확실하지 않다는 점에서 해결사의 부재를 시즌 내내 걱정하지 않을까 우려된다.

주장의 한마디

김주원

"사명감과 책임감을 가지고 명문구단 성남과 베테랑 김주원의 힘을 보여주겠다."

화성FC

화성의 첫 도전,
차두리가 있기에 쏠리는 기대

구단 소개

정식 명칭	화성FC
구단 창립	2013년 1월 23일
모기업	시민구단
상징하는 색	주황색, 남색
경기장(수용인원)	화성종합경기타운 (35,270명)
마스코트	코리요
레전드	박태웅, 하재훈 등
서포터즈	오렌지샤우팅

우승

K리그	—
코리아컵(FA컵)	—
AFC챔피언스리그(ACL)	—

최근 3시즌 성적

시즌	K리그	코리아컵(FA컵)	ACL
2024시즌	—	—	—
2023시즌	—	—	—
2022시즌	—	—	—

UNIFORM

HOME

GK

AWAY

감독 소개

차두리
1980년 7월 25일 | 45세 | 대한민국

K리그 전적
2025시즌 K리그2 감독 데뷔

차두리 감독은 설명이 필요 없는 한국축구의 레전드다. '차붐' 차범근의 아들로 출발해, 본인만의 확고한 영역을 만들었다. 지도자 변신 후 A대표팀 코치, 오산고 감독 등으로 활약한 차 감독은 아버지의 고향인 화성의 러브콜을 받아, 프로 감독으로 첫발을 뗀다. 이전부터 차세대 지도자로 주목을 받은 차 감독이 어떤 지도력을 과시할지, 벌써 축구팬들의 눈과 귀가 모이고 있다.

예상 베스트 11

FW — 4-2-3-1
10 루안
MF — 98 이승재 · 53 리마 · 27 백승우
16 최명희 · 22 안지만
DF — 33 조영진 · 4 연제민 · 5 우제욱 · 2 김대환
GK — 1 김승건

2025 시즌 프리뷰

올 시즌 K리그2에서 첫발을 떼는 화성은 예상보다 조용한 겨울을 보내고 있다. K3리그의 강호였던 만큼, 기존 자원들을 중심으로, 하부리그에서 경험을 쌓은 선수들 위주로 전력 보강에 성공했다. 외국인 선수도 국내 적응과 아시아 무대 경험이 있는 선수 위주로 더했다. 전력상으로는 K리그2 최약체 중 하나다. 믿을 구석은 역시 차두리 감독이다. 이전부터 많은 주목을 받은 차 감독이 기대 이상의 지도력을 과시할 경우, 마찬가지로 K3리그에서 올라온 김포가 2022년 그랬던 것처럼, 의외의 다크호스가 될 수도 있다. K리그2는 이름값보다는 경기력이다.

주장의 한마디

우제욱

"K리그에서 첫 도전인 만큼, 최대한 능력을 발휘할 수 있도록 말보다는 행동으로 경기장에서 모든 것을 보여드리겠다. 주장으로서 코칭스태프와 선수들의 가교 역할을 충실히 수행하겠다."

2025
K리그
스카우팅리포트

초판 1쇄 펴낸 날 | 2025년 3월 7일
초판 2쇄 펴낸 날 | 2025년 3월 28일

지은이 | 김성원, 윤진만, 박찬준, 김가을, 김대식, 이현석
펴낸이 | 홍정우
펴낸곳 | 브레인스토어

책임편집 | 김다니엘
편집진행 | 홍주미, 이은수, 박혜림
디자인 | 이예슬
마케팅 | 방경희
자료제공 | 한국프로축구연맹

주소 | (03908) 서울시 마포구 월드컵북로 375, DMC이안상암1단지 2303호
전화 | (02)3275-2915~7
팩스 | (02)3275-2918
이메일 | brainstore@publishing.by-works.com
블로그 | https://blog.naver.com/brain_store
인스타그램 | https://instagram.com/brainstore_publishing

등록 | 2007년 11월 30일(제313-2007-000238호)

 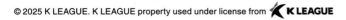